权威·前沿·原创

皮书系列为
"十二五""十三五"国家重点图书出版规划项目

BLUE BOOK

智 库 成 果 出 版 与 传 播 平 台

陕西蓝皮书
BLUE BOOK OF SHAANXI

陕西省社会科学院／编

陕西文化发展报告（2021）

REPORT ON CULTURAL DEVELOPMENT IN SHAANXI (2021)

主　编／司晓宏　白宽犁　王长寿

社会科学文献出版社
SOCIAL SCIENCES ACADEMIC PRESS (CHINA)

图书在版编目(CIP)数据

陕西文化发展报告.2021 / 司晓宏,白宽犁,王长寿主编. ——北京：社会科学文献出版社,2021.1
（陕西蓝皮书）
ISBN 978-7-5201-7813-6

Ⅰ.①陕… Ⅱ.①司… ②白… ③王… Ⅲ.①文化发展－研究报告－陕西－2021 Ⅳ.①G127.41

中国版本图书馆CIP数据核字（2021）第016002号

陕西蓝皮书
陕西文化发展报告（2021）

主　　编 / 司晓宏　白宽犁　王长寿

出 版 人 / 王利民
组稿编辑 / 邓泳红
责任编辑 / 张　超

出　　版 / 社会科学文献出版社·皮书出版分社（010）59367127
　　　　　 地址：北京市北三环中路甲29号院华龙大厦　邮编：100029
　　　　　 网址：www.ssap.com.cn
发　　行 / 市场营销中心（010）59367081　59367083
印　　装 / 天津千鹤文化传播有限公司

规　　格 / 开　本：787mm×1092mm　1/16
　　　　　 印　张：20.25　字　数：303千字
版　　次 / 2021年1月第1版　2021年1月第1次印刷
书　　号 / ISBN 978-7-5201-7813-6
定　　价 / 158.00元

本书如有印装质量问题，请与读者服务中心（010-59367028）联系

▲ 版权所有 翻印必究

陕西蓝皮书编委会

主　　任　司晓宏

副 主 任　白宽犁　杨　辽　毛　斌

委　　员　（按姓氏笔画排列）

　　　　　于宁锴　王长寿　王建康　牛　昉　李继武
　　　　　吴敏霞　谷孟宾　张艳茜　党　斌　郭兴全
　　　　　唐　震　裴成荣

主　　编　司晓宏　白宽犁　王长寿

执行主编　王长寿

主要编撰者简介

司晓宏 陕西省社会科学院党组书记、院长，教育学博士，二级教授，博士生导师，研究领域为教育学原理和教育管理学。主持完成教育部哲学社会科学研究重大攻关招标课题、国家社科基金课题等国家和省部级课题13项。先后在《教育研究》、《高等教育研究》、《中国教育科学》、《中国教育学刊》、COMPARE、《光明日报》等报刊发表学术论文80余篇。独立出版《教育管理学论纲》《面向现实的教育关怀》等专著4部，主编和合作主编《教育学教程》等5部教材和译著。2017年入选陕西省首届"特支计划"哲学社会科学和文化艺术领域领军人才。兼任陕西省社科联副主席、陕西省人民政府督学，兼任第一届教育部高等学校教育学类专业教学指导委员会副主任、第二届委员，兼任中国教育学会教育管理学分会副理事长、中国教育学会教育管理学学术委员会常务副理事长、陕西省教育理论研究会理事长，兼任中国教育政策研究院兼职教授、教育部全国教育专业学位研究生教育指导委员会专家组成员、全国教育科学规划课题评审专家、教育部重大攻关项目评审专家等。

白宽犁 陕西省社会科学院党组成员、副院长，研究员，研究领域为马克思主义中国化、思想政治教育工作、宣传思想文化工作、社会治理等。在各类报刊上发表理论文章100余篇，出版著作20余部，承担国家社科基金项目1项、其他项目20余项。

王长寿 陕西省社会科学院文化与历史研究所所长,管理学博士,研究员,硕士研究生导师,陕西省"六个一批"人才,陕西省人大立法咨询专家,陕西省公共文化体系建设专家委员会委员,全国文化智库联盟理事,陕西省城市经济文化研究会副会长,陕西省陕甘宁革命根据地史研究会会长。发表文章50余篇,主持国家课题1项,主持省级课题20多项,获省部级科研成果奖6项。

摘 要

《陕西文化发展报告（2021）》是由陕西省社会科学院编撰的权威性研究报告，也是陕西省社会科学院编撰的"陕西蓝皮书"文化系列的第13本。

本书共分为六个部分：总报告、宏观视野篇、行业报告篇、公共文化篇、区域报告篇和大事记。

总报告全面总结了2020年陕西文化发展的整体状况与成就，2020年，陕西不断加强宣传思想工作，努力提高社会文明程度；出台重要文化政策，引领文化工作深入发展；全面推动公共文化服务体系建设，保障群众享受文化成果；文化产业快速发展，文化强省建设取得积极进展。之后，总报告就陕西主要文化行业及各地市文化发展的现状与趋势进行了梳理与分析，并对陕西文化发展的前景进行了分析与预测。展望未来，陕西的社会文明程度将进一步提高，公共文化服务体系日趋完善，文化产业各项体制机制进一步建立健全，文化事业和文化产业高质量发展，文化强省建设取得显著进展。

宏观视野篇围绕关中文化保护、传承与弘扬，数字化时代陕西文化产业品牌战略，大遗址保护与文旅融合，陕西黄河流域非物质文化遗产保护与传承，"一带一路"背景下陕西自贸试验区文化服务贸易创新发展等问题进行了深度探讨与阐发。

行业报告篇就陕西传统音乐文化资源传承与保护、陕西商帮县域文化资源禀赋、陕西博物馆文创产品设计、陕西革命文化资源合理开发利用、陕西文化批发和零售业发展等问题进行了分析阐释与研究，并提出了相应的对策和建议。

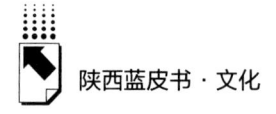

公共文化篇着重对陕西现代公共文化服务体系建设、陕西段长城及长征国家文化公园建设、陕西扶持文艺创作机制、陕西红色基因传承现状与愿景等问题进行了深度调查和研究。

区域报告篇对宝鸡市非物质文化遗产保护传承、延安市文旅融合发展、宝鸡市优秀传统文化传承发展等问题进行了翔实的考察研究。

关键词： 陕西文化　公共文化服务　文化产业　文化传承保护

Abstract

Report on Cultural Development in Shaanxi (*2021*) is an authoritative reaearch report and the 13th blue book series complied by the Shaanxi Academy of Social Sciences.

The book is divided into six sections: General Report, Macro-Vision Reports, Industry Reports, Public Culture Reports, Regional Reports, and Chronicle Events.

The General Report comprehensively summarizes the overall condition and achievements of Shaanxi's cultural development in 2020. In 2020, Shaanxi continued to strengthen the propaganda and ideological work, and strived to improve the level of social civilization; introduced important cultural policies to guide the in-depth development of cultural work; comprehensively promoted the public cultural service system to ensure that the masses enjoy the cultural achievements; rapidly developed cultural industry cultural industries to achieve a strong province of culture. After that, the report combs and analyzes the current situation and trends of Shaanxi's main cultural industries and cultural development in various cities, then put forward corresponding countermeasures and suggestions for Shaanxi's cultural development. Looking forward to the future, Shaanxi's social civilization will be further improved, the public cultural service system will be increasingly improved, various systems and mechanisms of cultural industry will be further established and improved, the cultural undertakings and cultural industry will develop in high quality, and the construction of a culturally strong province will make significant progress.

Macro-Vision Reports focus on topics including the protection, inheritance, and promotion of Guanzhong Culture; the brand strategy of Shaanxi cultural industry in the digital age; protection and cultural tourism development of historical sites; protection and inheritance of intangible cultural heritage of Yellow River basin in Shaanxi province; development of cultural service trade in Shaanxi Free Trade Pilot Zone under the background of "The Belt and Road".

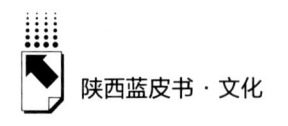

Industry Reports analyze problems occurred in the the protection and inheritance of the traditional music in Shaanxi Province, the cultural resources endowment of Shaanxi business group, museum-developed cultural and creative products' design in Shaanxi province, rational development and utilization of revolutionary cultural resources in Shaanxi province and the development of cultural wholesale and retail trade in Shaanxi province, then provide some suggestions and countermeasures.

Public Culture Reports have conducted in-depth discussions and elucidation on issues such as the constructionand development of modernized Shaanxi public cultural service system, the construction of Great Wall in Shaanxi province and the Long March national cultural park. Meanwhile, discussions on the mechanism of supporting policies for literary and artistic creation in Shaanxi province and the analysis on the current situation of inheritance of the 'Red Culture' are conducted.

Regional Reports give detailed investigation on the protection and inheritance of the intangible cultural heritage in Baoji Area, the integration and development of the cultural tourism in Yan'an City and the protection and inheritance of the excellent traditional cultural heritage in Baoji City.

Keywords: Shaanxi's Cultural; Public Cultural Services; Cultural Industry; Cultural Heritage Protection

前　言

2020年是具有里程碑意义的一年，既是脱贫攻坚决战决胜之年和"十三五"规划收官之年，也是"十四五"规划谋篇布局之年。岁末年初，突如其来的新冠肺炎疫情对陕西文化行业造成了前所未有的巨大冲击，面对疫情，陕西文化领域在全力做好疫情防控工作的同时，不断开拓进取，全省文化事业繁荣发展，文化产业蒸蒸日上，取得了丰硕成果。

2020年，陕西出台一系列重要文化政策，引领文化工作深入发展。2月，为帮助全省文化企业打赢疫情防控阻击战，陕西省委宣传部发布《关于坚决打赢疫情防控阻击战支持文化企业平稳健康发展的实施意见》，要求落实"进一步减轻税费负担""加大财政补贴力度""支持企业用人稳岗""强化公共就业服务"等政策，加大对文化企业扶持力度。3月，陕西省十三届人大常委会第十六次会议表决通过新修订的《陕西省延安革命旧址保护条例》，并于5月1日起正式施行。4月，陕西省人民政府发布了《关于公布第二批历史文化街区名单的通知》，共核定西安三学街、北院门等12个街区为陕西省第二批历史文化街区；9月，为保障非物质文化遗产保护与传承工作顺利开展，传承弘扬陕西优秀传统文化，陕西省文化和旅游厅出台《陕西省省级非物质文化遗产代表性传承人认定与管理办法》。11月，陕西省文旅厅印发《公共文化服务领域基层政务公开标准指引》，明确了涉及公共文化服务领域4个方面（行政许可、行政处罚、行政强制、公共服务）45项基层政务公开事项，要求推动重点信息公开，积极扩大公众参与。

2020年，陕西文化产业克服疫情影响，取得了较好成效。2020年上半年，陕西省规上文化企业实现营业收入433.5亿元，同比下降0.4%，明显好于全国规上文化企业营业收入增长情况（同比下降6.2%）。文化产业新业态发展快，成效显著。2020年上半年，全省互联网信息服务类规上企业实现营业收入同比增长72.8%，达到43.4亿元；数字内容服务类规上企业实现营业收入同比增长20.0%，达到12.1亿元；互联网文化娱乐平台类规上企业实现营业收入同比增长23.5%，达到0.4亿元；互联网广告服务类规上企业实现营业收入同比增长36.1%，达到14.6亿元；多媒体、游戏动漫和数字出版软件开发类规上企业实现营业收入同比增长34.6%，达到2.2亿元。陕西规上文化企业总数有所增长。2020年上半年，陕西省规上文化企业总数较2019年同期增加44家，同比增长3.0%，总数达到1518家。

2020年下半年，新冠肺炎疫情进入常态化防控阶段后，陕西在做好疫情防控的同时，举办了一系列具有重大影响力的文化活动。9月28~29日，由陕西省文化和旅游厅指导，西安市人民政府、携程集团主办的2020世界文化旅游大会在西安举行，大会围绕"后疫情"时代的文旅产业振兴转型及国际化新常态下入境游、国内深度游、智慧旅游等问题，进行深入探讨，寻求文化旅游产业新机遇、新形势、新业态；10月15~21日，以"丝路连接世界　电影和合文明"为主题的第七届丝绸之路国际电影节在陕西西安举办，共吸引来自116个国家和地区的3596部作品报名参加，其中17部"特别推荐影片"脱颖而出，展映500余部优秀影片，奉献了一场群众参与度高、专业性强、艺术性高的电影盛宴；10月15日至11月15日，第九届陕西省艺术节在宝鸡举行，历时一个月，为群众送上秦腔、歌舞诗、话剧、儿童剧等32台大剧、64场演出；11月29日、12月1日，陕剧《装台》与《大秦赋》相继在央视黄金时段开播，口碑热度赢得双丰收，继《长安十二时辰》之后再度引发人们对陕西文化、陕西美食的热切关注和向往，在讲好陕西故事、弘扬陕西文化、带动陕西旅游等方面发挥了积极作用；12月12~13日，由陕西省人民政府、文化和旅游部、国际儒学联合会、中国社会科学院、光明日报社主办的"民胞物与　和合天下"纪念张载诞辰1000周年学术研讨会在西安和眉县举行，200余名专家学者齐聚一堂，共享张载关学思想文化盛宴。

2020年是极不平凡的一年，在新冠肺炎疫情等不利因素的影响下，陕西文化领域工作者、从业者艰苦奋斗、创新发展，全省文化建设仍然取得丰硕成果。党的十九届五中全会提出，繁荣发展文化事业和文化产业，提高国家文化软实力，展望"十四五"，陕西将面对新形势，迎接新挑战，为奋力谱写新时代陕西追赶超越新篇章贡献力量。

《陕西文化发展报告（2021）》是陕西省社会科学院编撰的第13本文化系列蓝皮书，陕西省社会科学院文化与历史研究所是该书编撰工作的具体承担者。编撰过程中，我们本着权威性、针对性、科学性及指导性原则选取文章。为了增强蓝皮书的可读性、原创性和资料性，我们以陕西省社会科学院的科研人员为核心，并与陕西学界、企业界、政界等各界人士紧密合作，共同打造好这一以陕西文化的理论研究、经验总结与前景展望等为主要内容的高端平台，为促进陕西文化大发展大繁荣和实现文化强省目标而努力。

王长寿

2020年12月

目 录

Ⅰ 总报告

B.1 2020年陕西省文化发展现状与趋势
　　……………………………………………… 陕西省社会科学院课题组 / 001
　　一　陕西文化发展整体状况与成就 ……………………………… / 002
　　二　陕西省主要文化行业发展状况 ……………………………… / 013
　　三　陕西省各地文化发展状况 …………………………………… / 026
　　四　陕西省文化发展前景分析与预测 …………………………… / 039

Ⅱ 宏观视野篇

B.2 关中文化保护、传承与弘扬现状的调研报告
　　…………………………………………………… 关中文化研究课题组 / 043
B.3 数字化时代陕西文化产业品牌战略研究报告 …………… 赵　东 / 069
B.4 基于特色文化空间构建的大遗址保护与文旅融合研究
　　……………………………………………………… 朱海霞　权东计 / 081

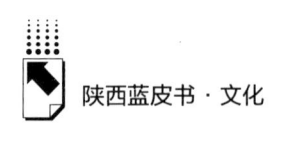

B.5　陕西黄河流域非物质文化遗产保护与传承现状研究报告
　　………………………………………………………… 杨艳伶 / 089

B.6　"一带一路"背景下陕西自贸试验区文化服务贸易创新
　　发展研究报告………………………………… 王铁山　冯茜茜 / 103

Ⅲ　行业报告篇

B.7　陕西传统音乐文化资源传承与保护研究报告………… 樊为之 / 119

B.8　陕西商帮县域文化资源禀赋研究报告………………… 刘立云 / 140

B.9　陕西博物馆文创产品设计研究报告…………………… 郭艳娜 / 149

B.10　陕西革命文化资源合理开发利用的调研报告………… 杨梦丹 / 159

B.11　基于文化及相关产业分类的陕西文化批发和零售业
　　　发展研究……………………………………… 颜　鹏　吕　胜 / 168

Ⅳ　公共文化篇

B.12　陕西现代公共文化服务体系建设发展报告…………… 曹　云 / 186

B.13　陕西段长城、长征国家文化公园建设研究报告……… 马燕云 / 197

B.14　陕西扶持文艺创作机制研究报告…………… 韩红艳　张艳茜 / 208

B.15　当代陕西红色基因传承的现状与愿景分析
　　　——以陕西大学生群体为例……………………………… 杜　睿 / 222

Ⅴ　区域报告篇

B.16　宝鸡市非物质文化遗产保护传承研究报告…………… 王永莉 / 241

B.17　延安市文旅融合发展研究报告………………………… 毋　燕 / 255

B.18　宝鸡市优秀传统文化传承发展研究报告……………… 张寅潇 / 279

目 录

Ⅵ 大事记

B.19　2020年陕西文化发展大事记 …………………… 樊　玥 整理 / 289

CONTENTS

I General Report

B.1　The Status and Trends of the Cultural Development of Shaanxi Province in 2020
　　　　　　　　Project Group of Shaanxi Academy of Social Sciences / 001
　　　1. Overall Situation and Achievements of Cultural Development in
　　　　 Shaanxi　　　　　　　　　　　　　　　　　　　　　　　　　　／ 002
　　　2. Development Situation in Important Cultural Sectors in
　　　　 Shaanxi　　　　　　　　　　　　　　　　　　　　　　　　　　／ 013
　　　3. Situation in Cultural Development in All Cities of Shaanxi　　／ 026
　　　4. Forecast and Suggestiong for the Cultural Development in
　　　　 Shaanxi　　　　　　　　　　　　　　　　　　　　　　　　　　／ 039

II Macro-Vision Reports

B.2　Investigation Report on the Current Situation of the Protection, Inheritance and Promotion of Guanzhong Culture
　　　　　　　　Guanzhong Cultural Research Joint Project Group / 043

CONTENTS

B.3 Research Report on Brand Strategy of Shaanxi Cultural Industry in Digital Age　　　　　　　　　　*Zhao Dong* / 069

B.4 Research on Protection and Cultural Tourism Development of Historical Sites Based on Construction of Characteristic Cultural Space　　　　　*Zhu Haixia, Quan Dongji* / 081

B.5 Research Report on the Current Situation of the Protection and Inheritance of Intangible Cultural Heritage of Yellow River Basin in Shaanxi Province　　　　　*Yang Yanling* / 089

B.6 Research Report on the Innovative Development of Cultural Service Trade in Shaanxi Pilot Free Trade Zone under the background of "The Belt and Road"　*Wang Tieshan, Feng Qianqian* / 103

Ⅲ　Industry Reports

B.7 Research Report on the Protection and Inheritance of the Traditional Music in Shaanxi Province　　　　*Fan Weizhi* / 119

B.8 Research Report on the Cultural Resources Endowment of Shaanxi Business Group　　　　　　　　*Liu Liyun* / 140

B.9 Research Report on Museum-Developed Cultural and Creative Products' Design in Shaanxi Province　　　*Guo Yanna* / 149

B.10 Investigation Report on Rational Development and Utilization of Revolutionary Cultural Resources in Shaanxi Province
　　　　　　　　　　　　　　　　　　　Yang Mengdan / 159

B.11 Research Report on the Development of Cultural Wholesale and Retail Trade in Shaanxi Based on the Classification of Cultural and Related Industries　　　*Yan Peng, Lyu Sheng* / 168

Ⅳ Public Culture Reports

B.12　Report on the Construction and Development of the Modernized Public Cultural Service System in Shaanxi Province　*Cao Yun* / 186

B.13　Research Report on the Construction of Great Wall in Shaanxi Province and the Long March National Cultural Park　*Ma Yanyun* / 197

B.14　Research Report on the Mechanism of Supporting Policies for Literary and Artistic Creation in Shaanxi Province

Han Hongyan, Zhang Yanqian / 208

B.15　Analysis on the Current Situation of Inheritance of the 'Red Culture' and its future:

—*Take Undergraduates in Shaanxi as an Example*　*Du Rui* / 222

Ⅴ Regional Reports

B.16　Research Report on the Preservation and Inheritance of Intangible Cultural Heritage in Baoji Area　*Wang Yongli* / 241

B.17　Research Report on the Integrated Development of Cultural Tourism in Yan'an City　*Wu Yan* / 255

B.18　Report on the Protection and Inheritance of the Excellent Traditional Culture in Baoji City　*Zhang Yinxiao* / 279

Ⅵ Chronicle Events

B.19　Chronicle of Shaanxi's Cultural Events in 2020

Arranged by Fan Yue / 289

总报告

General Report

B.1
2020年陕西省文化发展现状与趋势

陕西省社会科学院课题组*

摘　要： 本报告回顾了2019年陕西文化发展状况，重点阐述了2020年陕西宣传思想文化、社会文明建设、宣传文化政策制定、公共文化服务建设、文化产业发展等方面整体发展状况，研究了陕西新闻出版、广播电视、戏剧演艺事业、文博事业、文学艺术等重点文化行业发展情况，分析了全省11个地区文化发展状况和特点。

关键词： 陕西　文化部门　地方文化

---

* 执笔人：王长寿，博士，陕西省社会科学院文化与历史研究所研究员、所长，研究方向为文化产业、公共文化；樊为之，博士，陕西省社会科学院文化与历史研究所副研究员、副所长，研究方向为历史文化。

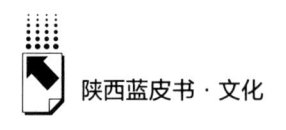

一 陕西文化发展整体状况与成就

（一）加强宣传思想工作，努力提高社会文明程度

陕西新闻媒体重视理论宣传工作，重视宣传党的路线、方针、政策。2020年3月24日，习近平总书记对《陕西日报》创刊80周年作出重要指示，充分肯定《陕西日报》创刊80年来所发挥的重要作用，对《陕西日报》守正创新、推进融合发展，不断提升传播力、引导力、影响力、公信力，提出明确要求和殷切期望。习近平总书记的重要指示是对新时代各级新闻舆论战线向纵深发展、更好地守责担当做出的重要指引。① 陕西省委、省政府和宣传思想战线高度重视习近平总书记重要指示，时任省委书记胡和平在陕西日报社主持召开座谈会，传达学习习近平总书记重要指示，深入学习贯彻习近平总书记关于宣传思想工作的重要论述，研究贯彻落实意见。陕西宣传思想战线认真遵循党中央指引，大力宣传党的理论政策和大政方针。《陕西日报》理论版专门开辟了"深入学习贯彻习近平新时代中国特色社会主义思想"专栏，刊登《坚持马克思主义在意识形态领域指导地位的根本制度》等理论文章，专门介绍了习近平总书记《论党的宣传思想工作》的主要篇目，报道全省深入学习《习近平谈治国理政》第三卷的情况。

2020年10月，十九届五中全会召开后，陕西高度重视学习宣传贯彻十九届五中全会精神，《陕西日报》等媒体及时报道了全会召开情况，报道了中央宣讲团来陕宣讲十九届五中全会精神情况，并对陕西各部门各单位传达学习十九届五中全会精神情况进行了认真报道。

新闻媒体大力宣传脱贫工作的重要作用和取得的成效。《陕西日报》开辟了"决战决胜脱贫攻坚，奔向全面小康社会"的专栏，发表《弘扬先进

---

① 《守责担当　纵深融合——从习近平总书记对〈陕西日报〉创刊80周年作出重要指示说起》，http://media.people.com.cn/n1/2020/0422/c40606-31682659.html。

精神　决胜脱贫攻坚》等文章，介绍脱贫攻坚工作中的优秀代表。还发表评论员文章，报道全省举行脱贫攻坚表彰大会的相关情况。全文公布《关于表彰2020年陕西省脱贫攻坚奖获得者的决定》和《2020年陕西省脱贫攻坚奖获奖名单》，进行正面宣传，通过传媒大力支持脱贫攻坚工作。陕西新闻媒体重视开展爱国主义教育，《陕西日报》以"激发爱国热情　培育民族精神"为题，选登全省爱国主义教育基地负责人的发言，宣传革命思想，宣传爱国主义。

陕西新闻媒体重视报道全省"十三五"建设成就，专门开辟"十三五"成就巡礼专版，报道全省各地社会经济等领域喜人变化与成就；重视报道陕西发展状况，如报道第27届中国杨凌农高会；此外还开设"全省2020年重点项目观摩活动全景报道"专栏，宣传陕西建设新成果。

为保护革命文物，陕西省文物局专门设立了革命文物保护处，负责监督指导陕西革命文物保管利用，组织开展全省革命文物资源调查、认定、研究、宣传、展示和传播等工作。陕西不可移动革命文物达到1224处1310个点，其中有26处是全国重点文物保护单位，229处是省级文物保护单位。全省可移动革命文物达到10.4万件（套），保护好全省革命文物意义重大。①

为推进全省文明建设工作，陕西媒体专门开辟了"陕西好人榜"，宣传助人为乐、见义勇为、诚实守信、敬业奉献、孝老爱亲、自强励志的典型人物。2020年，陕西多人登上了中央文明办发布的"中国好人榜"，2020年2~7月"中国好人榜"上榜者492名，主要来自抗击新冠肺炎疫情和决战决胜脱贫攻坚一线，其中陕西上榜人数达到了19人；8~9月"中国好人榜"中就有11名陕西人上榜（此次共有208名身边好人上榜）。

2020年，陕西省在文明城市建设方面迈出了新步伐。11月，全省有4座城市入选第六届全国文明城市，分别是延安市、铜川市、彬州市和吴起县。咸阳市、志丹县、凤县经全国文明办确认保留全国文明城市荣誉称号。

---

① 《陕西设立革命文物保护机构》，http://esb.sxdaily.com.cn/pc/content/202003/25/content_717746.html，最后访问日期：2020年11月19日。

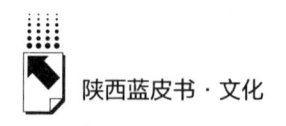

陕西重视革命文化的保护、研究和宣传等工作。2020年第二届延安文传会上专门举办了宣传革命文化的活动，邀请中国美术馆在延安文化纪念馆展出了其馆藏的鲁艺木刻精品，展现了延安版画的风格与特点。10月，第三届红军长征论坛在延安举办，对大力弘扬长征精神、挖掘长征历史文化当代价值具有重要作用。国庆节期间，延安革命纪念馆举办了"延安时期党的组织建设"展览，南泥湾革命旧址举办了"南泥湾大生产临时展"等，宣传了革命历史，传播了红色文化。2020年《革命文物保护利用片区分县名单（第二批）》（中央宣传部、财政部、文化和旅游部、国家文物局公布）中，陕西有9市40县（市、区）被列入长征片区和陕甘宁片区。这样一来全省共有68个县（市、区，除去与第一批重叠的外）列入革命文物保护利用片区，体现了陕西革命文物的重要性和丰富性。陕西保护好、传承好、宣传好革命文物，对传承好革命文化、弘扬延安精神具有重要作用。

陕西新时代文明实践中心试点建设工作顺利开展。自2018年陕西凤县、富平县、志丹县、延川县被确定为首批全国试点县以来，试点工作顺利开展，取得了阶段性成效。2019年2月和10月，西安市的蓝田县、长安区，咸阳市的彬州市、乾县，铜川市的宜君县、耀州区，榆林市的榆阳区，汉中市的城固县、洋县，安康市的岚皋县、石泉县、旬阳县，商洛市的商南县、山阳县、柞水县，杨陵区，宝鸡市的千阳县，延安市的宝塔区，榆林市的绥德县，韩城市分别被确定为全国试点县。它们结合融媒体中心建设，整合资源，根据各自特色，开展了大量富有成效的工作，有效推动了群众参与文明实践活动。

为深入开展新时代爱国主义教育活动，2020年陕西省委宣传部将17处基地命名为陕西省爱国主义教育基地。它们分别是位于西安市的西安交大西迁博物馆、西北工业大学校史馆、西北大学博物馆、西安电子科技大学博物馆、陕西师范大学博物馆和汉景帝阳陵博物院，位于延安市的延安宝塔山景区、延安桥儿沟革命旧址（旧址核心区、东山、西山）、延安新闻纪念馆、瓦窑堡革命旧址，位于榆林市的佳县神泉堡革命纪念馆、定边县治沙造林展览馆、米脂高西沟水保生态展览馆，位于宝鸡市的眉县张载祠、红光沟航天六院旧址，位于咸阳市的旬邑起义纪念馆，位于渭南市的蒲城林则徐纪念馆。

陕西认真开展黄河文化、关中文化的研究工作。陕西省社会科学院文化与历史研究所等部门组织人员开展了黄河文化、关中文化调查研究工作，为研究的深入开展献智献策。省文旅厅印发了《2020年陕西省黄河文化保护传承弘扬工作计划》。2020年9月，陕西省重大文化精品工程、陕西黄河文化代表剧目——情景歌舞剧《黄河歌谣》在西安演出。该剧由有"西部歌王"之称的王向荣和杜朋朋领衔主演。为加强对黄河文化遗产的研究，陕西省文物局决定成立陕西省黄河文化遗产研究中心，由西北工业大学、西北大学、陕西师范大学等高校和陕西省考古研究院等文博系统科研院所组建而成，中心办公室设于省文物保护研究院。

陕西大力开展秦岭生态文化工作。2020年7月，省文旅厅与商洛市在木王国家森林公园共同主办了2020中国秦岭生态文化旅游节，致力于宣传秦岭，保护秦岭生态。6月，省林业局主办了首届朱鹮文化宣传活动，这一活动命名为"祖脉秦岭·和美朱鹮"，包括"秦岭家园·朱鹮油画作品展"、科普短视频、动漫与文学作品大赛等，从文化活动角度展现秦岭保护的成就和作用。

2020年是张载诞辰1000周年，陕西给予高度重视，专门召开有关纪念会和学术研讨会。

陕西重视发挥文化文艺在脱贫攻坚中的作用。省文旅厅专门主办了2020年全省扶贫文艺巡演。省戏曲研究院等多个文艺单位参加巡演，用文艺助力脱贫攻坚。

陕西认真推动丝绸之路文化合作。2020年6月，在西北大学举行了陕西省丝绸之路考古中心揭牌仪式，中心的建立有助于进一步统筹全省丝绸之路沿线国家考古工作的开展。

陕西省政府重视对自然科学和哲学社会科学的奖励。2020年4月，省人民政府做出了关于2019年度陕西省科学技术奖励的决定，授予三位院士2019年度省最高科学技术奖；分别授予8项、22项研究成果省自然科学奖

一、二等奖；12项、9项成果省技术发明奖一、二等奖；28项、58项和122项成果省科学技术进步奖一、二、三等奖。2019年11月省人民政府表彰了第十四次哲学社会科学优秀成果，分别授予59项成果一等奖、119项成果二等奖、122项成果三等奖。

（二）出台重要文化政策，引领文化工作深入发展

2020年3月，陕西省十三届人大常委会第十六次会议表决通过新修订的《陕西省延安革命旧址保护条例》，并于5月1日起正式施行。新修订的《陕西省延安革命旧址保护条例》共分为总则、保护与管理、展示与利用、法律责任、附则5章40条，扩大了保护对象范围，完善补齐了保护管理内容，突出了利用传承等方面工作的重要性。保护对象范围扩大到延安现有445处革命旧址，有利于统一、系统地开展保护工作。

2020年2月，为帮助全省文化企业打赢疫情防控阻击战，省委宣传部发布《关于坚决打赢疫情防控阻击战支持文化企业平稳健康发展的实施意见》，要求落实"进一步减轻税费负担""加大财政补贴力度""支持企业用人稳岗""强化公共就业服务"等政策，加大对文化企业扶持力度。2020年专项资金扶持向受疫情影响较大的行业（如新闻出版发行、广电、文旅、演艺等）倾斜；优先购买来自受疫情影响较大企业的公共文化服务项目（如文化惠民、新闻出版、广播电视等）。该实施意见还提出支持文化企业转型升级，大力发展新兴文化产业，加快文化产业领域对新技术的应用等。为指导文化事业部门复工，省文旅厅发布了《陕西省公共图书馆、美术馆、文化馆（站）有序恢复开放与服务工作指南》，提出要加强员工健康监测和管理，做好场馆防控及服务工作，做好异常情况处置等具体措施，以确保安全。

陕西省大力支持公共文化事业发展。2020年11月，省文旅厅印发了《公共文化服务领域基层政务公开标准指引》，明确了涉及公共文化服务领域4个方面（行政许可、行政处罚、行政强制、公共服务）45项基层政务公开事项，要求推动重点信息公开，积极扩大公众参与。

2020年9月，为保障非物质文化遗产保护与传承工作顺利开展，传承弘扬陕西优秀传统文化，陕西省文化和旅游厅出台《陕西省省级非物质文化遗产代表性传承人认定与管理办法》（简称《办法》）。该《办法》共分26条，确定了对传承人认定的标准、程序，申请需提交的材料，传承人应遵守的原则、符合的条件（包括户籍在陕或者长期居住地在陕者），对传承人的服务和管理（如建立与更新档案），支持传承人开展传承、传播的具体措施（包括提供必要传承场所，提供必要经费支持传承人收徒、传艺、交流等；指导、支持传承人开展非遗记录、整理、建档、展览展示展演和开展研究、出版等；支持传承人参加学习、培训，参与社会公益性活动等），传承人承担的义务等内容。《办法》规定一般3年开展一批省级非遗传承人认定工作。《办法》的出台和执行将对完善非遗传承体系、增强非遗传承人存续力、尊重非遗传承人主体地位与权利、注重社区和群体对非遗传承人认同感、鼓励和支持非遗传承人开展保护传承工作产生重要推动作用。

为有效保护历史文化街区，2020年4月，陕西省人民政府发布了《关于公布第二批历史文化街区名单的通知》，共核定12个街区为陕西省第二批历史文化街区，它们分别是西安三学街、北院门、七贤庄历史文化街区；咸阳中山街东段、东明街历史文化街区；榆林南大街、北大街、米粮市顶历史文化街区；汉中东关正街、西汉三遗址历史文化街区；凤翔文昌巷—通文巷—毡匠巷、新庄巷历史文化街区。①

为有效保护田野文物，2019年12月，陕西省人民政府办公厅发布了《关于进一步加强全省田野文物保护工作的实施意见》（简称《意见》）。《意见》包括指导思想、工作目标、主要任务、保障措施四部分和附件"全省重点田野文物安防系统建设推进计划表"。《意见》确定的重点保护目标是重要古墓葬、古塔（地宫）等田野文物，通过建立田野文物安防实时监控体系开展好保护工作。主要任务是强化打击防范力度，完善管护机构，加

---

① 陕西省人民政府门户网站，http://www.shaanxi.gov.cn/gk/zfwj/167172.htm，最后访问日期：2020年11月19日。

快安防建设，提升监管能力。采取的技术手段和装备包括地下生物探测、微波安防雷达探测、红外热成像、太阳能无线视频监控、无人机视频巡查、地波微震动探测等安防监控技术、装备。重点保护目标均为国家重点和省级文物保护单位，共192家。①

（三）全面推动公共文化服务体系建设，保障群众享受文化成果

陕西省重视弘扬中华优秀传统文化。2020年4月在陕西黄陵举办了清明视频公祭轩辕黄帝典礼，重点突出了"抗击疫情　福佑中华"主题。10月在黄陵举办了庚子年重阳恭祭轩辕黄帝典礼，其主题是"弘扬抗疫精神、凝聚民族力量"。通过祭拜人文初祖轩辕黄帝，增强海内外中华儿女抗击疫情决心。

2020年10月15日至11月15日，陕西在宝鸡市举办了第九届陕西省艺术节。艺术节上演了集中演出参评剧目32台，全省展演参演剧目21台，为全省观众提供了一场场盛大演出。本届艺术节评出"文华优秀剧目奖"10项、"群星奖"20项，荣获"文华优秀单项奖"的文艺工作者17位，"优秀组织奖"由宝鸡市文化和旅游局获得。2023年铜川市将举办第十届陕西省艺术节。

陕西重视公共文化服务体系建设。2020年，省财政统筹整合资金1.5亿元，用以补齐市县公共文化服务体系建设短板，提升五级（省、市、县、乡、村）公共文化服务体系。2019年陕西省对31个文化旅游名镇（街区）投资达到44.13亿元。

截至2019年末，陕西全省文化系统共有艺术表演团体56个、文化馆122个。陕西全省公共图书馆达到109个，全年读者总流通量达到1574万人次。

陕西通过创新方式方法，确保提供高质量公共文化产品。2020年，围

---

① 陕西省人民政府门户网站，http://www.shaanxi.gov.cn/gk/zfwj/156829.htm，最后访问日期：2020年11月19日。

绕第九届陕西省艺术节群星奖，全省开展了精彩纷呈的文化惠民展演活动，举办展演选拔173场，观众达8.2万余人，助推了群众文化活动，向群众供给了丰富优秀的公共文化产品。为让更多人享受文化惠民活动，陕西还推出了文旅惠民卡、"1元游景区"活动票、文旅惠民券等，并对文化演出、旅游景区提供惠民补贴，为广大群众带来文化福利。陕西文旅厅仅在国庆节前夕就推出了总价值3000万元的惠民活动。

陕西省通过组织文化志愿者服务队等形式，整合全省公共文化资源，提升公共文化服务水平。经陕西省文化馆同意，延安市文化艺术中心、洛川县文化馆、安康市群众艺术馆、汉阴县文化艺术中心、韩城市文化馆、商洛市群众艺术馆、铜川市群众艺术馆、咸阳市群众艺术馆、渭南市文化艺术中心、宝鸡市群众艺术馆、渭南市华州区非遗中心的文化志愿者服务队一起建立了陕西省公共服务文化志愿者联盟，推进陕西省公共文化志愿服务。

2020年11月，西安市委宣传部、市文旅局等单位举办了第十九届西安国际音乐节，《长·安——唐诗交响吟诵音乐会》等汇演为陕西观众带来美妙的音乐旋律。

陕西重视推动群众性的读书活动。9月举办了第八届陕西省阅读文化节，阅读文化节期间开展名家讲座、文化展览等活动659场次。这次阅读活动更加重视互联网作用，采用线上线下同步开展，省、市、县联动的方式，为读者创造更好的阅读环境。

（四）全省文化产业快速发展　有力推动文化强省建设工作

2020年，陕西文化产业克服疫情影响，取得了较好成效。2020年上半年，陕西省规上文化企业实现营业收入433.5亿元，同比下降0.4%，明显好于全国规上文化企业实现营业收入增长情况（同比下降6.2%）。陕西文化产业中文化制造业表现良好，实现营业收入176.6亿元，较2019年同期增长6.1%，较全国平均水平高15.6个百分点；文化批发和零售业实现营业收入较全国平均水平高16.1个百分点，达到68.0亿元；文化服务业实现营业收入同比下降5.3%，达到188.9亿元，比全国平均水平低7个百分点。

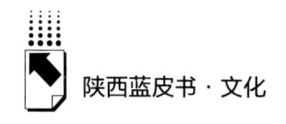

咸阳市、宝鸡市和西安市2020年上半年规上文化企业营收均出现增长,其中咸阳增长11.3%,对全省文化产业增长贡献较大;宝鸡和西安市分别增长3.6%和0.3%。①较之于全国平均水平,陕西规上文化企业整体营收、文化制造业营收、文化批发和零售业营收具有明显优势,但文化服务业营收水平有待进一步加强。

陕西文化产业新业态发展快,成效显著。2020年上半年,全省互联网信息服务类规上企业实现营业收入同比增长72.8%,达到43.4亿元;数字内容服务类规上企业实现营业收入同比增长20.0%,达到12.1亿元;互联网文化娱乐平台类规上企业实现营业收入同比增长23.5%,达到0.4亿元;互联网广告服务类规上企业实现营业收入同比增长36.1%,达到14.6亿元;多媒体、游戏动漫和数字出版软件开发类规上企业实现营业收入同比增长34.6%,达到2.2亿元。陕西规上文化企业总数有所增长。2020年上半年,陕西省规上文化企业总数较2019年同期增加44家,同比增长3.0%,总数达到了1518家。②

截至2019年末,全省文化及相关产业市场主体达到10.83万户,其中2019年增加了4.12万户,同比增长61.4%。截至2019年末,全省规模以上文化企业达到1544户,其中2019年新增加245户,同比增长18.9%。2019年陕西规模以上文化企业实现营业收入1070.9亿元,比上年增长19.1%,较全国规模以上文化及相关产业企业营业收入年度增长7%多出12.1个百分点,体现了陕西文化产业的强劲增长力。2019年全国规上文化及相关产业企业实现营收86624亿元,陕西规上文化企业营收占全国比重达到1.236%,比2018年的1%提高了0.236个百分点。

陕西重视文化产业发展,加大财政对文化产业投入力度,2019年省级和全省各市(区)文化产业专项基金总规模达到6.72亿元。陕西通过文化

---

① 《上半年我省规上文化企业主要指标好于全国平均水平》,http://esb.sxdaily.com.cn/pc/content/202008/31/content_734736.html,最后访问日期:2020年11月19日。
② 《上半年我省规上文化企业主要指标好于全国平均水平》,http://esb.sxdaily.com.cn/pc/content/202008/31/content_734736.html,最后访问日期:2020年11月19日。

产业园区和重点项目建设，促进文化产业发展。2019年全省共新建了51个特色文化产业园区和182个重点项目，新增投资10亿元以上的重点项目就达到41个。2019~2021年陕西计划实施"十百千"工程（10个50亿元的省级文化产业园区、100家骨干文化企业和1000家高成长型文化企业），促进文化产业发展。2019年陕西省认定西安市曲江新区国家级文化产业示范园区、宝鸡市石鼓·文化城产业示范园区、西安印刷包装产业基地和西安华商传媒文化产业园4家园区为省级文化产业示范园区，同时还认定了16家文化产业重点园区和31家文化产业示范基地。陕西重视文旅产业领域招商引资工作，2019年签约金额达到2683亿元。陕西重视文化产品出口，2019年陕西全省文化出口突破18亿美元。2019年陕西限额以上企业金银珠宝类增长14.8%，文化办公用品类增长1.8%。

为促进陕西省文化产业发展，陕西省委宣传部开展了2020年度重大文化精品扶持和重点文艺创作资助活动，61项扶持项目、2项跟踪项目（电视剧《大西迁》和电视剧《横渠书院》）入选重大文化精品项目，29项入选重点文艺创作资助项目，受到扶持与资助。其中电影《苹果红了》、电视剧《大转折》、纪录片《本色》、广播剧《国家至上》、动画片《仓颉传奇》等28部影视作品入选；秦腔《关西夫子》、话剧《路遥》和《生命册》等12部戏剧作品入选；报告文集《最美奋斗者》、纪实文学《共和国的旋律——人民音乐家刘炽传》、纪实文学《张富清传》等15部文艺类图书入选；交响乐《丰收中国》《小康路上 建党100周年歌曲创作》等4部音乐作品入选。入选重点文艺创作资助项目的作品包括秦腔剧本《春水长安》、话剧剧本《城·墙》、儿童剧剧本《风筝》、电视剧剧本《嵯峨山下》、电影剧本《阿里孩子》、长篇小说《小门大院》、纪实文学《庚子防疫战》和报告文学《观察》等29项。

2020年，陕西省文旅融合工作进一步推进，9月，2020世界文化旅游大会在西安开幕，大会就疫情背景下文旅产业复苏发展进行了探讨，共500余人参加大会。全省19人入选《2020年度乡村文化和旅游能人支持项目入选人员名单》（文化和旅游部公布），将得到更高层面的支持。陕西还推动新媒体与文旅相结合，11月，省文旅厅启动"2020陕西文化旅游新媒体整合传播""2020陕西文化旅游短视频大赛"等活动，用新媒体助推陕西文旅事业发展。陕西注重科技支持文化旅游发展的作用，促进研究工作深入发展。陕西文旅厅推荐的《我国遗产型景区"平台+数据+标准"（PDS）管服体系创新研究》入选2020年度国家文旅科技创新工程项目，《区块链在旅游交易统计中的应用》入选"2020年度文化艺术和旅游研究项目信息化发展专项储备库"。另外，借助大数据、云计算、人工智能建立的智慧平台——"陕西省全域旅游产业运行监测与应急指挥中心"项目则被选入"2020年度文化和旅游信息化发展典型案例名单"，这些均体现了陕西在文旅科技创新和信息化工作方面的进步。

旅游业在陕西具有重要地位。2020年国庆节、中秋节双节期间，陕西省景区预约人数、居民出行热度、假期酒店成交量等多项旅游数据位居全国前十。2019年陕西省接待境内外游客7.07亿人次，较上年增长12.2%；全省旅游总收入达到7211.21亿元，较上年增长20.3%。其中，入境游客达到465.72万人次，增长6.5%，国际旅游收入达到33.68亿美元，增长7.7%；国内游客总数达到7.02亿人次，增长12.2%，国内旅游收入达到6978.87亿元，增长20.6%。[①]

陕西文旅融合还体现在旅游产品与文化的融合上。2020年，陕西以"文化陕西"为主题的一组旅游产品，在2020年中国特色旅游商品大赛中取得了不凡成绩，陕十三·冰酪系列等9件（套）商品获得金奖，陕西历史博物馆的虎符饼干等15件（套）商品获得银奖，潼关肉夹馍等17件（套）商品获得铜奖。陕西在本届旅游商品大赛中取得了奖项总数全国第二、金奖数量全国第三的历史最好纪录。

陕西重视疫情期间对旅游景点的科学管理工作，省文旅厅公布了全省135家4A旅游景区游客承载量，包括日最大承载量和瞬时最大承载量，其中陕西历史博物馆的日最大承载量与瞬时最大承载量分别为1.2万人次、

---

① 《2019年陕西省国民经济和社会发展统计公报》。

0.47万人次。

2020年，文化和旅游部、国家发改委公布的第二批全国乡村旅游重点村名单中，陕西有23个村（社区）上榜，其中西安市的有南堡寨村（长安区王曲街道）；杨凌区的有王上村（五泉镇）；榆林市的有郭家沟村（绥德县满堂川镇）；延安市的有梁家河村（延川县文安驿镇）；宝鸡市的有汤峪村（眉县汤峪镇）、永生村（凤县红花铺镇）；咸阳市的有龙源村（泾阳县安吴镇）、西头村（旬邑县张洪镇）；铜川市的有何家坊村（印台区金锁关镇）、淌泥河村（宜君县哭泉镇）；渭南市的有秦王寨社区（潼关县太要镇）、天刘村（临渭区桥南镇）、司家村（华阴市孟塬镇）、仙峪口村（华阴市华山镇）；韩城市的有板桥镇王村；安康市的有中坝村（石泉县后柳镇）、七里村（宁陕县筒车湾镇）；商洛市的有棣花社区（丹凤县棣花镇）、南沟社区（洛南县四皓街道）、金米村（柞水县小岭镇）；汉中市的有沙窝村（佛坪县长角坝镇）、花果村（汉台区河东店镇）、天荡山社区（勉县勉阳街道）。

二 陕西省主要文化行业发展状况

（一）陕西新闻出版行业发展状况

2020年，新闻出版成就鲜明。陕西师范大学出版总社出版的《延安文艺大事编年》荣获第七届中华优秀出版物奖，该奖系与"五个一工程"奖、中国出版政府奖并列的出版界三大奖之一。《延安文艺大事编年》的出版对于总结延安文艺经验、发扬延安文艺光荣传统具有重要意义。另外，陕西新华出版传媒集团出版的《习仲勋的故事》《钱学森》等23册图书入选《2020年农家书屋重点出版物推荐目录》（国家新闻出版署发布），为丰富农村文化生活提供了精神食粮。

新闻出版领域在抗击新冠肺炎疫情方面发挥了独特作用。为抗击新冠肺炎疫情，陕西人民教育出版社等发布了《新型冠状病毒肺炎防护知识读本》（网络版和纸质版）。陕西师范大学出版总社编写了《新型冠状病毒感染的

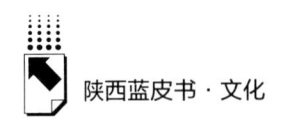

肺炎疫情下心理健康指导手册》，帮助防疫。

陕西新闻行业成绩显著，9项优秀作品荣获第三十届中国新闻奖，其中《陕西日报》的《二百八十一个签名挽留第一书记》获得一等奖，3项作品获得二等奖，5项作品获得三等奖。这些作品反映了陕西在脱贫攻坚、黄土高原绿化、融媒体发展等方面取得的成就。

陕西重视图书出版发行工作，举办图书交易博览会促进出版业发展。2020年9月，在西安举办了第十届陕西（西部）丝路图书交易博览会，8000平方米的西安主会场展出了4万余种来自全国300多家出版社的图书。书展期间还进行了《书院门1991》等新书发布会、VR沉浸式数字书店推广、视频直播等活动。陕西出版单位支持古籍整理工作，《许宗鲁集》《山东出土汉画像石题记汇释》《长安凤栖原韦氏家族墓地墓志辑考》获得了2020年度国家古籍整理出版专项经费资助，它们分别由陕西人民出版社、陕西人民美术出版社和三秦出版社申报。

2020年10月，陕西省人民政府参事室、西北大学出版社等单位组织编纂的《史记研究集成·十二本纪》，由西北大学出版社出版。该书系"十三五"国家重点图书出版规划项目，共12卷560余万字。陕西省将该书作为省重大文史项目，它的出版是陕西创造性转化、创新性发展中华优秀传统文化的又一重要成果。

陕西充分利用新媒体传播功效，加大宣传力度。4家国际社交媒体平台（Facebook、Twitter、Instagram和YouTube）和国际网络媒体传播数据显示，陕西2020年5月文旅新媒体国际传播力指数列全国第六，仅次于北京、浙江、四川、海南和云南。微信公众号、抖音号、微博、头条号传播情况综合评价，2020年5月陕西省级文旅新媒体传播力指数名列全国第十，其中陕西省文化和旅游厅2020年5月微博传播力指数（BCI）名列全国第八，陕西旅游2020年5月抖音号传播力指数名列全国第九。

（二）陕西广播电视电影业发展状况

陕西影视事业蓬勃发展，2020年陕西影视剧获得国内外多项大奖，为文化强省建设贡献了新的力量。9月，陕西申报的《岁岁年年柿柿红》荣获第32届电视剧飞天奖优秀电视剧奖，《西京故事》、《黄土高天》和《共和国血脉》获得优秀电视剧提名奖。11月，电影《半个月亮爬上来》获第十六届中美电影节"民族文化贡献奖"，电视剧《一个都不能少》获得了中美电视节"中华文化传播力奖"。它们由陕西省委宣传部、省广电局等单位联合摄制。《一个都不能少》是一部反映脱贫攻坚题材的作品。同月，西安广播电视台等联合制作播出的纪录片《四十城 四十年》获得首届中国广播电视大奖专题类大奖，该奖系国家广播电视总局主办。

陕西广播电视领域积极探索广电媒体融合创新发展工作。2020年国家广电总局批准，并向由陕西广电集团创建的中国（陕西）广播电视媒体融合发展创新中心授牌。陕西是全国第二个获得国家广电总局批复创建广电媒体融合发展创新中心的省份，这有助于陕西开展广电媒体融合模式探索、技术应用、相关项目孵化和理论研究等方面工作。

陕西通过举办国际电影节，让世界认识陕西，让陕西观众观看世界优秀影片。2020年10月，陕西举办了第七届丝绸之路国际电影节。报名参加本届电影节的作品有3596部，来自116个国家和地区。电影节通过影院、户外、线上方式，展映优秀影片500余部。电影节除电影展映、电影论坛和影片特别推荐等活动外，为促进国际电影交易还设立了电影市场，并促成36个项目取得合作意向。为有效宣传电影节，陕西广电融媒体集团对电影节启动仪式现场直播，进行了123个小时大时段融媒体直播，通过一次采集、多端分发的方式提高传播效率，新华社现场云、人民网人民视频等近1000个新媒体全程拉流直播，在线观看4739.3万人次，总传播量过亿。①

为推动影视工作的开展，培养优秀的电影人才，2020年10月，西北大学、陕文投集团、西影集团签订协议，共同致力于推动西北大学西安电影学院建立工作。陕西重视电影事业发展。2020年7月，陕西授予西咸新区秦

---

① 《丝路国际电影节启动仪式总传播量过亿》，http：//esb.sxdaily.com.cn/pc/content/202010/14/content_ 738142.html，最后访问日期：2020年11月19日。

汉新城影视拍摄基地"陕西省影视拍摄基地"称号，这是第一家被授予此牌的拍摄基地。截至2020年8月，秦汉新城影视拍摄基地已有10家企业入驻，注册总资本超过15亿元，从事领域包括剧本创作、投资策划、拍摄制作以及发行、衍生品开发等多方面。

2020年，一批陕西出品的优秀影视剧上演后，推动了宣传工作，丰富了群众文化生活。1月，由中国国际电视总公司、西安广播电视台等联合出品的微纪录片《从长安到罗马》第一季在中央电视台科教频道等媒体播出，帮助观众了解丝绸之路上的文化、经贸、社会生活等方面的知识。3月，电视剧《一个都不能少》（陕西重大文化精品项目）在央视综合频道首播，好评如潮，成为主旋律爆款大剧。5月，红色电影《凤翔1949》在央视电影频道播出。7月，陕西数字新媒体艺术公司摄制的动画纪录片《大唐帝陵》在中央电视台纪录频道播出，同时在新媒体优酷、爱奇艺、腾讯和哔哩哔哩播出。这部纪录片以数字动漫技术展现传统文化，是文化创新的一种路径。8月，由彬州市委宣传部、西安交通大学第一附属医院等部门联合摄制的电影《信念一生》在全国公映。9月，由陕西省委宣传部等联合摄制的电影《蓝色防线》在全国公映，这是一部反映我国维和部队在南苏丹执行维和任务、保护难民营的电影，上映后广受好评。同月，陕西省委宣传部等部门联合摄制的电影《秀美人生》在陕西放映。该影片讲述了"全国优秀共产党员"黄文秀的秀美人生。10月，由陕西省委宣传部等联合摄制，中国电影股份有限公司、陕文投集团、西安曲江影视投资（集团）有限公司等联合出品，讲述中国人民志愿军抗美援朝战争故事的电影《金刚川》在全国院线上映，广受好评。同月，西安曲江影视投资（集团）有限公司等单位出品的历史动作片《大汉张骞》在第七届丝路电影节上发布，这部影片填补了"张骞"题材电影空白。陕西省委宣传部等摄制的《我和我的家乡》作为国庆献礼影片上映后，获得了票房、口碑双第一的好成绩，经济社会效益俱佳。

2020年，陕西出品了众多的优秀影视作品。由陕文投集团、西影集团等联合出品的影片《永远是少年》顺利完成拍摄工作。这部影片是为建党100周年献礼的重点影片，弘扬了革命精神和爱国情怀。

一批优秀电视剧在中央电视台播出，好评如潮。7月，10集动画片《大唐帝陵》在中央电视台播出。9月，中央电视台、陕文投集团等单位联合摄制出品的电视剧《创业年代》在中央电视台1套播出后，引发社会强烈关注。12月，改编自陕西作家陈彦同名小说，由中央电视台、西安兆麦影视、西安电影制片厂、西安曲江影视投资公司等联合出品的电视连续剧《装台》在央视一套、芒果TV热播后，产生了热烈反响，收视率持续走高。同月，由西安曲江大秦帝国影业、曲江文投等出品的电视连续剧《大秦赋》在央视电视剧频道播出后，深受观众喜爱。另外，秦腔动画连续剧《漫赏秦腔》2019年12月至2020年春节期间在中央电视台戏曲频道播出。陕西制作的纪录片《天是鹤家乡——中国九种鹤的影像志》在中央电视台1套节目《动物世界》播出，向观众展示了中国自然保护的成果。

一批优秀广播剧在中央广播电视总台播出，获得好评。1~6月，《和你在一起》《逆行者》《出征》《从军绿到警蓝：初心永恒》《我们一家人》《奔向光明》《奇袭华山》《天使大爱》《一代名吏白居易》《风起黄龙》等16部陕西出品的广播剧在中央广播电视总台播出，播出量达到上年同期的近3倍。其中《和你在一起》《逆行者》等反映医护人员抗击疫情的广播剧播出后，有利于激励全社会夺取疫情防控的胜利。[①] 7~9月，《为爱守护》《云天冲浪》《太阳照在秦岭上》《花椒红了》《华山挑夫》《军扣》《司马迁》《郭子仪挂帅》《张载》《渡江小英雄》《罂粟、罂粟》《刘抚院卖桥》等12部陕西出品的广播剧在中央广播电视总台播出。10月，4部陕西出品的广播剧在中央广播电视总台播出，它们分别是6集广播剧《空巢》《春桃满园》《郑国渠》和3集广播剧《597.9高地》。

2020年，陕西影院克服疫情干扰，恢复工作取得成效。截至8月3日，陕西恢复营业影院达到231家，影院复工率达67.15%，影院票房居全国第12位。

陕西出品的影视剧在新媒体上播发，效果良好。2020年，由公安部影

---

① 《上半年16部陕西出品广播剧在央广播出》，http://gdj.shaanxi.gov.cn/info/1585/19939.htm，最后访问日期：2020年11月19日。

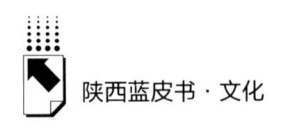

视中心、陕西省委宣传部、咸阳市委市政府等部门出品的电视连续剧《正道无敌》于在线视频网站爱奇艺上播出，收视率飙升。这部讴歌缉毒民警奉献精神的正剧，有助于弘扬正能量，加强文化建设。

全省广播电视制作经营机构数量稳步增加，有利于推进陕西广播电视事业发展。截至2020年6月，陕西省新批广播电视制作经营机构120家，全省该类机构数量突破1000家，进一步壮大了队伍。

微视频（指通过个人计算机、手机摄像头等视频终端摄录、上传互联网播放的视频短片，短则30秒，长则20分钟左右，形式上包括小电影、纪录短片、视频剪辑、广告片段等）具有大众参与度高、随时性、随地性和随意性强等特点。为促进微视频宣传工作，陕西省图书馆等部门主办、西部电影频道承办了文化陕西微视频大赛，大赛名为"微游陕西·魅力乡村"，大力宣传全省地域特色文化，助推全域旅游产业的发展。

为了让观众更好地认识电影的发展历史和制作等内容，2019年8月，展陈面积约1万平方米的西安电影博物馆正式对外开放，并于2020年5月举行了授牌仪式。西安电影博物馆包括电影老爷车博物馆、世界电影放映机收藏博物馆、电影胶片收藏库、电影制作技术科普体验区和西影厂史馆等九大展区，它的建成和开放取得了良好的社会效应。

（三）陕西省戏剧演艺事业等领域发展状况

陕西文艺工作者在全国比赛中屡获殊荣，为陕西文化事业增添光彩。9月，全省有4名演员荣获第30届上海白玉兰戏剧表演艺术奖。其中演员齐爱云（陕西省戏曲研究院）、侯红琴（西安三意社）凭借秦腔《关中晓月》，分别获得白玉兰戏剧奖主角奖、配角奖；林波（西安话剧院）、杨鹏飞（西安话剧院）凭借话剧《柳青》，分别摘取了白玉兰戏剧奖主角奖、新人配角提名奖。10月，陕西省文艺工作者在银川举办的第十七届中国西部民歌（花儿）歌会上获得2枚金牌、1枚银牌、4枚铜牌和1项特别贡献奖的好成绩，陕西省文旅厅获得优秀组织奖，这是陕西在2019年话剧《平凡的世界》等一批精品力作获国家大奖后的新胜利。

曲艺是演艺事业的重要组成部分。2020年陕西省曲艺演出获得多项全国性大奖，9月，两项节目分别获得国家级曲艺最高奖的第十一届中国曲艺牡丹奖新人类（卢鑫，相声《我们不一样》）和表演奖（熊竹英，陕北说书《陕北婆姨陕北汉》）。2014~2020年，陕西共9人次获牡丹奖大赛8个奖项。

2020年10~11月举办的第九届陕西省艺术节是陕西戏剧演艺事业成果的一次大汇展。陕西众多剧种的优秀剧目在艺术节上亮相，为观众提供享受优秀文化成果的大舞台。此次艺术节共评出包括陕西省戏曲研究院的《关西夫子》（秦腔）和西安话剧院的话剧《长安第二碗》在内的"文华优秀剧目奖"10项；评出本届陕西省艺术节"群星奖"20项，包括音乐、舞蹈、戏剧、曲艺门类奖项各5项；评出本届陕西省艺术节优秀单项奖15项，共17人获奖，包括"文华优秀编剧奖"3项（党小黄、徐小强、张慕瑶，作品分别是秦腔《周原儿女》、商洛花鼓《情怀》、民族歌剧《刘子清的小事》）、"文华优秀导演奖"3项（杨君、何红星、权景泰，作品分别是秦腔《张富清1948》、阿宫腔《红梢林》、秦腔《日照云雾村》）、"文华优秀表演奖"5项（话剧《平凡的世界》中饰演田福堂的马小矛，京剧《千秋忠烈》中饰演陆登、陆文龙、王佐的张强，在眉户现代戏《追梦》中饰演林夕的王萍，《情怀》中饰演赵小燕的李淼，《刘子清的小事》中饰演腊梅的黄静）、"文华优秀舞美奖"1项（郑回方，作品《日照云雾村》）、"文华优秀音乐奖"3项（郭全民、程长宁和他们的作品秦腔《陕北往事》，辛书善、解遥星星和他们的作品《情怀》，朱启高和其作品陕北民歌剧《岁月韶华》）。入选"文华优秀剧目奖"作品的有5部秦腔剧目，2部话剧，舞剧、商洛花鼓、陕北民歌剧各1部，不仅反映了传统戏剧秦腔在创新发展上的强劲动力，而且体现了陕西现代戏剧、地方特色戏剧、歌舞等各剧种百花齐放、共同进步的局面。

2020年，陕西一批剧目受到国家扶持，有利于陕西演艺事业的发展。6月，话剧《长安第二碗》（西安话剧院作品）入选2020年度全国舞台艺术重点创作剧目名录，全国共有25部剧目入选。该剧同时入选了2020年度国家舞台艺术精品创作扶持工程重点扶持剧目，全国共有10部剧目入选。《长安第二碗》的入选，体现了陕西舞台艺术创作的长足进步。11月，陕西

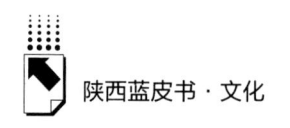

8部戏剧作品入选文旅部"庆祝中国共产党成立100周年舞台艺术精品创作工程"重点扶持作品名单,它们分别是话剧《长安第二碗》《柳青》《平凡的世界》《主角》,民族管弦乐《永远的山丹丹》,眉户《迟开的玫瑰》,歌剧《张骞》,音乐《飘雪》。

除获奖剧目外,第九届陕西省艺术节还上演了一批精彩的剧目,包括新编秦腔历史剧《望鲁台》、魔幻现实主义儿童剧《风筝》(西安儿童艺术剧院)、原创民族歌剧《太白雪》(陕西师范大学音乐学院)、秦腔新编历史剧《李白长安行》(西安秦腔剧院易俗社)、合阳线腔《金水弯弯》、秦腔《赵梦桃》(咸阳市人民剧团)、秦腔现代剧《路遥的世界》、陕北方言话剧《人生》、话剧《同官镇里那些事》、眉户现代戏《追梦》(咸阳民众剧团演艺有限公司)、秦腔现代剧《日照云雾村》(汉中市天汉秦腔剧团)、紫阳民歌剧《闹热村的热闹事》(安康市演艺影视公司)、舞剧《桃花令》(西安永宁艺术团)、音乐话剧《春满铜城》(陕西实验话剧院等)、大型音乐偶剧《朱鹮·朱鹮》(陕西演艺集团、民间艺术剧院等),参加汇演的剧目还有秦腔《喜迁莺》《天下第一约》《关中晓月》《喜铃》《甘棠清风》《吴山恩怨》《董生与李氏》《春上五陵塬》《渭华星火》《惠中权》《青青我心》《黄土情》等,京剧《千秋忠烈》,晋剧《人间正道》,地方剧目汉调桄桄《红色交通线》、汉调二黄《半云榜》、阿宫腔《红梢林》等,儿童剧《和你一起长大》《阳光照耀的地方》《鱼跃龙门》等,音乐剧《花木兰》《我的榆林小曲》《汉水长歌》《丝路之源 十美石泉》等,民歌剧《初心》,交响乐《百年逐梦不忘初心》等。

2020年,陕西编排上演了一批新剧目。5月,为配合抗击疫情,西安演艺集团三意社创排了戏曲剧目《青春逆行》,展现了医护工作者的无畏身姿。8月,西安演艺集团战士战旗杂技团在陕西大剧院歌剧厅首演了他们创作排练的杂技剧《星光灿烂之如梦长安》,将杂技与唐代丝路文化元素相融合,受到观众欢迎。9月,西安歌舞剧院上演了原创舞剧《门》,它以大唐长安城为故事背景,全剧融入唐诗、唐画、唐俑等传统文化因素和具有中国特色的舞美、服饰、色彩等,是对优秀传统文化创造性转化、创新性发展的有力探索。另外,西安演艺集团上演了原创音乐剧《花木兰》,西安演艺集团和西安话剧院共同创作了话剧《路遥》,并彩排演出。同月,西安儿童艺术剧院推出的儿童剧《火印》隆重上演,这部儿童剧是陕西省重点文艺创作项目,以抗战时期北方草原为背景,宣传了爱国主义思想。

陕西重视用戏剧讴歌自然保护、脱贫攻坚、"三农"工作等方面取得的成就。10月,陕西演艺集团、陕西省民间艺术剧院等单位共同创作上演了原创大型音乐偶剧《朱鹮·朱鹮》,反映洋县群众世代珍爱朱鹮的故事,并将其作为第九届陕西省艺术节参评剧目。安康市汉调二黄研究院创排、反映脱贫攻坚过程中小村庄"半云榜"生活的大型汉调二黄现代戏《半云榜》,在作为第九届陕西省艺术节岐山分会场的岐山大剧院上演,用传统戏剧的形式歌颂了乡村脱贫中的人和事。同月,宝鸡市戏曲剧院打造并上演了反映农村、农业、农民发展变化的大型秦腔原创现代剧《周原儿女》,展现了新时代新农民的感人形象。

(四)陕西省文博事业发展状况

陕西考古工作成就突出,在全国影响大。2020年1月,陕西神木市石峁遗址皇城台大台基遗迹入选"中国社会科学院考古学论坛·2019年中国考古新发现",系此次6个入选项目之一。5月公布的"2019年度全国十大考古新发现"中,陕西占有两席,分别是陕西南郑疥疙洞旧石器时代洞穴遗址和陕西神木石峁遗址皇城台。前者由陕西省考古研究院、中科院古脊椎动物与古人类研究所等单位发掘,对丰富我国境内5万~10万年考古资料、探索东亚现代人本土起源具有重要意义;后者由陕西省考古研究院、榆林市文物考古勘探工作队、神木市石峁遗址管理处发掘,对于进一步认知中国早期文明发展具有重要作用。

陕西博物馆纪念馆陈列获得国家大奖,进一步体现了陕西在展馆陈列方面的优势地位。5月,陕西秦始皇帝陵博物院举办的"平天下——秦的统一"展览获第十七届(2019年度)全国博物馆十大精品陈列奖。这一展览自2019年9月开展,是秦始皇帝陵博物院筹办的规模最大的文物展览。参

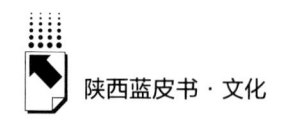

展文物317件（组），来自全国33家文博单位。陕西历史博物馆（陕西省文物交流中心）举办的"秦始皇——中国第一个皇帝与兵马俑"展览获本届评选的国际及港澳台合作入围奖。延安革命纪念馆"伟大长征辉煌史诗——纪念中国工农红军长征胜利80周年展览"获第十七届"全国博物馆十大陈列展览精品推介优胜奖"。

陕西文博系统充分利用文物展览，开展优秀传统文化宣传工作，成就突出。2020年陕西省文博系统继续举办新展览，从4月起陕西历史博物馆举办大型精品彩陶文物展——"彩陶·中华——中国五千年前的融合与统一"，展出的245件（组）彩陶等文物来自全国36家文博单位。7月，陕西历史博物馆、省考古研究院等单位在省历史博物馆开始举办"古芮新迹——陕西澄城刘家洼东周遗址考古成果展"，展出文物精品175组300余件，深刻表现了东周芮国的历史风貌。8月起，宝鸡文物局和宝鸡青铜器博物院在中国国家博物馆承办了"宅兹中国——宝鸡出土青铜器与金文精华展"，展示了出土自宝鸡的何尊、墙盘、逨盘等青铜器精品140余件。10月起，汉景帝阳陵博物院与河北博物院在汉阳陵考古陈列馆举办了"汉代中山王陵及王室墓出土文物特展"，参展文物90件（组），有助于观众了解西汉地方政权发展与沿革。国庆期间，陕西各地文博系统举办的展览还有安康博物馆的历代紫砂壶艺术精品展，韩城市博物馆的韩城历史文化展，宝鸡青铜器博物院举办的来自北京民俗博物馆的金银佩饰精品文物展等。

陕西通过考古工作，保护文物，加深了对古代历史的进一步认知。考古方面，2020年11月，陕西考古人员在西安发现了唐代大书法家颜真卿用朱砂书写在碑石上的墓志，这份颜真卿早年书迹对于研究其书法风格形成过程和中国书法史有重要意义。陕西考古工作者从2019年起对隋仁寿宫·唐九成宫进行了考古发掘，发现始建于隋代、唐代加以重建的4号殿整体殿址规模较大，保存完整。陕西拥有石窟寺及石刻1068处，它们是古代文明的见证与体现。为加强对石窟寺的调查与保护，11月，省文物局专门组织陕西省石窟寺专项调查工作培训班，制定调查工作实施方案、召开动员会，促进这一工作开展。

陕西重视推动文物保护技术发展。2020年1月，秦始皇帝陵博物院等单位完成的《考古现场脆弱性文物临时固型提取及其保护技术》荣获国家科学技术进步奖二等奖。该项目为文物保护特别是脆弱性文物保护提供了有力的技术支撑。为保护纸质文物，2020年11月成立了陕西省纸质文物保护修复研究中心，致力于纸质文物保护与修复工作。8月，陕西历时5年对国家一级古籍《古今图书集成》（陕西省图书馆藏）的修复保护工作顺利完成。该书系1728年铜活字版本，6编32典，共万卷，是国内仅存11部中的一部。这次完成了1027册、4万余页的修复保护工作，为全省珍贵典籍修复保护提供了经验。

陕西文物系统重视对传统优秀文化的保护和文保工作的展示与宣传。截至2020年陕西省拥有国家级文物保护单位270个、省级文物保护单位1098个、市县级文物保护单位3590个。全省备案博物馆（纪念馆）319座，其中一级、二级、三级分别有9座、13座、17座；全省国有文物收藏保管机构共有522家，收藏可移动文物7748750件，其中一级、二级、三级文物分别为11166件（套）、23848件（套）、112568件（套）。[①] 陕西除应用传统方式保护文物外，还运用云计算、大数据、"互联网+"等现代科学技术保护田野文物，确保全省优秀文物资源代代相传。为更好地宣传文物，2020年陕西省文物局主编的《陕西文物古迹大观（四）：陕西省第六、七批全国重点文物保护单位巡礼》正式出版发行。该书详细介绍了"石峁遗址""梁带村遗址"等5大类154处陕西境内全国重点文保单位的文物信息，宣传了陕西优秀传统文化和革命历史文化，对推进文化自信工作大有裨益。9月，陕西历史博物馆等发行了《2021陕博日历·花舞大唐》，重点展现了何家村窖藏精品文物。陕西文博系统还重视讲解工作，专门在宝鸡举办了2020年陕西省文博系统讲解比赛，通过提高讲解水平宣传陕西文化和历史。

陕西文博单位通过大力发展文创产品，更好地让传统文化与时代相结合。2019年，陕西历史博物馆研发新产品281款，包括百余款"花舞大唐"

---

① 陕西省文物局网站，http://wwj.shaanxi.gov.cn/index/news/detail.html?id=47478，最后访问日期：2020年11月19日。

主题文创新品等；秦始皇帝陵博物院研发167款新产品，推出了"大秦雄风"纪念章等文创产品。西安碑林博物馆新开发260款产品，西安博物院联合其他单位开发了25个系列198种文创产品，汉景帝阳陵博物院新开发出8种56款文创产品。这些文创产品进一步促进了文旅融合，对宣传优秀传统文化、宣传陕西产生了良好的作用。

陕西重视文物展览与廉政建设相结合，从2020年10月起专门举办了陕西廉政文物展，参展单位29家，展出何尊、四十三年逑鼎和拓本《朱子家训》《青砖家训刻石》等文物，展览有助于廉政文化的弘扬。

陕西非物质文化遗产工作亮点频仍。2020年10月，陕西4名选手在中国非遗博览会传统工艺比赛云竞技活动中分别获得了剪纸类、泥面塑类和金属锻制类一、二等和优秀奖，展现了陕西非遗的风采。

陕西省重视对非物质文化遗产和民间文艺的宣传工作。2020年6月13日，在"文化和自然遗产日"，陕西省文旅厅等部门在安康龙舟文化园举办了"非遗购物节"主会场活动，并进行了"非遗战'疫'"主题文艺演出。同时，陕西还让非遗走出国门，向世界展现风采。2020年9月，中国文化中心、陕西省文旅厅共同在澳大利亚悉尼主办了"古法新作——汉唐生活器物展"，展出的汉唐服饰传承30多项中国非遗技艺。2020年10月，陕西洛南静板书、眉户曲子、榆林小曲、韩城秧歌、陕北道情、陕北说书等非遗节目团队参加了在浙江宁波举办的2020全国非遗曲艺周活动。2020年10~11月，中国民协、陕西省文联在省美术博物馆举办了"中国西部民间工艺主题创作展"等活动，展示民间文艺成果。

陕西重视将非物质文化遗产保护与促进文化旅游事业发展相结合，既有利于传承和弘扬非物质文化遗产，又推动了地区旅游发展。2020年，陕西在壶口瀑布景区举行了2020陕西省非遗进景区暨"黄河记忆"非遗展示展演活动，演出了陕北民歌、华阴老腔、陕北说书等陕西优秀非遗节目，展出了安塞剪纸、洛川面花等非遗中的传统手工技艺产品和技术。

陕西重视利用非物质文化遗产开展扶贫工作。2020年陕西非遗项目西秦刺绣被列入文旅部"非遗扶贫品牌行动和优秀带头人"名单。从2018年起,陕西千阳县通过校企合作等方式培训刺绣人才。2019年,千阳县培训贫困妇女3500人次,全县生产刺绣产品500万件(套),实现产值7800万元。

陕西省将非遗普及与群众文化相结合,让非遗走进百姓家。2020年8月,省文化馆、省非遗保护中心、渭南市临渭区文旅局主办了"第三届陕西新农村巧娘才艺展示"活动,进行了碗碗腔表演唱、民歌联唱等文艺演出和临渭草编、澄城刺绣、华州皮影等非遗传承人现场表演,充分发挥了传承人在新农村建设中的作用。

(五)陕西文学艺术、美术等领域工作

陕西是全国文学重要阵地,"文学陕军"誉满全国。近年来,全省每年推出各类文艺图书近3000部,在《人民文学》《收获》等重点刊物发表作品700余篇(部、首)。省内《延河》《小说评论》等文学刊物影响力持续提升。[①] 陕西省作家协会的微信公众号"文学陕军"深受公众喜爱。为推动网络文学创作,2020年8月成立了陕西省网络作家协会,它的成立将为陕西网络文学发展注入更强力量,有力推动"文学陕军"发展。

美术创作是陕西发展文化事业的重要领域,长安画派享誉全国。近年来,陕西通过举办画展等形式,促进美术工作发展。2020年,第九届陕西省艺术节上举办了全省优秀美术书法摄影作品展。这届主题为"与时代同行,向人民汇报"的展览在宝鸡美术馆进行,展出了近年来全省优秀的中国画、油画、版画、雕塑和水彩画等美术作品,以及书法篆刻、摄影作品等,为观众提供丰厚的美术精神食粮。陕西美术活动成果突出,2020年6月两项活动入选2019年度全国美术馆优秀项目,其中"陕西美博'美谈'"(陕西省美术博物馆)入选优秀公共教育项目,"自然的双重性——西安2019山水画邀请展"(西安崔振宽美术馆)入选优秀展览提名项目。

---

① 《"文学陕军"砥砺奋进奏响新时代嘹亮号角》,http://www.wenming.cn/djw/ds/jtrds/dsjj/wz/202004/t20200427_5549230.shtml,最后访问日期:2020年11月19日。

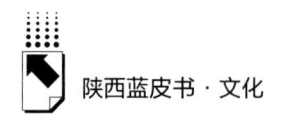

2020年9月，西安美院、中国美协版画艺术委员会、西安美术馆主办了"西安美术学院版画60年文献展"，展出了西安美院版画系60年代表作品、相关文献、摄影作品、影视作品200余件。10月，陕西和四川在陕西美术馆举办了"川陕中国画作品交流展"，展出两省中青年画家作品，通过画作开展宣传工作。

陕西省重视对美术工作者的支持。省文旅厅公布的2020年度陕西省艺术创作资助项目名单包括对一批省内青年美术艺术人才项目的资助，其中包括对《黄河之春》《黄河防护林印象》等11个中国画项目，《筑梦黄河》组画、《航拍视角下的黄河》等11个油画项目，《黄河之水天上来》等5个版画项目，《不屈、奋争——黄河号子主题雕塑》等8个雕塑项目的支持。

三 陕西省各地文化发展状况

（一）西安文化发展状况

2020年西安市戏剧演艺事业斩获颇丰，话剧《长安第二碗》（西安话剧院）、秦腔《李白长安行》（西安易俗社）、秦腔《陕北往事》（西安三意社）荣获第九届陕西省艺术节"文华优秀剧目奖"。西安市群众艺术馆的《梦回大唐》（独唱）、《书摊变奏曲》（小品）、《我的未来不是梦》（小品）、《匕首上的指纹》（故事）、《张骞归汉》（陕西快书）和西安金麦子艺术文化传媒有限公司的《爱不分类》（小品）分别荣获该届艺术节音乐、戏剧、曲艺门类"群星奖"。2020年11月，第九届陕西省艺术节展演剧目，由蓝天文化演艺有限公司排演的新编大型秦腔历史剧《天下第一约》，在蓝田县影剧院展演。此剧取材关学传人吕大钧推广《吕氏乡约》（我国第一部成文乡约）的故事，是一部弘扬优秀传统文化、传播时代正能量的剧作。

西安重视文化产业发展，特别注重推动文化与科技融合。截至2020年，仅西安高新区就有文化企业4000余家，其中规上文化企业达到83家，2020年前三个季度规上文化企业营收133.88亿元，增速达30.6%。2019年西安新增规模以上文化企业116家，占全省新增规上文化企业总数的47.3%。2019年西安文化科技创业城产业园成为国家文化和科技融合示范基地，是第三批国家文化和科技融合示范基地5家集聚类示范基地之一，也是自2012年西安国家级文化和科技融合示范基地后陕西的第二家国家文化和科技融合示范基地。

博物馆是西安旅游的一张亮丽名片，在推动西安文旅融合方面发挥着至关重要的作用。西安拥有博物馆157座，其中国家一级博物馆7座。西安的博物馆在国内外享有较高知名度，在2020年第一季"博物馆热搜百强榜"中，位于西安的陕西历史博物馆排第6位，秦始皇帝陵博物院排第27位，西安博物院排第42位，西安大唐西市博物馆排第62位，曲江艺术博物馆排第70位，西安碑林博物馆排第80位，汉景帝阳陵博物院排第92位，八路军西安办事处纪念馆排第98位，西安一举成为上榜博物馆仅次于北京的第二多城市。[①]

西安通过乡村旅游促进扶贫工作。2020年10月，在周至县举办了2020西安市乡村旅游消费扶贫金秋旅游购物节，推动游客来周至旅游消费，带动当地农副产品销售。

西安重视宣传丝绸之路。2020年11月中国国际电视总公司、西安广播电视台等联合出品的纪录片《从长安到罗马》第二季在中国和意大利媒体播出，深度介绍了丝绸之路上的城市建筑、美食、美术等文化。

新媒体对西安进行了大量宣传。据《2019抖音数据报告》，抖音日活跃用户数超过4亿，西安入围点赞最高国内城市前十名；"西安"话题累计阅读量126.2亿次；西安的"大唐不夜城"位列景点播放量榜单第1名；"大唐不夜城不倒翁"表演相关视频播放量超23亿次；位于西安的秦始皇兵马俑博物馆、西安碑林博物馆和陕西历史博物馆分别在"点赞最多博物馆"中排第3位、第4位和第10位；西安凉皮在"点赞最多的地方小吃"中排第2位。

---

① 《西安多个博物馆入选中国博物馆热搜榜》，http://wlj.xa.gov.cn/wlxw/wlzx/5ee8268afd850845e6395d4c.html，最后访问日期：2020年11月19日。

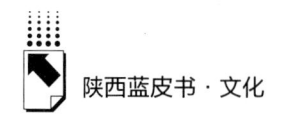

（二）榆林文化发展状况

榆林重视文艺创作，音乐剧《我的榆林小曲》、秦腔现代戏《惠中权》、革命现代戏晋剧《人间正道》、陕北民歌剧《革命人永远是年轻》等一批新近创作的文艺作品亮相第九届陕西省艺术节。2020年榆林戏剧演艺事业成果凸显，陕北民歌剧《岁月韶华》（榆林市民间艺术和戏曲研究院）荣获第九届陕西省艺术节"文华优秀剧目奖"。绥德县文化馆的《绞煤号子》（无伴奏情景表演唱）、神木市文化馆的《歌从黄河岸边边来》（表演唱）、府谷县文化馆的《农家新歌》（器乐合奏）和榆林市文旅局、群众艺术馆的《路遥著书》（陕北说书）分别荣获这届艺术节音乐、曲艺门类"群星奖"。

榆林重视对长城等文物资源的保护。为保护长城，榆林组成了长城保护宣传队，走乡镇进社区，通过陕北说书、发放宣传资料等形式，宣传保护长城法律法规和长城文化知识。

榆林重视文化宣传工作，专门在吴堡县建起了柳青文化园，并于2020年10月举行了开园仪式。文化园收藏了陕西500余位文学家的万余册图书作品和珍贵的手稿书信、电影电视剧实物资料等。

2020年榆林开展了大量文化活动，获得了突出成就。6月，榆阳区、靖边等举办文化和自然遗产日宣传活动，开展保护长城遗产宣传活动。7月，榆林和扬州有关方面在扬州举办了2020年"非遗走亲"榆林扬州曲艺交流展演。8月，榆林文旅局成功举办全市文博系统讲解比赛；榆林市、神木市分别进入"2020中国最具幸福感城市"地级市、县级市名单。9月，佳县举办第三届红枣旅游文化节；神木市举办第八届红碱淖山地自行车环湖赛；绥德开工建设革命纪念馆。10月，绥德省非遗代表性传人曹毛女荣获第六届中国非遗博览会"匠人匠心"云竞技剪纸项目唯一的一等奖。榆林的杨伟慧荣获金属锻制类二等奖，纪艾香获得剪纸类优秀奖。同月，佳县举办第四届赏石书画展；吴堡举办2020年中国农民丰收节；米脂2020年中秋、国庆双节期间接待游客（7.2万人次，同比增长10%）、旅游综合收入（2016万元）等数据创历史新高。

（三）延安文化发展状况

延安采取各种举措推动革命文化传播。2020年10月，第二届延安文化传承博览会在延安召开，这届文化传承博览会凸显了延安对革命历史文化传承与弘扬工作的重视。中央音乐学院等单位带来了精彩的节目，民族歌剧《呦呦鹿鸣》、现代民乐作品《我和我的祖国》《在那遥远的地方》等剧目和安塞腰鼓、芦笙舞等舞蹈与观众见面。在此期间还举办了第三届红军长征论坛。同月，延安市委宣传部等单位承制的音乐故事片《高楼万丈平地起》在央视电影频道黄金档首播，取得良好反响。延安革命纪念馆荣膺中宣部、文化和旅游部联合举办的第二届全国红色故事讲解员大赛优秀活动单位称号。

延安用高新技术宣传红色文化。2020年9月，陕西科技出版社、延安新华书店、陕西"互联网＋革命文物"教育平台，在延安中国红色书店联合建设了陕西省第一个"5G＋VR"红色文化体验馆，并对外开放。观众戴上VR眼镜，可以通过虚拟现实空间720度全景参观陕西各革命纪念馆、革命旧址，重温革命历史。

延安融媒体快速发展，促进文化宣传工作。2019年延安市融媒体中心挂牌成立，截至2020年8月"我是延安"App下载量已经达到了1051万。2020年8月延安融媒体与北京快手科技公司合作，成立延安市"短视频＋直播带货"网红孵化基地、快手融媒学院等，开展人员培训，推动媒体融合。

2020年，延安戏剧演艺单位在陕西省艺术节上取得多项成果，延安市文化艺术中心的《延安红》（融合声器乐）、志丹县文化艺术培训中心的《致富果》（群舞）、志丹县文化艺术培训中心和延川县文化馆的《黄河追梦人》（群舞）、子长市文化馆和文化艺术培训中心的《一条棉被》（陕北道情）分别荣获这届艺术节音乐、舞蹈、曲艺门类"群星奖"。8月，延安市曲艺馆曲艺节目陕北说书《争书记》获得第二届陕西曲艺牡丹奖表演奖。

延安进一步推进全域旅游工作。2020年11月延安市黄陵县入选第二批

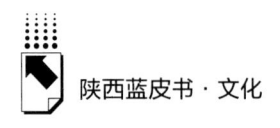

国家全域旅游示范区名单（文化和旅游部发布），将有力促进延安全域旅游体制机制、供给体系、创新示范、公共服务等方面的发展。

延安采取各种方式推动文旅事业发展，在第二届延安文化传承博览会上签约大梁家河田园综合体项目、志丹红色研学基地建设项目等20个文旅产业项目，总投资90.4亿元。这是延安市在包括六大文化产业园在内的120余个重大文化产业项目（已经投资420亿元）基础上，推动文化旅游产业发展的新举动。1月，宜川县举办了第三届春节联欢晚会。6月，洛川县非遗陈列馆开馆。10月，黄龙县举办了第五届"红叶节"，推介黄龙文旅产品，吸引上万游客到黄龙旅游。

2019年延安市规上文化企业营业收入增长率在20%以上。2019年全市传媒、文化、旅游与体育财政支出同比增长42.24%。

（四）铜川文化发展状况

铜川文化建设成果突出，取得多项国家和陕西省大奖。2020年8月，铜川广播电视台荣获"最具创新影响力城市广播电视台"等6项全国融媒体创新发展大奖。

2020年，铜川戏剧演艺单位群星荟萃，在陕西省艺术节多次获奖。铜川市群众艺术馆的《归来》（小品）、王益区文化馆的《一切为打赢》（对口数来宝）分别荣获这届艺术节戏曲、曲艺门类"群星奖"。

铜川文旅融合不断取得新成效。2020年国庆、中秋双节假期，旅游活动精彩纷呈，全市接待游客数量达到89.28万人次，旅游总收入5.6709亿元。为促进旅游业，铜川举办了2020年"云"游香山视频大赛、陈炉石艺术博览会、照金首届手机摄影节活动、"舌尖上的玉华"美食节、铜川金秋行活动、9.9元畅玩花溪谷惠民活动等，增强了铜川文旅影响力。

铜川重视开展群众性文化活动。2020年7~8月，举办了第27届消夏广场文化活动。8月，成功举办了铜川市第三届朗诵大赛，以及"薪火传承谱华章"非遗专场演出、少儿舞蹈晚会、戏曲专场演出、"仲夏之夜"专场音乐会等活动。9月，成功承办省第八届阅读文化节铜川分会场，推动和谐铜川、文明铜川、书香铜川工作；举办铜川市首届"柳范杯"（柳公权、范宽）少儿书画大赛；在铜川图书馆举办家文化大型图文展。

铜川文化产业不断取得新成就。铜川耀州区唐宋陶瓷文化产业基地、药王山文化产业基地分别被认定为陕西省文化产业重点园区和陕西省文化产业示范基地，陕西火凤凰艺术陶瓷被认定为陕西省骨干型文化企业。2019年铜川市规上文化企业营业收入增长率在20%以上。

（五）宝鸡文化发展状况

2020年，宝鸡市成功举办了第九届陕西省艺术节，宝鸡戏剧演艺单位贡献了大量优秀节目，获得多个奖项。舞剧《青铜》（宝鸡市艺术剧院）、秦腔《周原儿女》（宝鸡市戏曲剧院有限公司）荣获第九届陕西省艺术节"文华优秀剧目奖"。凤县文化馆的《火红的萨朗》（群舞）、渭滨区文化馆的《源》（群舞）、眉县文化馆的《培训》（小品）分别荣获本届陕西省艺术节舞蹈、曲艺门类"群星奖"。宝鸡市文旅局获本届陕西省艺术节"优秀组织奖"。

2020年5月，宝鸡举办了第九届宝鸡市文化旅游节。这届旅游节以"赏渭河花海·助消费扶贫·游幸福宝鸡"为主题，它的举办有利于提升宝鸡旅游品牌，促进文旅发展。

宝鸡非遗保护与宣传工作精彩纷呈。2020年10月在宝鸡旅游服务中心举办了"遗韵传奇·异彩宝鸡"非遗创新创意文创产品展。该展览系按照第九届陕西省艺术节安排举办，展出了实物、青铜器工艺品、摆件、生活用品等门类非遗作品150多件。6月，宝鸡举办了第三届西秦刺绣文化旅游香包节，意在弘扬端午节香包文化，展示西秦刺绣技艺和绣品。

宝鸡认真推进文旅融合，县域旅游蓬勃发展。2020年国庆、中秋假期期间，宝鸡共接待游客549.5万人次，旅游综合收入达到26.5亿元。其中眉县接待游客94.5万人次，旅游收入达到3.7亿元；扶风县接待游客62.2万人次，旅游收入达到4.27亿元；金台区、岐山县、凤县、凤翔县、陈仓区、陇县、太白县两节期间分别接待游客67.5万人次、59.7万人次、38.4

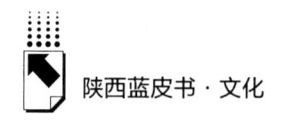

万人次、24.7万人次、28.8万人次、33.2万人次、7.6万人次，分别实现旅游收入3.1亿元、2.9亿元、1.9亿元、1.4亿元、1.48亿元、1.73亿元和0.46亿元。两节期间重点景区法门文化景区入园数达到5.6278万人次，门票收入343.27万元，太白山景区入园数达到7.1万人次，门票收入1838.8万元。2020年宝鸡市扶风、眉县两县成功入选2020中国县域旅游综合竞争力百强县市榜单，凤县入选县域旅游发展潜力百强县。

宝鸡文化产业稳步发展。2020年上半年，宝鸡规模以上文化企业营收同比增长3.6%，较全国平均水平多出9.8个百分点。2019年宝鸡新增规模以上文化企业18家，占全省新增规上文化企业总数的7.3%。宝鸡石鼓文化城产业示范园区等5家企业被认定为陕西省"十百千"工程文化产业示范园区和产业重点基地。为应对疫情影响，宝鸡还专门出台了《宝鸡市推动文化旅游业复苏发展工作方案》。

（六）咸阳文化发展状况

咸阳采取有效方式推动文化产业发展，成就显著。2020年上半年，咸阳市规模以上文化企业营收同比增长11.3%，较全国平均水平多出17.5个百分点，全省增长速度最快。2019年咸阳市规上文化企业营业收入增长率达到35.5%，为全省增长率最高的城市。

咸阳大力开展文明城市建设活动。2017年咸阳荣获第五届全国文明城市的荣誉称号，2020年又顺利通过全国文明城市复查，继续保留了这一荣誉称号，并在前五届通过复查的64个地级城市中位列第28名。

咸阳着力推进群众性文化活动。2020年6月，咸阳图书馆针对小学生开展了"中国连环画VR体验"活动，让他们通过虚拟现实技术感受火箭发射、太空舱等真实场景。7月，渭城区在钟楼广场举办了建设全国文明城市文艺演出活动；咸阳市群众艺术馆举办"秦声飞扬"曲艺专场惠民演出。8月，咸阳在兴平举办了咸阳第二届社区文化艺术节器乐大赛；在市群艺馆举办了社区文化艺术节文艺演出；永寿县则开展了送戏曲（扶贫小戏）进乡村巡演活动；渭城区举办了建设全国文明城市文艺展演活动。9月，旬邑举办"舞动旬邑"广场舞大赛；同月，旬邑还举办了国内首次全国彩贴剪纸艺术大展，推进彩贴剪纸的传承发展。

咸阳注重文化与经济相结合，用文化节助推社会经济发展。2020年9月，长武县举办了第二届苹果文化艺术节，宣传长武特色产业，帮助农民增收。11月，咸阳举办了2020世界面食产业发展峰会，这次峰会有利于增强咸阳美食文化影响力和凝聚力。同月，在大秦剧院举办了"百企进咸投资兴业"文艺晚会。

为推动文化发展，培育文化精品，咸阳推出了2020年文化精品专项资助，对秦腔现代剧《赵梦桃》、秦腔《龙凤吟》、眉户剧《天下良心》、弦板腔《大汉司马迁》等剧作和中国书法进社区文化惠民工程、书法进乡村大讲堂、油画创作高研班等项目进行资助。资助的领域涵盖了秦腔、眉户剧、弦板腔、戏曲、广播剧、音乐创作、剧本创作、长篇小说、水墨漫画、国画创作、美术陶瓷精品创作、汉唐壁画研究、微视频等方面。

咸阳积极推动文博事业发展，促进非遗保护传承工作。2020年5月，咸阳在乾陵博物馆举办了"云约咸阳旅游推介会"，并用"云约"直播的方式开展了"5·18国际博物馆日""5·19中国旅游日"的宣传活动。10月，咸阳评审出了第七批咸阳市非遗名录和第七批市级非遗代表性传承人。包括传统音乐（1项）、美术（3项）、戏曲（1项）、体育（2项）、技艺（20项）、医药（3项）、民俗（1项）7类31项非遗项目被收录进第七批咸阳非遗名录。21名代表性传承人成为咸阳第七批非遗代表性传承人，担负传承21项市级非物质文化遗产的重任。

咸阳重视广播电视事业发展，通过举办"咸阳广播电视奖"评选活动推动广电工作。2020年4月，评选出了2019年度"咸阳广播电视奖"。

（七）渭南文化发展状况

2020年，渭南戏剧演艺事业硕果累累，收获了一批重要奖项。秦腔《张富清1948》（澄城县剧团、渭南市秦腔剧团）荣获第九届陕西省艺术节"文华优秀剧目奖"。韩城市文化馆的《行鼓行》（群舞）荣获这届艺术节

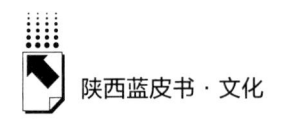

舞蹈门类"群星奖"。渭南还重视舞台新剧创作工作。2020年，上演了反映黄河流域高质量发展、推动精准扶贫的新编同州梆子《黄河岸边枣花香》。9月，渭南大剧院上演了蒲城县剧团新创排的秦腔现代戏《新任支书李赖狗》。

渭南认真开展公共文化服务工作，重视向群众提供公益性文化产品。2020年7月，渭南开展创建全国文明城市文艺巡演进万家活动，到28个社区巡演。10月，开展"送戏曲进乡村"惠民演出，有助于振兴乡村文化，提升群众生活品质。2020年，全市已建成2103个基层综合性文化中心。近年来，渭南组织"一元剧场""四进零距"等演出活动4000余场次，放映农村数字公益电影25000余场，观影数近300万人次。

渭南采取各种举措开展文创工作。2020年11月，举办首届渭南文创产品推介暨云展销活动，展出了澄城尧头窑的新颖茶具、非遗皮影挂件、合阳的纸塑窗花、文创笔帘橡皮等文创产品。渭南市通过大赛方式，促进文创产品开发。2020年渭南举办了首届文创产品和文化创意设计大赛。大赛分为实物产品、创意设计两类，前者的参加者主要包括渭南的文化企业、文化文物单位和手工非遗传承人，后者面向全国，如全国的文创公司、高等院校、非遗传承人等。充沛的文化资源为渭南发展文创事业提供了条件，文创工作为优秀传统文化创造性转化、创新性发展提供了新的路径。渭南有丰富的文化资源，全市文化遗存达到3697处，其中61处系全国重点文物保护单位；非物质文化遗产类资源众多，1个项目列入联合国教科文组织非遗代表作名录，15个、109个和287个项目分别收录进国家级、省级、市级的非遗代表性项目名录。为更好地开展非遗传承工作，2020年6月，华阴市成立非遗传习基地华山戏法传习所。

渭南重视发展文旅融合和县域旅游事业，注重用文化节推动文化工作深入发展。2020年渭南市华阴市成功入选2020中国县域旅游综合竞争力百强县市榜单。2020年9月，富平县文化旅游节开幕，此次文化旅游节推出了红色经典游路线、研学体验游路线、生态观光游路线，展示了文化旅游内涵与魅力。

2020年，第八届陕西省阅读文化节期间，渭南认真组织开展群众性读书活动。通过好书推介、读书征文、公共数字资源线上阅读、图书进校园等方式引导公民崇尚阅读、自觉阅读。

渭南开展了影视剧创作活动和廉政文化建设。渭南市委、市政府出品，渭南市委党史研究室和陕旅集团影视公司拍摄制作完成了六集文献纪录片《东渡！东渡！》。2020 年 7 月，渭南在市博物馆举办渭南廉政文化主题展。

（八）汉中文化发展状况

汉中大力推动公共文化服务，进一步完善公共图书馆文化馆系统。汉中县区进行了图书馆文化馆总分馆制建设工作，为 11 个县区图书馆配备基层流动图书车。现已建成县级图书馆 11 个，共建成基层综合性文化服务中心 2227 个，包括镇、街道办文化服务中心 168 个和行政村社区文化服务中心 2059 个，累计达标率为 94.28%。汉中每年拿出 1400 余万元，认真落实"两馆一站"免费开放资金，保证群众享受公共文化服务。[①]

汉中县域文化开展得有声有色，服务群众，推动了宣传工作。汉中各县利用五一节等节假日，举办一系列文化活动，丰富群众文化生活。汉台区开展网络朗诵大赛，开展战疫情油画网络展览等活动；城固县举办非遗展览和书画作品展等；西乡县组织了公共文化演出周系列活动，举行旗袍秀，举办文创产品展销等活动；勉县启动公益舞蹈培训班，举办书画作品展；宁强县开展羌族傩艺绝技表演和各种文艺演出；略阳县开展线上葫芦丝演奏培训活动；镇巴县组织广场舞团队培训；留坝县举办汉服展演，开展张良文化讲座等活动。

汉中一方面保护宣传非遗，另一方面用非遗助力脱贫，产生了相得益彰的效果。2020 年"文化和自然遗产日"宣传活动上，汉中除进行羌族文化主题摄影展、传统体育竞技类等展演外，还举办现场非遗（扶贫）产品展销活动，在淘宝、天猫等网站开设网店，用非遗产品助力消费扶贫。黄酒、

---

① 《汉中市文旅系统全年推出 100 个全民阅读活动》，http://wl.hanzhong.gov.cn/hzwlwz/zhxw/202005/t20200519_643858.shtml，最后访问日期：2020 年 11 月 19 日。

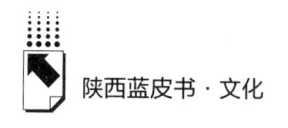

羌绣、绿茶、藤编、棕编等非遗产品深受群众喜爱。既宣传了非遗，也增加了收入。

汉中重视文化产业发展，2019年汉中市规上文化企业营业收入增长率在20%以上。2019年全市传媒、文化、旅游与体育财政支出同比增长33.16%。2019年汉中新增规模以上文化企业25户，占全省新增规上文化企业总数的10.2%。

汉中县域旅游发展潜力大。2020年汉中市洋县成功入选2020中国县域旅游发展潜力百强县。

文化艺术方面，汉中文艺作品在国内获奖，有利于提升文艺创作热情。2019年11月，汉中文旅局报送的原创MV歌曲《汉中恋》获得第七届亚洲微电影艺术节"优秀音乐作品奖"。这一由中国电视艺术家协会等单位主办的活动已发展成为亚洲最具影响力的国际性微电影艺术节。

（九）安康文化发展状况

安康重视文物保护宣传和非遗保护传承工作。2020年6月，在安康"凤堰古梯田移民生态博物馆"举办了陕西省2020年"文化和自然遗产日"主场活动开幕式。开幕式上还举办了"陕西文物惠民、助力脱贫图片展"，演出了诗音画剧《三沈故里，人文汉阴》。9月，举办了第三届安康市文博系统讲解比赛，产生了良好效果。安康讲解员在2020年陕西省文博系统讲解比赛上分别获得中文专业组优胜奖、优秀奖，志愿者组优胜奖，安康文旅局荣获优秀组织奖。

安康重视群众文化活动，公共文化设施服务工作突出。安康在公共文化服务场馆相关法规宣传、免费开放、设施功能、服务公开、数字化服务、场馆使用率、公共文化服务满意度、文化活动参与率等方面成效显著。据《2019年陕西省公共文化设施服务效能抽查情况反馈》，安康总成绩排名全省第一。文化设施使用率、文化活动参与率和文化活动满意度等关键项目排名全省第一。安康通过举办文化节等活动，服务群众，推动文化事业发展。2020年10月，安康镇坪县举办了"第二届长寿文化·农民丰收节"。9月，举办了2020中国·石泉鬼谷子文化旅游节,通过文旅融合促进石泉旅游发展。

安康大力促进文化产业发展。2019年,安康市规上文化企业营业收入增长率在20%以上。2019年安康新增规模以上文化企业25家,占全省新增规上文化企业总数的10.2%。安康市通过发展文化产业,助力脱贫攻坚,采用"文化+"方式,大力发展了毛绒玩具产业。安康还主打毛绒玩具,以此推进文化产业发展,助力脱贫攻坚事业。2020年9月底召开了第二届"安康杯"毛绒玩具创意设计国际大赛,寻找优秀创意,提升安康毛绒玩具品牌影响力。

安康致力于文旅融合工作,进一步推进全域旅游工作。2020年5月,安康专门举办了"诗与远方 幸福安康"2020年中国旅游日活动,并进行了网络直播。旅游日活动重点推介了安康精品旅游线路,如诗画汉江、秦岭山地度假、巴山秘境休闲旅游等。11月,安康市石泉县入选第二批国家全域旅游示范区名单(文化和旅游部发布),将有力促进安康旅游供给体系、创新示范、体制机制等方面的发展。

安康重视影视服务群众工作。2020年9月安康举办了首届美丽乡村国际影像节,用纪录片、短视频、微电影、动漫、摄影等方式展示脱贫攻坚成果,推动美丽乡村发展。

(十)商洛文化发展状况

2020年商洛戏剧演艺事业有新突破,商洛花鼓《情怀》(商洛市地方戏曲研究院)荣获第九届陕西省艺术节"文华优秀剧目奖"。

商洛文化产业不断取得新成就,文旅融合工作得到大力推动。2019年商洛市规上文化企业营业收入增长率在20%以上。2019年全市传媒、文化、旅游与体育财政支出同比增长43%。商洛重视"文化+旅游",促进文旅事业融合发展,商洛漫川关、牛背梁、商於古道等景区根据自身文化传统融入了文艺演出等文化项目,丰富了"文化+旅游"内容,拓展了文旅融合发展空间。商洛在2020中国特色旅游商品大赛中成绩创历史之最,共获1金

2 银 1 铜，乔果丽植物彩妆获金奖，鹿系列水晶茶具、柞水木耳饮系列获得银奖，菊粉益生元果蔬酵素系列获得铜奖。2020 年 1 月，商洛举办了文化旅游 2019 年评选活动颁奖晚会，不仅评出了商洛文化旅游特邀宣传推广大使（8 人）、宣传推广大使（11 人）、最美自媒体达人（6 名）、最佳网民（6 人）和最美导游（讲解员）（5 名），而且评出了央视新闻移动网、新华网等 6 家最给力媒体平台，商南金丝峡景区等 10 个商洛最美景区，柞水阳坡院子等 6 家商洛最美民宿，《最美商洛》等 5 部最美文旅宣传片，《鸟瞰新商洛》等 5 部最美文旅短视频。

商洛县域旅游发展潜力大。2020 年，商洛市商南县成功入选 2020 中国县域旅游发展潜力百强县。2020 年 11 月商洛市柞水县入选第二批国家全域旅游示范区名单（文化和旅游部发布），将有力促进商洛旅游供给体系、公共服务、体制机制等方面的发展。

2020 年商洛文物保护方面喜讯连连。洛南、丹凤、商南、山阳、镇安、柞水 6 个县入选由中宣部等单位公布的《革命文物保护利用片区分县名单（第二批）》，被纳入长征片区。

（十一）杨凌文化发展状况

杨凌大力开展文化和旅游融合工作。2020 年 10 月，启动了 2020 杨凌示范区会展旅游节。杨凌充分利用中国杨凌农高会的优势条件，专门打造了农高盛会游、农业观光游、美丽乡村游旅游路线。通过努力，2020 年国庆、中秋节期间，杨凌接待游客 50.9 万人次，较上年同期增长 42.81%，实现旅游收入 1.78 亿元。①

杨凌重视结合自身特点，举办与农业相关的文化活动。2020 年 9 月，杨凌在杨凌教稼园举行"2020 庚子年后稷农耕文化传承大典"，通过"入位、三献礼、读祝、播种希望"等仪式，表现中华传统农耕文化脉络。同

---

① 《"双节"期间杨凌游客突破 50 万》，http://wltyj.yangling.gov.cn/gzdt/244128.htm，最后访问日期：2020 年 11 月 19 日。

时还展示经典非遗项目，凸显了传统农业文化特色。

杨凌重视开展群众性文化活动。2020年1月，开展了新春文化系列活动——鼠年大吉送春联走进机关等。

四 陕西省文化发展前景分析与预测

（一）陕西社会文明程度将进一步提高

"十四五"期间，随着陕西省新时代文明实践中心工作的深入开展，陕西群众思想观念、精神面貌持续提升，文明风尚、行为规范逐渐适应新时代要求。全社会将更深入开展习近平新时代中国特色社会主义思想学习教育活动，哲学社会科学工作者在马克思主义理论研究与建设工程推进方面将产生更好更多的成果。陕西将更有力地把理想信念教育常态化制度化，通过深入学习党史、新中国史、改革开放史和社会主义发展史，更加坚定文化自信，围绕举旗帜、聚民心、育新人、兴文化、展形象的使命任务，推进文化强省建设，满足全省人民文化需求。

陕西将进一步加强爱国主义教育，加强集体主义教育，加强社会主义教育，大力弘扬延安精神、西迁精神等伟大精神，将加大公民道德建设力度，有力实施文明创建工程，全面促进全省社会主义精神文明建设；将进一步健全社会志愿服务体系，广泛深入开展志愿服务关爱行动；将全面促进诚信文化建设，讲诚信守诚信；将大力弘扬艰苦奋斗、勤俭节约的精神，宣传劳动创造幸福的思想；将认真加强家庭建设、家教建设、家风建设，推动社会风气持续好转。持续做好融媒体建设工作，加强全省网络文明建设，让积极健康的网络文化在陕西大地全面发展。

（二）进一步提升公共文化服务水平

"十四五"期间，陕西省将全面繁荣新闻出版事业，让新闻出版与现代科学技术相融合，让纸质媒体和互联网技术更好地服务读者。将出版更好更多的优秀图书，赢得并高质量完成更多国家出版基金项目，获得更多国家级图书奖，以优秀图书赢得社会青睐，全面推动陕西新闻出版事业发展。陕西将全面繁荣广播影视，有效增加群众喜闻乐见的影视作品质量和数量，深度推动广播电视创新发展，获得更多市场份额，得到越来越多观众和听众的喜爱。陕西将全面繁荣文学艺术，通过文艺作品质量提升工程，让现实题材创作生产迈出更大步伐，让反映新时代新气象、反映陕西建设新成果、讴歌人民的优秀文艺作品创作力度进一步加大，不断推出为全国人民、陕西人民所热爱的文艺精品。陕西将全面繁荣哲学社会科学事业，充分发挥哲学社会科学认识世界、传承文明、创新理论、资政育人的作用，让哲学社会科学为陕西发展贡献新的更大的力量。

"十四五"时期，陕西将有力推进全省媒体深度融合工作，坚定互联网化方向，重新布局生产、分发、传播流程，以高效的采编联动来满足移动传播视频化、个性化、社交化的要求。通过与用户建立紧密、直接、快速、广泛的互联网联动，把握用户思想，满足用户需求，确保主流思想舆论占领网络空间。陕西将大力推进全省全媒体传播工程实施力度，认真做强、做大新型主流媒体，建强用好全省县级融媒体中心，让县级融媒体中心成为主流舆论阵地，更好地发挥综合服务平台和社区服务枢纽的重要作用。

陕西将深入推进全省城乡公共文化服务体系一体建设，进一步充实图书馆、博物馆、文化馆等公共文化基础设施内容，加大公共文化设施对5G等现代科学技术的应用水平和服务群众的能力；创新利用公共文化设施加强全省文化知识传授服务能力、文化传播服务能力、文化娱乐服务能力、文化传承服务能力和农村文化服务能力；加强陕西公共文化服务体系理论研究。

陕西将加大实施全省文化惠民工程力度，在继续做好文化信息资源共享、办好农家书屋、保质保量开展农村电影放映等工作的同时，创新文化惠民的新方式新举措，让民众享受更高质量的文化生活。

陕西将广泛开展全省群众性文化活动，建设好群众文化队伍，充分发挥好群众文化活动精神调节、宣传教化、知识普及、团结凝聚的作用，加强政府主导作用，合理利用其自我参与、自我娱乐、自我开发、形式灵活、内容多样等特点，让全省群众性文化工作和事业再上一层楼。

陕西将全面推动全省公共文化数字化建设。充分利用广播电视网、卫星网络、宽带和移动互联网等技术手段提供公共文化服务；大力建设公共文化信息资源库，有力促进基层公共文化设施网络建设和数字化建设工作，大力开发数字文化产品，有效提高数字化和网络服务能力。

陕西将进一步加强重大文化设施和文化项目的建设力度，推进图书馆版本工作、文献储备库建设工作和智慧广电工程等。

陕西将进一步做好文物古籍的保护、研究和利用工作，系统性保护重要文化和自然遗产、非物质文化遗产，大力推进陕西境内的长城、长征、黄河等国家文化公园建设工作。传承弘扬好中华优秀传统文化，保护和传承好陕西的优秀传统手工艺。

陕西将认真办好第十四届全国运动会，广泛开展全民健身运动，增强全省人民的体质。

（三）进一步健全陕西现代文化产业体系，推动文化产业高质量发展

陕西省将始终坚持把社会效益放在首位、社会效益和经济效益相统一的方针，认真深化全省文化体制改革，不断激活文化发展的动力，通过改革破除影响文化发展的体制性障碍，释放创新精神，解放和发展文化生产力。

陕西省将继续完善全省文化产业规划和政策，充分发展"文化+""互联网+"模式，培育新型业态，形成文化产业新的增长点；促进网上服务行业、文化娱乐行业、重点文化产业展会转型升级，提升市场化、专业化、国际化水平；推动融合发展，提升产品附加值。

陕西将进一步加强全省文化市场体系建设，扩大全省优质文化产品供给。更好地完善市场准入和退出机制，增强文化企业自我创新内生发展实力；建立多层次文化产品与文化要素市场，优化文化市场发展政策环境。调整文化产品供给结构，增加优质文化产品和服务供给，满足群众需要。

陕西将有效实施文化产业数字化战略，加快发展新型文化企业、文化业

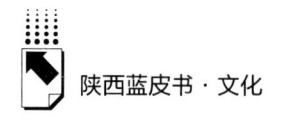

态、文化消费模式。将使文化产业与人工智能、大数据、5G、VR等高新技术更紧密结合，通过数字化产业发展，催生文化新业态和新模式，推动产生一批创新性文化企业，满足公众多样化精神文化需求。

陕西将规范发展全省文化产业园区，进一步突出文化产业园区的文化内涵和主导业态，突出园区特色发展、融合发展和创新发展功能，彰显产业园区的引领示范效应，科学建立园区的评价指标体系和评估机制，确保它们的辐射带动能力。陕西将合理推动区域文化产业带建设，充分利用自身工业基础，发展电视机、电子穿戴品等文化产业生产带，利用陕西文化资源，发展特色文化产品生产和销售基地。

陕西省将推动全省文化和旅游双向深度融合，打造一批特色文化旅游功能区、旅游休闲街区、旅游度假区和特色小（城）镇，着力培养陕西文化旅游精品和品牌。发挥陕西文化底蕴深厚的优势，开发以兵马俑、汉长安城等为代表的世界级旅游景区，保护和弘扬好陕西的红色文化资源，发展红色旅游和乡村旅游。促进陕西文化创意、演艺、非遗等与旅游相结合，形成一批受游客欢迎的旅游演艺精品。

陕西省将从自身特点出发，充分发挥陕西优秀文物外展品牌效应，宣传中国优秀传统文化和思想，讲好中国故事。陕西将创新推进国际传播的举措、方法，充分利用互联网技术等，宣传陕西优秀文化，加强对外文化交流，更有效开展多层次文明对话。

宏观视野篇
Macro-Vision Reports

B.2
关中文化保护、传承与弘扬现状的调研报告

关中文化研究课题组*

摘　要：　关中文化起源并形成于陕西关中地区，是陕西文化的核心内容，是黄河流域文明的重要组成部分，更是中华民族和华夏文明重要的源头之一，大致包含根本文化、德礼文化、国都文化、关学文化、革命文化和民俗文化。近年来，围绕关中文化的保护、传承和弘扬，陕西以西安、宝鸡、咸阳、延安、

---

* 本课题组是由中共陕西省委宣传部政策法规研究室与陕西省社会科学院文化与历史研究所组成的联合调研组。课题组成员：王长寿，博士，陕西省社会科学院文化与历史研究所研究员、所长，研究方向为文化产业、公共文化；李晓刚，中共陕西省委宣传部政策法规研究室主任；樊为之，博士，陕西省社会科学院文化与历史研究所副研究员、副所长，研究方向为历史文化；张朝亮，中共陕西省委宣传部政策法规研究室主任科员；赵东，博士，陕西省社会科学院文化与历史研究所副研究员，研究方向为文化产业；邓娟，陕西省社会科学院文化与历史研究所助理研究员，研究方向为陕西文化发展、主流媒体建设；杨梦丹，陕西省社会科学院文化与历史研究所助理研究员，研究方向为陕甘宁边区史；张寅潇，博士，陕西省社会科学院文化与历史研究所助理研究员，研究方向为陕西历史文化。本文主要执笔人为王长寿。

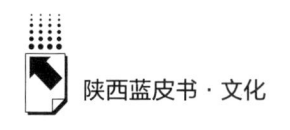

铜川、渭南等地为主，积极探索，持续创新，取得一系列成就，并形成一系列特色做法和经验。但也还存在一些不足，建议进一步推动关中文化经济区建设，深入打造黄河流域文化旅游带关中段，全面提升关中文化品牌整体认知度和影响力，着力构建新时代关中文化话语体系，积极开展关中文化生态保护区申报工作，以期更好地保护、传承和弘扬关中文化。

关键词： 关中文化　根本文化　革命文化　创造性转化　创新性发展

一　关中与关中文化

陕西是中华民族和华夏文明重要发祥地之一，关中作为陕西最重要的区域之一，东有黄河，南有秦岭，北有黄土高原，黄河最大支流渭河从中流过。优越而独特的地理形貌孕育和形成了光辉灿烂的文化，多个中国佛教宗派祖庭、全真道教在秦岭北麓诞生，文人墨客围绕黄河、秦岭等祖国壮美山川创作了流芳百世的经典作品。

数千年的发展中，关中地区逐渐成为影响华夏文明发展的重要区域。她是炎黄文化的策源、形成与传承的核心区，是中华文明起源与早期发展的重要区域，是西周和秦文化的主要形成地区，是汉唐国都文化的代表性区域，是正统儒家文化的主要发展区域，是中国封建正统文化发祥地和主要传承区域。

关中文化起源于关中地区，以关中地区为核心，在数千年的历史长河中始终与中华文明的成长相伴相生，以不同的形式和程度影响甚至决定着中华文化的发展。她与周秦汉唐时期中国社会官方正统文化具有高度契合性，属于中华民族的核心文化；与博大精深的中华文明体系的包容并蓄特征有高度一致性。儒家经典《诗经》305篇中半数左右产生于传统意义上的关中地区,《道德经》在这里诞生,多个佛教祖庭坐落于此,并从这里走向其他地区;关中文化对全国其他区域,对世界其他地区特别是东亚地区,具有强大的影响力。

(一)关中方言区是关中文化形成的主要区域

关中是关中文化的主要形成区域,围绕关中及关中文化的界定,我们主张,关中方言区是关中文化形成的重要区域。一来关中方言区面积远远超过通常意义上的"关中道",二来考虑关中方言区横跨黄河,几乎包括黄河最大支流渭河流域全部,是黄河文明的重要核心区域。

对于关中方言区的界定,一种说法认为关中方言区共包括53个县市,东至晋西南临汾和运城两地区与关中毗邻的数县及豫西灵宝、卢氏两县,西达宁夏固原东南、甘肃庆阳和天水地区,南到陕南丹凤、山阳一带,北接陕北甘泉、延长一线。另一种说法认为关中方言区包括西府方言(宝鸡、咸阳西部、庆阳、平凉、天水、固原)和东府方言(西安、咸阳大部、渭南、铜川),这也是基于地域层面所划分的广义和狭义的关中文化。

(二)关中文化历经多个阶段,融入不同时代的文化基因,特征鲜明,张力充沛

从形成的时间看,关中文化分为传统意义上的关中文化和现代关中文化。传统意义上的关中文化从史前时期一直延续到旧民主主义时代前(1840年以前),其核心部分是周秦汉唐时期形成的中国封建社会正统文明,宋以后形成的以关学为代表的地域性文化。现代关中文化主要包括优秀传统文化、革命文化和社会主义先进文化三部分。它们以不同的内容、特点和辐射力度,共同构成了关中文化的脉络,以不同的形式和程度影响着后世关中文化的发展。

关中文化融入和体现着不同的时代文化基因,是漫长中华文明史的代表性呈现,脉络分明,张力充沛。包括周人崇德,周文化重德与礼,提倡"明德慎罚",主张王道文化、儒家文化;秦人尚武,秦文化重进取、重功

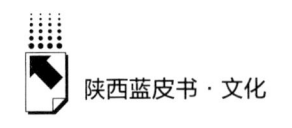

利、重耕战、重法制、重借鉴，主张霸道文化、法家文化，以及汉唐文化鲜明的开放性、兼容性、创新性和多元性等，中华文明史不同阶段的文化特质在关中文化上都有显著的反映和体现。

（三）关中文化与周秦汉唐等文化存在重合、交叉与差异

西周、秦帝国、西汉、唐朝时期的关中文化属于地域性文化，她与上述王朝整体文化特征有一致性，但同时具有自身区域性文化的鲜明特点。由于是国都所在地，关中文化区域包括这些王朝的都城文化区，因此与这些朝代的正统文化很大程度上具有一致性。但一个王朝的国都文化并不能够代表这个国家的整体文化，只是长安/咸阳作为大一统的中央政府所在地和当时世界上最大的城市之一以及东亚最大城市，较之于其他地域更能够反映王朝文化的特征。另外，长安/咸阳仅是关中的一部分，当时关中文化还包括关中地区其他的文化，如秦代的内史、北地郡等，西汉的司隶部西部大部地区等，唐太宗时期的关内道中南部等地区，唐玄宗时期的京畿道全部和关内道一部等地区的文化，内容更为繁盛。

（四）关中文化既是中华文明的重要组成部分之一，又曾汇聚世界上主要的文明形态

关中文化源远流长、源流丰富，是不同文化在关中大地上相互激荡、交融、共生、发展的产物。在这里，中华远古文明得以传承，并产生深远影响；全国各地其他地区文化在此地汇聚、演进与发展；世界上其他区域哲学、宗教、艺术、科学、农业、医学等领域文明成果被引进与吸收。关中区域内的长安在整个汉唐时期是东方文明的中心、那个时代最为重要的都会，汇聚了当时世界主要的文明形态。

历史演进的不同阶段为关中文化注入了特色鲜明的文化因子，让她在历史长河的发展过程中更加充沛磅礴，无论是考古学上仰韶文化、龙山文化时期的半坡文明、姜寨遗址、杨官寨遗址、客省庄文化等折射的文明曙光，还是口口相传的炎黄人文始祖等经典故事都是我们共有精神家园的信仰起源、

基础和内核。从政治角度看，中国古代历史中的鼎盛朝代与这里有着千丝万缕的联系，周秦王朝发端于此，它们和西汉、大唐一样在关中大地建都立业，推动中国政治文明蓬勃向前。从文学领域看，文学家白居易、杜牧、柳宗元、王九思、冯从吾等诞生于此，司马相如、李白、杜甫等文人骚客长期在这里生活创作，《诗经》、先秦散文、汉赋、唐诗让关中文化变得丰富多彩，熠熠生辉。从史学方面看，我国古代著名历史学家司马迁、班固、杜佑祖籍关中，《史记》《汉书》《通典》等记录中华文明的浩瀚史书在这里完成。此外白起、王翦、马援、班超、窦宪、李靖、郭子仪等一批著名军事家从关中地区走出，对于丰富我国古代军事思想做出重要贡献；书法家、艺术家颜真卿、柳公权、阎立本等，科学家、医学家孙思邈，哲学家张载等人在哲学、科学、文化艺术等领域做出的杰出成就不仅是关中文化的宝贵财富，而且有助于推动中华文化不断进步。

一批批著名的思想家、文学艺术家、哲学家、科学家在这里工作奋斗，为关中文化的形成和发展提供了沃土，推动着中华文明的发展，其中卓越的成分是中华优秀传统文明的重要组成部分，助推着华夏文明的形成与发展。

二　关中文化内容的传承与发展

关中不仅是一个地域概念，经过千百年来历史长河浸淫后，其早已成为一种文化概念。关中文化博大精深，包含了中华文明的根本文化、闪耀着青铜之光的德礼文化、兼容并蓄的国都文化、地域色彩浓厚的关学文化、代表先进文化方向的革命文化以及生活气息浓郁的民俗文化等。

（一）根本文化，华夏文化文明的根脉

秦岭是中华民族的"中央水塔"，关中是其直接受益者。受秦岭"水塔"滋养，关中成为中国境内远古人类生活的重要区域，华胥氏、炎帝、黄帝、仓颉、杜康、后稷等人文先祖先后在此活动。关中是中华民族重要的

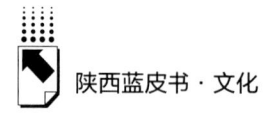

根祖之地，是华夏文明的重要发祥地，形成了深厚的"根本文化"。

蓝田公王岭遗址和陈家窝遗址被发现后，1979年在公王岭建立蓝田猿人遗址陈列所，1982年被列为全国重点文物保护单位，2012年更名为蓝田猿人遗址博物馆，3A级景区，免费开放。大荔人遗址于2001年被列为全国重点文物保护单位，当地计划建设"大荔人遗址公园"。半坡遗址发现于1952年，1958年在遗址上建有博物馆，对外开放至今。蓝田上陈、临潼姜寨和康家、高陵杨官寨、长安客省庄等大多数古文化遗址还在继续科考，其中有些不乏提出了建设考古文化公园的设想。

华胥陵位于今蓝田县华胥镇孟岩村，当地学者考证华胥陵祭祀自古就有，随着社会主义文化建设兴起，2012年以来华胥陵祭祀再度连年举行。宝鸡有炎帝祠（陵），历史上祭祀不绝，有过多次整修，至今接受海内外人群寻根问祖，但相对影响有限。黄帝陵位于陕西省黄陵县，从汉武帝以来就得到国家层面祭祀，历代多有维修。新中国成立后，从1994年起，每年清明节都有国家领导人参与黄帝陵公祭活动，黄帝陵被认为是"中华文明的精神标识"。围绕黄帝陵，黄帝文化园区正在建设，以全面展示黄帝文化和黄帝陵文化，2019年首个单体项目"中华始祖堂"落成。仓颉被尊称为"字祖"，至今在长安、白水等地还有仓颉造字的传说，两地分别有"造字台""仓颉庙（墓）"等遗迹。据《仓颉庙碑》记载，白水仓颉庙建于东汉，历代有维修，是中国同类遗迹中唯一的全国重点文物保护单位，现为3A级景区，向外售票，每年清明节前有庙会祭祀活动。杜康是中国史传的"酒祖"，白水杜康墓和庙位于杜康河东西，1976年白水杜康酒厂建成，后发展为陕西白水杜康酒业集团。1992年白水县析县内相关区域设杜康镇至今。因后稷教民稼穑，杨凌发展成为我国著名的"农科城"，"农高会"已连续举办20多年，"农祖"影响深远。

根本文化是关中文化的重要组成部分，是陕西坚定文化自信和传承发展中华优秀传统文化的重要内容。但是，由于关中文化资源极大丰富等因素，总体上根本文化还没有得到很好的研究和利用。2020年，习近平总书记来陕视察明确指示"秦岭是中华民族的祖脉和中华文化的象征"，以及国家

《关于新时代推进西部大开发形成新格局的指导意见》明确支持陕西充分发挥历史文化资源优势,将进一步推动陕西重要的根本文化形成更好的社会效益和经济效益。

(二)德礼文化,中国传统文化的精髓

关中文化底蕴深厚,值得弘扬、扩大影响力的不仅仅是根本文化。在关中地区发展壮大起来的周人建立的西周王朝形成了以"德"为内核、以"礼"为外形的"德礼文化"。以德礼文化为精髓,孔孟等先圣将其发展为儒家文化,成为中国传统文化的骨干,不断发扬光大,礼仪、礼法也成了中国古代社会生活的基本内容,中国被誉为"礼仪之邦"。北宋以降,以张载为代表的关中学者们形成了关学文化,以关中为主阵地对德礼文化进行了传承与创新。在中国革命和社会主义建设时期,以马克思主义为指导,中国共产党人将西方文化与中国国情相结合,再次创造出基于"公德"的人与人之间的关系,中国传统德礼文化发生了翻天覆地的变化,关中地区在党和国家领导下也逐渐形成了新的德礼文化。

新时代,党和国家高度重视中国传统文化,在社会主义核心价值观中渗透了很多传统德礼文化的内容,并不断对其创造性转化和创新性发展。在陕西,为了培育和践行社会主义核心价值观,2015年陕西省委印发了《关于开展"厚德陕西"道德建设活动的实施意见》,在全省实施"立德、尚德、遵德、载德、润德、弘德"的"六德"工程,对周"德"理念进行了跨时代的传承与创新。由于历史的惯性,周礼在"故乡"宝鸡岐山一带长期留存,融入了当地的民风民俗,至今岐山县的很多村落还有着古老礼仪的印痕。经过多年努力,2015年岐山县获得中国民间文艺家协会命名的"中国礼仪之乡"殊荣,同时建立"中国周礼文化研究基地"。随着国家文化产业发展,宝鸡市也高度重视周礼文化资源,规划建设了"中华礼乐城"文化产业项目,以再现西周礼治天下的盛世文明。结合时代发展,陕西的一些学人也致力研究传统礼仪,力求将古礼与新时代文明实践相融合,配合"厚德陕西"工程,倡导建设"礼仪陕西"。

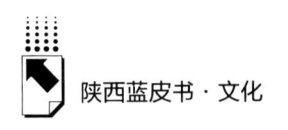

（三）国都文化，关中文化的强大底蕴

"秦中自古帝王都"，有13个政权先后在关中建都，为后人留下了极为丰富的都城遗址、宫殿遗址、帝王陵寝、离宫别馆、皇家园林等与国都相关的文化遗产，使关中文化至今仍显示出种种盛大气象。

经过历史风雨，大多的关中国都文化都已湮没在尘埃之中。目前，周都丰镐遗址和秦咸阳城遗址还在考古发掘之中，计划建为国家考古遗址公园，汉长安城遗址和唐长安城墙遗址（西、南段）则已分别建成汉长安城国家遗址公园、汉城湖景区和唐长安城墙遗址公园等，提升了城市品质。西部大开发后，陕西省、西安市两级政府以唐代大雁塔和曲江皇家园林遗址为中心，大手笔策划建成国内外知名的西安曲江新区，大力发展文化旅游业，并将大明宫遗址区纳入其板块，建成大明宫国家遗址公园，全面推动关中文化和旅游发展。西咸新区成立后，组建了沣东、沣西和秦汉等五大新城，区域内丰镐遗址、咸阳城遗址、阿房宫遗址、上林苑昆明池遗址等国都文化遗产积极加快考古、保护、规划利用步伐。2017年，昆明池景区盛大开园，迅速成为西安周边的知名景区。

帝王陵寝是国都文化的重要组成部分，关中帝王陵寝目前多是全国重点文物保护单位，依托帝陵建成了诸多博物馆，其中秦始皇帝陵博物院为5A级景区，汉阳陵博物馆、乾陵博物馆等是陕西文化旅游的重要招牌。但由于种种原因，还存在一些知名度不高的帝陵保护不力的情况，前些年还时有出现一些帝陵文物被破坏的现象。对于关中帝王陵的整体利用与开发，省上也已经布局，计划打造"东方帝王谷"项目，开发建设以关中帝王陵为依托的高科技历史文化产业园。2015年，以关中帝王陵、历史现场以及文物为基础，省内外几家单位联合出品了20集大型史诗纪录片《东方帝王谷》，以数字科技等先进手段演绎了一座座陵寝主人的命运沉浮及其背后王朝的兴衰与文明成长。

历史上，关中地区曾有几百个离宫别馆，诸如秦汉甘泉宫、西汉上林苑、临潼华清宫、铜川玉华宫、麟游九成宫等，目前多为重要风景名胜之地，限于历史遗存和各种因素，保护、弘扬和开发程度不一。随着陕西坚定文化自信、文化旅游产业大发展的繁荣，相信这些重要文化遗产必然会成为带动区域社会经济文化发展的不竭源泉。

（四）关学文化，关中文化的集中表达

"关学"即"关中之学"，由北宋张载正式创立、众多关中学者形成发展的宋明理学流派，从北宋到清末，延续800余年，是著名的地域儒学流派，对关中文化和民众性格产生了深远影响。

张载，北宋思想家、教育家，凤翔府郿县（今陕西眉县）横渠人，世称"横渠先生"，以"为天地立心、为生民立命、为往圣继绝学、为万世开太平"（横渠四句）和《西铭》著名。蓝田吕大忠、吕大钧、吕大临兄弟以及李复（长安人）、范育（邠州人）、游师雄（武功人）等人相继求学张载，著书立说，推动了关学发展。金元明清时期杨奂（乾县人）、杨恭懿（高陵人）、吕柟（高陵人）、冯从吾（长安人）、李颙（周至人）、李因笃（富平人）、李柏（眉县人）、刘古愚（咸阳人）、郑士范（凤翔人）、牛兆濂（蓝田人）等，关学一脉相承。

以张载为代表的关学根植于关中地区固有的周人"德礼文化"，主张"气本论"，认为"气造万物"，"气"可聚可散，聚则有形，散则无形，但都是客观存在；气不仅造物，也含有做人的"气节"，尊德重德；同时注重实践，强调"通经致用"，关注法律、兵法、天文、医学等各方面和与现实相关的问题；在两者基础上，以"礼"为教，身体力行，希望通过礼教改变社会风气，建立有礼有序的礼制社会。赵馥洁先生在总结关学精神时，提出了六条："立心立命"的使命意识、"勇于造道"的创新精神、"崇礼贵德"的道德理想、"经世致用"的求实作风、"崇高节操"的人格追求、"博取兼容"的治学态度，基本概括了关学的内涵。

20世纪80年代以来，陈俊民、赵馥洁、刘学智等人不断对张载与关学进行深入研究，在眉县等地召开了多次关学思想学术研讨会，对蓝田四吕、冯从吾、李二曲等关学学者及其思想也不断探究，取得了一批成果。十多年

来，西安文理学院的《唐都学刊》一直开设"关学研究"栏目，《陕西师范大学学报》与《西北大学学报》也不定期刊载关学文章，不断深化关学研究。2015年陕西省文史馆和西北大学联合出版了关学文献集大成之作《关学文库》，2018年西北大学成立了专门的关学研究院，有力推动了关学的研究。与学院派相呼应，张载后裔、四吕后人、李二曲后人等在凤翔、蓝田、周至等地纷纷从民间层面进行关学研究与普及。另外，1998年以来眉县修复扩建了张载祠墓，恢复了横渠书院，修建了张载文化广场，目前还计划建设张载文化园，以大力弘扬张载和关学文化。2020年是张载诞辰1000周年，陕西官方、学界和民间纷纷举办系列纪念活动，撰写相关文章，把关学文化再次推向高潮。

（五）革命文化，关中文化的先进性方向

陕西革命文化在全国的红色文化中具有独特而重要的历史地位和价值，关中革命文化作为陕西红色文化的重要组成部分，是中国共产党在陕西领导人民进行革命斗争的过程中形成的。它包括物质遗存和精神遗存。

关中域内有渭北革命根据地、照金革命根据地、马栏革命根据地等一系列革命旧址。渭华起义、西安事变、云阳改编等重大历史事件发生在这里。这些起义、战争和会议的旧址主要分布在关中的三原、耀县、华县、旬邑、彬县、泾阳、蒲城、富平、大荔、韩城等县。老一辈无产阶级革命家周恩来、彭德怀、贺龙、李子洲、习仲勋、史可轩等人先后在这里学习、工作和生活过，有记载的担任过各种职务的革命前辈有近200人，他们的旧居、遗物及革命经历等都是重要的革命文化物质遗存。

关中革命文化的精神遗存。在创建西北根据地的艰难曲折的革命历程中以刘志丹、谢子长、习仲勋为主的陕西共产党人根据陕西革命斗争的实际，培育和形成了"坚定信念、听党指挥、不怕牺牲、矢志奋斗"的渭华起义精神，"不怕牺牲、顽强拼搏的英雄气概；独立自主、开拓进取的创新勇气；从实际出发、密切联系群众的工作作风"的照金精神，"对党忠诚、百折不挠的坚定信念，联系实际、勇于探索的思想作风，不畏艰难、艰苦创业

的奋斗精神,心系群众、为民谋利的公仆情怀"的马栏革命传统。这些革命精神和传统作为精神遗存,将永远泽被后世。

(六)民俗文化,关中人文精神的生活化表示

陕西关中以其得天独厚的地理位置、厚重深邃的历史文化、淳朴本质的人情交往等因素形成了形态多样的民俗文化,深深地植根于人们的日常生活中。

关中民俗文化体现在民间工艺、民间戏曲、民俗活动等方面。关中剪纸、户县农民画、凤翔泥塑、马勺、关中皮影具有浓郁的北方地域特色。秦腔、皮影戏、木偶戏、华阴老腔等展现了关中地区刚柔并济的民族风情,体现了关中人勤劳、质朴、乐观的性格。西府社火、炎帝祭典、蒲城焰火等体现了农耕文化中人们祈福祛灾、求吉纳祥,对美好生活追求的价值取向。羊肉泡馍、岐山臊子面、裤袋面等不仅体现了关中各地区淳朴、厚重的民风民情,更传承弘扬了周代以来礼仪中的亲情文化与"和文化"。关中民居、党家村、袁家村、回民街、马嵬驿等古朴恢宏的建筑风格,雕砖或镂空瓦片装饰,体现了主人的人生理想与道德追求。

关中民俗文化的人文精神。关中平原地区是炎帝、黄帝的诞生之地,是中华民族文明的发祥地之一,是海内外炎黄子孙寻根问祖的圣地。炎帝与黄帝被后人誉为中华文明的开创者与鼻祖,给我们留下了勇于创新、敢为人先的精神。例如黄帝陵祭典、炎帝祭祀、社火就是传承中华文明精神,凝聚华夏儿女情感,开创美好生活的一项重大活动;在我国历史上,汉唐强盛时期的政治、经济、文化中心都在陕西关中地区,经济发达,政治清明,文化繁荣反映出汉唐时期开放包容、大气磅礴的精神气象。比如戏曲秦腔浑厚深沉、气势豪迈的风格,如同关中人的性格一般;关中独特的地理环境和社会风情造就了关中人勤劳质朴、坚韧不拔的精神。比如陕西户县农民画、关中剪纸等塑造了"爱国守信、勤劳质朴、宽厚包容、尚德重礼、务实进取"的陕西人形象。

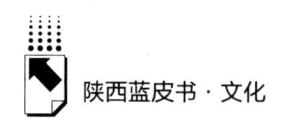

三 关中文化传承保护与弘扬现状及相关案例

关中文化源远流长，博大精深，是华夏文明的主要组成部分。近年来，围绕关中文化的保护、传承和弘扬，陕西以西安、宝鸡、咸阳、延安、铜川、渭南等地为主，积极探索，持续创新，取得一系列成就，并形成一系列特色做法和经验。

（一）以做好黄帝陵祭祀文化传承等为代表，扩大根本文化影响力，守住民族之魂

陕西是中华文明发祥地之一，关中是远古人类生活的重要区域。其中，既有"中华文明的精神标识"的黄帝陵、"中华文明的祖脉和中华文化重要象征"的秦岭，又有遍布关中各地的远古人类活动遗址。如何做好这些文物、遗址类文化资源的考古发掘、保护展示与服务社会，是关中文化保护、传承与弘扬的基础和主要内容。

1. 健全文物保护的法律机制

以黄帝陵保护为代表，陕西省出台了首部黄帝陵保护地方法规——《陕西省黄帝陵保护管理办法》，自2010年2月1日起正式实施。以法规形式确定了保护管理的原则，为黄帝陵保护管理、规划建设、旅游开发等提供保障。通过立法方式保护黄帝陵，不仅使黄帝陵保护有法可依，而且使保护体系更为完备，保护方式更加科学，保护责任进一步明确，保护力度全面加强。

2. 通过祭祀文化传承，将远古文明、史前文化类资源重新融入社会生活，以传承根本文化、守住民族之魂

远古文明、史前文化一般距离现实生活实际较远，其文物、遗址资源与现代文化社会的关联较少，影响不深。为了更好地在历史长河中传承人类初始文化之光，祭拜便是其中最好的方式之一，祖先崇拜也就成为中国文化中重要一环。如最早在春秋时期（公元前422年），便有秦灵公祭黄帝的公祭

活动；汉武帝开始，黄陵县桥山便成为中华民族祭祀祖先黄帝的"国祭"之地；唐宋元时期，作为国家级祭典的公祭黄帝礼制形成并沿袭持续至今。上述官（公）祭，加之广泛存在的民祭，不仅是黄陵文化重要组成部分和重要传承载体，而且蕴含了丰富的文化精神内涵，其历史演进中形成的服装、旗仗、供奉、木刻、面花、乐舞等文化形态是当地珍贵的民俗文化组成，对凝聚民族精神具有独特的作用。

（二）以推动国家考古遗址公园建设等为代表，创新大遗址保护理念，实行整体性保护与发展

陕西先后有14个王朝在此建都，全省包括古代陵墓及陵园遗址在内的古遗址3万多处（点），超过陕西文物总数的2/3，大遗址是陕西文物遗存中最重要的组成部分。关中地区遗址类文化资源分布广、面积大、等级高，其中大遗址西安片区被纳入国家重点支持的6个大遗址片区。

1. 以国家考古遗址公园建设为依托，融科研、教育、游憩等功能，创新大遗址保护理念

依托重要考古遗址及其历史环境，陕西在做好文物、遗址考古挖掘、科学保护的基础上，创新展示手段与方式，不断推动国家考古遗址公园建设，在遗址保护和展示方面具有全国性示范效应。截至2019年，陕西秦始皇帝陵、唐大明宫、汉阳陵、汉长安城未央宫遗址等4处入选国家考古遗址公园，乾陵、阿房宫遗址等8处新批准立项国家考古遗址公园。

国家考古遗址公园兼具科研、教育、游憩等功能，以2017年被列入第三批国家考古遗址公园立项名单的周原遗址为例，它充分利用考古发掘和研究整理的周文化资源，通过创新演绎、创新展示，将文化展示与观众参与相结合，推出了历史古迹参观、亲子休闲游乐、演艺互动娱乐、特色餐饮体验等活动，开辟出周王室、百工坊、诸子百家园、封神乐园、百鸟乐园等主题文化展示区，实现了文物、遗址和文化资源从"静态展览"转向"活态发展转化"。

2. 创新大遗址保护理念，推动整体性保护与发展

为实现文物保护与传承从单体到整体、从被动到主动的转变，陕西积极

创新大遗址保护理念，不断推动文物保护融入社会发展大局，在推动经济社会发展、提升群众生活水平、改善生活环境中，协同解决文物、遗址保护问题。如汉长安城遗址位于城市核心区域，是陕西重要民生工程，也是打造彰显华夏文明历史文化基地的重要组成部分。其遗址保护采用全新的管理模式和运营机制，包括成立全国第一个大遗址保护特区、将大遗址保护和社会公共管理职能融合等。管委会在确保文物安全的前提下实施遗址保护展示工程，进行村庄整理、居民安置，统筹解决了大遗址保护与当地经济社会发展、群众生活水平提高、环境改善的关系等大遗址保护中的难题。

（三）以秦始皇帝陵博物院、陕西历史博物馆为代表，不断完善博物馆建设体系，使其成为关中文化保护、传承与弘扬的重要载体与平台之一

习近平总书记曾表示"一个博物院就是一所大学校"，陕西全省备案博物馆303座，大约每12.5万人拥有一座博物馆，远高于全国平均水平。这些博物馆不仅是保护、展示、管理、研究文物的主体，更是让历史说话、让文物说话的平台和载体。

1. 文物保护与展示的重要窗口

近年来，陕西持续提升博物馆的陈列展览、设施环境及服务水平，全省拥有国家一级博物馆9座、二级13座、三级17座，在全国乃至全世界具有独特地位和重要影响。关中地区更是如此，这里有多次被评为全球最受欢迎的博物馆之一的秦始皇兵马俑博物馆（秦始皇帝陵博物院）、全国第一个新石器时代遗址博物馆的西安半坡博物馆、第一座现代化博物馆的陕西历史博物馆、第一座地下博物馆的汉阳陵博物馆（汉景帝阳陵博物院）、全国一级博物馆中唯一的非国有博物馆的西安大唐西市博物馆，以及国内首家省级范围内的数字博物馆展示利用平台陕西数字博物馆等。

以周原博物馆为例，其始建于1987年，是在周原遗址大规模考古发掘基础上建立起来的一处展示先周、西周时期青铜器、建筑等历史文化的专题性博物馆。利用馆藏青铜器等文物，创新展示方式，提升展示效果，举办了名为"赫赫宗周，万邦之方"——西周遗址考古成果展，系统展现了周原地区西周文化的风貌，有助于观众更全面领略关中文化的风采。同时建成全国唯一的西周时期大型地穴宫殿复原建筑。该建筑群是根据考古研究成果对周代宫殿建筑的复原工程实践，是考古工程的实物展示、已经消失的传统建筑复原建设的代表，同时也是对传统文化资源创造性转化利用的一种有益探索。

2. 文化旅游消费、群众公共文化服务主要场所

近年来，陕西尤其是关中地区在博物馆建设中，不断强化服务意识、完善服务体系、丰富服务内容，博物馆逐渐成为文化旅游消费、群众公共文化服务的主要场所和平台之一。以秦始皇帝陵博物院为例，作为全国规模最大、发展水平最高的遗址类博物馆，40多年来，累计接待海内外观众超过1亿人次，包括224位国家元首和政府首脑，观众接待量是文博行业特别突出的代表，兵马俑成为陕西文化名片之一。同时，博物院深入挖掘以兵马俑为代表的文物所蕴含的思想道德观念和历史人文精神，举办了一系列的陈列展览，吸引众多海外观众。40年来，博物院从兵马俑遗址的展示到秦始皇帝陵大遗址的全方位展示，通过文物外展等形式，讲述中国故事、深化人文交流，不仅是研究、保护和利用文化遗产的典范，更是全国大遗址保护的典范。

3. 文化保护、传承和弘扬的重要载体和主体之一

2006年，陕西率先将博物馆教育纳入国民教育体系，与教育部门实现资源共享，组织编写了全国首套面向中小学生的地域性历史文化遗产丛书——《陕西历史文化遗产》（22册），向全省8122所中小学10.2万个班级赠送丛书28.4万册，让中小学生更好地了解陕西历史文化。成立全国首家"博物馆教育联盟"和陕西青年志愿者联合会，指导各博物馆与大中小学校开展结对子活动，开发"陕西省博物馆教育活动项目库"，开展"优秀历史文化进校园"活动并走进中国香港、美国。同时，以文物惠民、文物扶贫为抓手，利用国际博物馆日、文化和自然遗产日、科普活动月等重要节假日，开展"历史文化进校园、进社区、进军营、进企业、进山区"等教育活动超过2500场次。

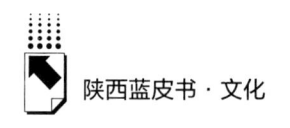

（四）以曲江新区建设、"互联网＋"、文创产品开发等为代表，以文化产业创新推动传统文化"活"起来

作为一种特殊的文化形态和特殊的经济形态，文化产业在推动文化创造性转化和创新性发展中具有重要的作用和独特的优势。当前，在推动文化产业成为国民经济支柱性产业的过程中，一方面优秀传统文化为现代文化产业发展提供丰富而独特的资源基础，另一方面现代文化产业发展则为优秀传统文化传承与发展拓展更大空间，打通资源与产业之间的通道，形成良性互动。

1. 以曲江新区为代表的文化产业区域开发

作为历史上久负盛名的皇家园林，曲江从秦汉宜春宫、宜春苑和宜春下苑，到隋唐芙蓉园、唐曲江池，拥有着丰富的文化遗产和旅游资源。1993年，陕西省人民政府批准设立省级曲江旅游度假区，2002年更名为"曲江新区"，2006年5月28日，西安曲江新区被文化部授予"国家文化产业示范基地"，开始新一轮的创新发展。

基于区内丰厚的文化遗产和旅游资源，曲江新区坚持"文化立区、旅游兴区"，以盛唐文化为品牌定位，对城市新区进行整体开发；以"文化＋旅游＋商贸"为战略，以大策划大项目为带动，集城市运营、产业运营和项目运营于一体，实现城市基础设施建设、区域基础产业开发、文化产业发展三个体系的并进发展和跨越式发展，逐渐发展成为古都西安的"文化名片"和"城市会客厅"。

曲江新区在古代皇家园林遗址上建成国家级文化产业示范区、5A级景区和生态区，成为西部文化产业"航母"和国内外著名的民众休闲胜地，极大释放了历史文化的固有价值，对中华传统文化进行了创造性转化和创新性发展，堪称关中文化传承创新的典型代表之一。

2. 创新"互联网＋中华文明"新业态

首先，推动文化遗产资源的数字化保护与展示。以"陕西数字博物馆""互联网＋延安革命旧址"等项目为例，运用先进网络技术和数字化展示手段，组织实施珍贵文物数字化保护、展示、开发与共享，依托各类数字博物馆网络虚拟馆平台、电子讲解服务平台，在实现文物数字资源共享的同时，让更多沉睡在库房中的文物"活"起来。

其次，创新合作方式。以"首届陕西历史文化动漫游戏大赛"等为例，联合腾讯、百度、中国移动、天猫等互联网企业，以委托、代理、授权等方式开展跨界合作，成立陕西"互联网+中华文明"文博创意产业联盟、"互联网+智慧服务"、"互联网+文物教育"等合作平台，推动互联网创新成果同中华传统文化传承、创新与发展有机融合。

最后，推动文创 IP 产品的开发与运营。文创 IP 是以文化促进创意发展、以创意推动文化传承的最好方式。2019 年陕西历史博物馆等 10 家国家和省级博物馆文化创意产品开发试点单位，共开发出各类文创产品上千种 5000 多个产品；5 家国家级文化创意试点单位共开发文化创意产品 829 种 4000 多个产品。其中，以兵马俑文创产品为例，从 IP 引入、创意衍生品设计生产与销售，再到 IP 二次创作商品版权保护，构成一个全方位、全链路、全生态的产业链。2019 年秦始皇帝陵博物院与淘宝"国宝联萌"计划合作推出的兵马俑"王的士兵"桌面手办上架当日被秒空，既显示出新时代新文创巨大的市场潜力，又表明文创设计中，文化遗产如何与日常生活更好地结合、与人们情感更好地连接，是文化传承、弘扬的关键，而兵马俑"王的士兵"在文创设计与合作方式上都做了一个很好的尝试和探索。

（五）以"照金纪念馆""渭华起义纪念馆"建设等为代表，夯实红色文化教育主阵地，让革命文化根植血脉

2015 年 2 月 14 日，习近平总书记参观陕甘边革命根据地照金纪念馆时指出："以照金为中心的陕甘边革命根据地，在中国革命史上写下了光辉的一页，要加强对革命根据地历史的研究，更好地发扬革命精神和优良作风"。

1. 夯实红色文化教育主阵地

照金纪念馆围绕打造全国一流爱国主义教育主阵地，不断完善基础设施。如建成了面积 130 平方米、藏书 9000 余册的"红色书屋"，先后充实

革命文物23件，收集整理红色故事18个，并通过展柜中陈列的600余件反映红军艰苦战斗和生活的实物及讲解员的讲述，让文物和红色故事在爱国主义教育中活起来，有力地推动了爱国主义教育的纵深开展。渭华起义纪念馆则着力打造陕西东部最大的集革命传统教育、爱国主义教育和旅游观光于一体的红色教育基地，成为一张亮丽的红色文化名片。

2. 用好用活红色资源，实现革命精神人人歌颂、人人传承

以照金纪念馆为例，其2015年开始实施"照金精神走出去"战略，走近观众，把教育送上门。五年来，"照金精神"巡展走进全国25个省（自治区、直辖市）的39座城市，举办了50场展览，实现了省内各市全覆盖，约300万人参观展览。照金纪念馆开展的"照金精神"巡展，成为同行纪念馆学习共享的"照金模式"。同时，开展"照金精神"进校园活动，积极贯彻习近平总书记回信精神，培养了一支支"小红星"志愿者讲解员队伍。通过快板、红色故事、情景剧等方式，讲好照金故事；利用文物体验、有奖问答等活动，充分调动青少年学习党史的浓厚兴趣，体验战争年代的艰辛不易。开展"照金精神"进网络活动。照金纪念馆建立官网，并制作、发布了四期微课堂，以及《照金精神之初心·使命·担当——习近平视察照金五年来照金纪念馆工作巡礼》视频。

渭华起义纪念馆在开展红色文化进机关活动中，一是编撰《渭华起义小故事选编》，让各党支部在开展渭华起义红色革命教育工作中学有所依、学有所用。二是收集渭华起义影视作品，组织镇村干部群众集中观看。同时建立了以渭华精神为主题的党史村史馆12个，努力打造具有华州特色和印记的党的历史文化。

3. 创新形式，开辟红色文化弘扬新途径、新形式

围绕"渭华精神"弘扬，2002年，由陕西省委宣传部和陕西电视台联合拍摄的8集电视连续剧《渭华起义》在中央电视台一套播出，并获"飞天奖"。同时，渭南市华州区成立渭华起义研究会，结合本地英雄故事，先后编排了《大将郭子仪》《渭华星火》等多部文艺精品。创作《向信仰敬礼》歌曲，编撰出版《渭华起义》《渭华起义故事》《渭华起义故事民谣

集》《渭华起义英烈谱》等书籍10余种，制作高质量党员教育片《感怀渭华起义》系列党课，开设红色教育课堂，让红色教育跟上时代步伐，深入人心。

围绕马栏革命精神的弘扬，旬邑则组织创作歌曲《马栏精神代代传》，诗歌《马栏颂》，情景剧《八一剧团》《革命烈士崔景岳》《马栏街上的"德记店"》《鱼水情深》，舞蹈《战火中的陕北公学》《拥军支前》；讲好历史故事《从群众中走出来的群众领袖》《习仲勋的马栏情结》，在有效传播红色文化的同时，充分发挥了红色文化资源的精神教育作用。

（六）以"西安年·最中国"、韩城市全域旅游探索等为代表，探索文旅融合中传统文化的创造性转化与创新性发展

作为新时代国家重大战略之一，文化旅游融合不仅是基于产业层面的谋划，基于为人民提供更加丰富的精神和文化产品的需求，更是从文化大国和文化强国角度构建一种新的文化传承和传播路径。

1. 以"西安年·最中国"文化旅游为代表，推动民俗文化的创造性转化与创新性发展

民俗文化旅游是关中旅游产品的重要组成部分。有品牌经营如以"西安年·最中国"为代表的节庆活动模式，以回民街为代表的民族历史街区模式，袁家村、党家村、马嵬驿的乡村模式，关中民俗艺术博物院、西安市民俗博物馆等生态博物馆模式，白鹿原影视城民俗文化主题公园模式等。

2018年"西安年·最中国"一经推出，便使西安成为全国第四大春节旅游热门城市，游客超1000万人次，2019年游客1652.39万人次，实现旅游收入144.78亿元。某种意义上可以说，"西安年·最中国"将年节传统文化创新性地转化为西安的旅游品牌。从内容上讲，"西安年·最中国"深入挖掘并拓展了西安年最民俗、最乡土、最雅致、最年味、最吉祥等内涵，又通过最绚丽、最创新、最开放等时尚现代的系列活动，突出"民俗风、国际范、流行色"等元素，实现了传统佳节的现代表达、年文化的古今表

达。同时,"西安年·最中国"系列活动以曲江新区为核心,又覆盖全市,拥有各类"西安年"子品牌如"永兴坊最民俗"、西安年货会、西安第三届关中年俗文化展等,从而在大 IP 下孵化出更多的小 IP。

2. 以全域旅游建设为抓手,在深化文旅融合中,将文化内容与灵魂深入旅游活动、产品与服务中

作为千年古城,韩城文旅资源丰富,有"华夏史笔惟司马,关中文物最韩城"的美誉。近年来,韩城市重点以黄河文化、史记文化为特色,做活大文化,凸显大特色,大力弘扬史记文化、发展人文旅游,按照"宜融则融、能融尽融、以文促旅、以旅彰文"思路,推动文化高质量发展。

其中,以《史记》文化为依托,韩城高规格持续举办祭祀史圣司马迁大典,海内外百余名文化名人、文史专家集聚现场,央视直播,受众超过 5 亿人次。司马迁景区 2014 年跻身国家 4A 级景区行列,2016 年荣获迈向世界的陕西旅游品牌奖,2017 年荣获"全国最值得行走的 50 处风景"称号。国家文史公园的建成开放以及祭祀史圣司马迁大典、《史记》国际论坛等一系列活动的开展,让司马迁《史记》这一文化品牌影响力与日俱增。

四 当前关中文化保护、传承与弘扬的不足及制约因素

当前,围绕关中文化的保护、传承和弘扬,相关工作不断推进。总体上关中文化的创造性转化基本实现,但创新性发展尚显不足,存在思想认识不高、方式相对落后、创新性不足等问题。

(一)理论研究和实践探索不足,呈碎片化状态

调研中发现,以关中文化为明确主体和对象的理论研究和应用探索不足,在一定程度上导致关中文化主体性不强、整体性不足。

1. 系统性理论研究欠缺

已有文献和资料中,以关中文化为主体和研究对象的系统性理论梳理欠

缺,尚未有研究明确界定关中文化的内涵外延、发展脉络、具体内容及时代意义。已有研究或从关中地理概念出发大致描述关中文化,或以部分文化内容(如民俗文化)指代关中文化,或模糊处理关中文化、三秦文化、陕西文化、陕西黄河流域文化等概念。学科体系、学术体系建设不足,这也就导致关中文化在话语体系上的欠缺,文化及其品牌的整体性和主体性不强。

2. 实践探索相对零散

围绕关中文化保护、传承和弘扬,全省及相关市县各个领域工作一直在持续推进,但缺少省级层面以关中文化为主体的系统性顶层设计和整体性统筹规划,各相关关中文化项目在设计和实施中缺少协调,不仅存在重复,且始终无法覆盖全局。同时,关中文化覆盖区域涉及诸多市县,实践中行政区域划分一定程度上阻碍了对关中文化的形成和演进线路的系统化认知和整合,当前各相关行业工作各自推进,协调性不够。

(二)部分关中文化故事讲述浅层化、重复化

关中地区文化资源丰富,区域内文化类型、内容、元素存在一定的一致性,在文化保护、传承和弘扬中,文化表达讲述存在一定的雷同和重复。

1. 内容重复化

各个市县、各个村落多以共同的文化符号挖掘和讲述关中文化故事,表达同样的文化内涵,必然存在讲不进去的现象,文化的表述和传承也就难以实现。如当前区域内存在多个以关中民俗展示、体验为主要内容的文化旅游地和文化产业项目,其运营模式和商业模式千篇一律,内容以展示为主,形式单调、内涵缺乏,产品以地方食品、小商品、纪念品为主,缺乏内容和技术的创新,文化品牌建设任重道远。

2. 讲述浅层化

囿于理论研究不足,关中文化的创造性转化和创新性发展存在挂一漏万、重点不明、中心不突出等现象。抽象表达上,各领域专家受学科划分和专业背景限制,缺少宏观层面的深入浅出、由点及面又从面到点的系统化内容表达;具体呈现上,相关旅游、影视、文创创作和传播又多追求大而全的

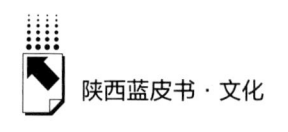

表达观，相关故事讲不深、讲不实、讲不透，大而无当、文而不化。整体上只见历史、不见文化，只见文物、不见产品，只见文化、不见精神，只见故事、不见文明。

（三）创造性转化方面偶有失误，产生一定负面效应

囿于对文化尤其是传统文化两重性认识的不足，关中文化创造性转化方面，在遗产、遗址类资源开发利用中，偶有案例出现了不够科学的、错误的认识和开发行为，甚至少数文化市场和消费行为出现意识形态、精神文明以及社会效益的偏差，产生负面效果。同时，个别地区个别文化主管部门对意识形态和文化政策把握不够，对一些存在偏差的文化开发趋势和市场行为，思想意识不够敏锐，矫正和治理存在一定的滞后。

（四）创新性发展的基础能力和产业链水平存在短板

关中文化资源丰富，创造性转化和创新性发展的物质基础较好，但整体文化创新性发展能力、思想意识、行动计划与先进省份、先进地区相比，都存在很大的差距。全省推动关中文化创造性转化与创新性发展的基础能力，包括人才队伍、资金投入、市场主体、消费者培育方面存在一定的短板，单纯依靠文化自身及其市场行为无法有效推动关中文化的创新性发展。

同时，一定程度上关中文化的创新性发展与陕西尤其是关中地区文化产业的发展相关联、相依托，其必然也受制于当前全省文化产业链，尤其是文创产业链、创新链的发展。当前关中文化创新性发展的制约因素主要存在于文化制造业、互联网文化娱乐平台、广电传播等方面的不足。

五 关中文化创造性转化和创新性发展的对策建议

新时代推动关中文化创造性转化和创新性发展，既是贯彻落实习近平总书记在黄河流域生态保护和高质量发展座谈会上的讲话精神，保护、传承和

弘扬黄河文明的题中之义，更是坚定文化自信，贯彻落实习近平总书记2020年来陕视察重要讲话精神，推动区域文化高质量发展的必然要求。

（一）全面提升关中文化品牌整体认知度和影响力

以黄河流域生态保护和高质量发展重大国家战略的定位，按照新时代的特点和要求，重新审视关中文化资源，并将其置于黄河流域文明、华夏文明重要组成部分和主要文化高地的高度，赋予关中文化新的时代内涵、时代精神和生命活力，夯实关中文化自信。

以关中文化为主要视角，组织高端学术活动，举办有影响力的文化活动，开设相关文旅项目，提升关中文化的影响力和辐射力。全面讲清中华文明根脉起源、周秦汉唐大国气度、横渠四句家国情怀、红色革命斗争精神、渭河流域民俗特色等关中文化故事，使关中文化成为黄河流域文明、华夏历史文脉的重要符号和标志。

科学制定出台关中文化传承发展的专项规划、实施意见、重点项目以及工作计划。国家层面，主动对接黄河流域生态保护和高质量发展、"一带一路"、新时代西部大开发等国家战略，加强对其他省份的协同发展。省级层面，围绕关中文化的各个历史阶段、不同重点内容、不同地域遗存，既突出市县重点，优化布局，更加强省级统一规划，协调发展。

（二）着力构建新时代关中文化话语体系

以各类中省文化课题、项目为依托，加强关中文化研究与阐释，组织编撰"关中文化丛书"等系列出版物，力争从理论上厘清关中文化的内涵并赋予其新的时代价值和生命，从内容上梳理好关中文化的历史渊源、发展脉络，阐明关中文化的独特价值理念。

依托省级文化研究机构成立关中研究协同创新中心，整合已有研究成果和专家资源，整合周秦伦理文化与现代道德价值研究中心等平台资源，构建关中文化研究专家库、数据库及文化素材库。打破学科壁垒，连接各领域"碎片化"研究，推动关中文化研究阐释、交流传播整体性和系统

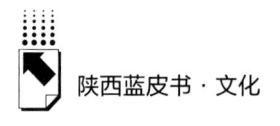

性，使理论研究准确化、系统化、权威化，成果转化通俗化、生活化、大众化。

（三）深入打造黄河流域文化旅游带关中段

深入推动关中文化与关中旅游圈的融合，全面提升关中文化旅游的内容和品质。以横跨东西的渭河文化旅游带和纵贯南北的黄陵—秦岭文化轴为主线，将关中地区各个文化旅游点有机串联起来。通过文化遗产联合申遗、黄河流域文化旅游带协同建设等工作，深入推动关中文化旅游融合发展，在促进不同区块文化发展的同时，多角度传承、保护和弘扬关中文化。

具体包括以黄帝陵、半坡遗址、炎帝陵、北首岭遗址等为依托，建设以"华夏始祖"为主题的寻根祭祖远古文化长廊，开辟中华民族血脉寻根之旅；再比如建设以周秦文化为主题的周秦文化长廊，以汉代遗址为主的汉文化长廊，将文化遗产景点与文化遗产线路相结合，有重点地打造关中丝绸之路文化旅游精品线路等。

（四）探索推动关中文化经济区建设

以新文创的方式集中打造关中文化IP。依托"文化+科技""文化+旅游"，借助智能互联、沉浸体验等手段，采用轻松时尚的表达方式，从文学、动漫、影视、文创、旅游等角度，缔造更多深入人心，符合现代生活需求、文化诉求的关中文化符号、产品和服务。同时加强线上营销，探索文创+综艺、文创+表演、文创+小文化圈等多形式文化消费模式，既挖掘、激活关中文化的产业价值，带动文创产业的蓬勃发展，又构建"IP+文创+消费"的产业思维和产业模式，实现文化价值与产业价值的良性循环。尤其是针对关中文化内容中丰富的文化遗址类资源，改善以往以展示为主的文化资源保护与利用情况，探索"去博物馆化"路径，即建立以文化资源为承载主体，附加多元产品、服务和消费盈利能力的综合性文化区和文化旅游景区。

同时，搭建全面的关中文化传承发展支撑体系。积极融入黄河文化、中华优秀传统传承发展等国家文化战略和发展规划中，积极争取并充分用好国家给予的各项优惠政策。加大已有专项资金的扶持力度，出台一批更有针对性、更加有效地扶持关中文化传承发展的政策和项目。并且在相关项目实施过程中，着力发掘、培养和引进一批传统文化底蕴深、文化创意新、信息技术精、管理能力强的复合型人才，为关中文化发展搭建全面有力的支撑系统。

（五）积极开展关中文化生态保护区申报工作

积极开展省级关中文化生态保护区建设和国家级关中文化生态保护区的申报工作，深入推动关中文化融入现代经济社会文化生活。将关中文化保护、传承与弘扬同区域文化建设、环境改善、民生福祉等结合起来，与当前普遍推进的美丽乡村、特色小镇建设，与乡风文明、基层文化治理结合起来，从而在融合发展中实现有效保护、合理利用。

具体包括挖掘周礼、蓝田吕氏"乡约"、二曲礼仪等关中文化内涵精髓，注重与当代社会相结合，与制定市民公约、乡规民约、学生守则、行业规章、团体章程相结合，将其思想理念体现在社会规范中；依托"美丽乡村"建设和乡村振兴战略，将关中文化要素融入现代生产生活和传统村落建筑，推动关中文化在新时代焕发新活力，提升乡土文化内涵；利用数字化先进技术和文化创意，展示和打造出更多体现关中文化符号和元素的文化产品体系，使静态的文化要素和文化遗产"活起来"。

（六）持续创新宣传和普及方式

积极创新交流和表达方式，以关中文化为主体和内容，以古籍资料、文化经典、少儿读物、课程教材、地方史志、民族艺术等为重点，努力推出一大批具有思想深度、文化厚度和精神高度，并在国内外具有一定影响的关中文化产品、节目和内容。积极对接中华史全媒体数据库，探索关中文化数据库建设，大力推进图书馆、文化馆、博物馆、美术馆、群文馆等文化场所的关中文化相关内容和展室建设，充分利用农村文化礼堂、城市文化公园、高

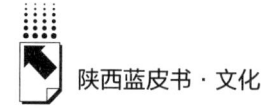

校文化校园、社区文化家园和企业文化俱乐部等文化阵地和场所，全面做好关中文化的教育普及工作。

深入把握互联网传播规律，积极运用数字影视、网络传输、网络动漫等现代技术，发挥动漫、视频、直播等新载体、新平台的优势，对优秀关中文化元素进行当代化、网络化表达，打造新的关中文化形象、内容和产品，形成系列IP，并推动转化发展。同时，在各类文化艺术以及学术交流活动中，积极向海外宣传推介展示关中文化的内涵、特色、魅力和价值，扩大关中文化在海外尤其在共建"一带一路"国家和地区的知名度。深度拓展文化贸易，加强线上线下精准营销，推动更多具有关中文化元素的文化内容和产品走向国际市场，使关中文化成为中华文明对外交流的重要文化名片。

B.3 数字化时代陕西文化产业品牌战略研究报告

赵 东*

摘 要： 陕西在文化产业发展过程中已形成了一定的文化品牌效应，但总体相对偏弱，使省内丰富的文化资源未能转化为强势的文化产业。数字化时代给予了陕西打造文化产业品牌新的机遇，全省上下应进一步高度重视文化产业品牌，从省市层面制定出专门的文化品牌战略。从省级层面，要加强陕西文化产业品牌研究，整合相关力量，大力指导促进文化产业品牌培育成长；强化文化品牌意识，优化文化产业品牌环境；强力打造数字化时代陕西历史文化内容文创品牌；构建陕西省文化产业"一市一品"格局；不断深化文化体制改革，大力支持民营数字文化企业发展，为陕西文化产业品牌持续注入活力；充分发挥处于"一带一路"核心区的优势，积极推进数字化时代陕西文化产业品牌"走出去"。

关键词： 文化产业 文化品牌 数字化传播 陕西

以文化品牌引领文化产业发展，是国内外众多城市或地区推动文化产业

---

* 赵东，陕西省社会科学院副研究员，博士，陕西文化产业发展研究中心主任，主要从事文化产业战略研究。

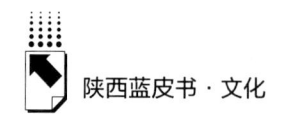

发展的重要路径，培育和塑造文化品牌是推动文化产业发展的重要一环。[1]在传播力更强的数字化时代，文化品牌对文化产业发展的作用更为重要。因此，为了在数字化时代推进文化产业高质量发展、取得更好成绩，陕西应在文化产业品牌方面有着战略性思考。

一 文化品牌及品牌战略

品牌是人类社会经济发展中形成的特有现象，这一概念在20世纪50年代由美国广告学家大卫·奥格威提出，逐渐广泛运用于各种产品销售以及生产、研发等环节，以至于企业、地区和国家的发展战略。"当今时代，品牌已经成为全球经济瞩目的焦点，成功的品牌意味着较高的利润和较多的市场份额。"[2] 成功的品牌实际就是成功打造了一个产业IP，在打造过程中通常要不断渗透文化元素。当品牌的文化元素渗透到一定程度，产品就不再是普通的产品，而成为含有大量文化附加值的产品，以达到利益最大化。在这一过程中，品牌也逐渐成为文化品牌。

文化品牌是品牌发展的结果，但更多是文化产业兴起的结果，从某种意义上完全可以说是"文化产业品牌化的结果"。[3] 文化产业是产业属性和文化属性的综合体，因其产业性而需要品牌，因其本身的文化性所形成的品牌自然是文化品牌。品牌决定了一般产业做大做强的程度，品牌发展成文化品牌表明产业已经达到一定高度以及要达到更高的高度。但是，由于各种原因，并非所有的产业品牌都能发展成文化品牌。相反，文化产业从一开始就强调文化品牌，哪怕其产业无法做大做强，只要其具有品牌意识，培育品牌，就是文化品牌。

---

[1] 谢京辉：《文化品牌：文化产业的灵魂——基于上海文化产业发展的问题》，《探索与争鸣》2014年第7期。
[2] 李慧星、涂永式：《浅论中国文化创意产业品牌战略》，《特区经济》2012年第5期。
[3] 刘文俭：《省域文化品牌建设的思路与对策——以山东为例》，《北京行政学院学报》2010年第4期。

不管是从一般产业品牌发展而成的文化品牌,还是更多由文化产业品牌化的文化品牌,都具有文化性和创意性,而且这两者紧密联系。一般产业品牌发展而成的文化品牌是"品牌+文化"的结果,文化产业品牌则是"文化+品牌"的结果,两者顺序不同,但都强调了文化。"品牌+文化"的文化品牌是赋予品牌深刻而丰富的文化内涵,不断形成具有吸引力的文化IP,引导消费者选择;"文化+品牌"的文化品牌则主要是先有了一个文化IP,再对其品牌化、产业化、市场化。在这里,"品牌+文化"和"文化+品牌"都不是简单的物理相加,而是要通过文化创意使其形成"化学反应",文化创意在其中起着至关重要的作用。其中,前者很大程度上本身就是在原有品牌上进行文化创意创新;后者除相加过程中需要文化创意外,很多文化IP本身就是文化创意的结果,或者是短时期创造而出,或者是经历历史长河积累而成。短时期如在艺术创作、会议研讨、对外交流等文化活动中创造出文化产品,衍生出文化品牌;积累而成如历史文化、民族文化、地域文化、特色文化等文化资源通过历史传承而形成文化品牌。当然,即使是通过历史传承而形成的文化品牌,也包含了一代又一代人的创意,叠加而成。

文化品牌与文化产业发展紧密联系在一起。当一般产业品牌发展成文化品牌后,产品就带有了很大文化性,产业也就带有了很大文化产业属性,这也从宏观角度促进了区域文化产业发展。对于纯正的文化产业而言,文化品牌更有着巨大的提升和带动作用:能够最大限度地整合文化资源;能够有效聚集人流、物流、资金流和信息流;能够大幅度提高产业增值能力,实现利润最大化;能够带动形成产业链条,拓展市场发展空间;能够大幅度提高市场占有率,扩大区域文化的影响力和知名度。[1] 文化品牌是文化产业的灵魂,是深化文化体制改革的必然要求,是推动文化产业发展方式转变的内在需要,[2] 是参与国际竞争、推进文化"走出去"的重要途径。

在社会主义文化强国建设的大形势下,文化产业受到高度重视。因此,

---

[1] 李群:《以品牌建设提升文化产业》,《求是》2009年第4期。
[2] 刘金祥:《论创建文化品牌的现实意义》,《现代经济探讨》2012年第3期。

从文化企业到文化产业,从国家到地方,都应实施文化品牌战略。文化品牌战略主要包括文化品牌形成、文化品牌营销传播、文化品牌管理维护、文化品牌扩张延伸和文化品牌"走出去"五个层面。文化品牌形成,主要是指通过对相应的文化资源整合创新而形成一定的文化产业项目以至业态支撑的文化品牌。在对文化资源整合创新过程中,从高质量的创意和策划开始品牌定位,在项目以至业态运行过程中以坚定的执行力打造出优质的文化产品,展现出先进的经营模式以及蕴含的优良文化,逐步形成文化品牌。文化品牌营销传播,是指通过各种方式对文化产品进行营销以及对文化品牌进行传播,两者相辅相成,可同时进行,品牌传播促进产品营销,产品营销又带动品牌传播。文化品牌管理维护,主要是指文化品牌的危机管理、常规维护与质量提升、形象更新、定位修正、管理服务创新、扩大品牌传播等,强化品牌形象,[1] 使文化产业获得可持续发展。文化品牌扩张延伸,主要是指运用品牌进行发展、推广,使品牌跨越不同的行业领域,进行市场扩张,获取效益最大化。文化品牌"走出去",即把品牌推向本区域之外,更多是指品牌走出国门、国际化。国际化是文化品牌的最高目标,数字化时代下信息传播的便捷性,使文化品牌在定位阶段就应有这样的目标。

二 陕西文化产业品牌概况

在文化产业发展过程中,陕西也认识到文化产业品牌的重要性,进行了一些努力,形成了一定的文化品牌效应,诸如"曲江""陕文投""西影""长恨歌"等。

曲江是当前陕西最为显著的文化产业品牌。为了大力发展文化旅游产业,2003年陕西省西安市成立"曲江新区",管委会与曲江文化产业集团"一套人马,两块牌子",共同管理运营,各有侧重。[2] 从一开始,曲江就注

---

[1] 柏定国:《文化品牌学》,湖南师范大学出版社,2010,第155页。
[2] 杨博:《西安曲江文化产业园运营模式研究》,西北大学硕士学位论文,2010,第34页。

重"文化立区",注重文化品牌,大手笔、高标准强势打造大雁塔北广场、大唐芙蓉园、曲江池遗址公园、唐城墙遗址公园、大唐不夜城、寒窑遗址公园、秦二世陵遗址公园等一批重大文化工程。2007 年曲江新区成为首批国家级文化产业示范园区,2011 年国家旅游局正式批准西安大雁塔—大唐芙蓉园景区为国家 5A 级旅游景区。陕西省、西安市还先后将扶风法门寺、大明宫遗址、西安城墙、临潼西南部、周至楼观台等重要文化板块划归曲江运营。经过多年发展,曲江文化产业取得了辉煌成就,基本涵盖了文旅、影视、演艺、出版、会展、艺术、动漫等大部分文化产业门类,被誉为陕西文化产业的"航空母舰"、西部文化产业的"巨无霸"。从 2012 年开始,曲江文化产业集团连续 9 年被评为"全国文化企业 30 强"。曲江文化产业品牌强势生成、快速发展传播、不断强化维护扩张,但是其较浓的"文化地产"痕迹使品牌"走出去"存在有形与无形的瓶颈制约。

陕文投是 2009 年在陕西文化产业快速发展基础上成立的一家省属大型国有文化产业投资运营企业,全称"陕西文化产业投资控股(集团)有限公司"。陕文投以"让陕西文化走向全国、让中华文明走向世界"为企业使命,坚持"国际视野、国内一流"的标准,以文化精品打造、文化景区开发、文化平台建设、文化资本运营为重点,致力构建全省重大文化产业项目实施平台、全省文化资源整合平台、陕西文化品牌创建平台、陕西文化要素交易平台、文化资本增值平台,积极打造陕西文化的全国品牌,推动中国文化国际传播。历经近 10 年发展,陕文投总资产达 160 多亿元,形成了覆盖影视生产、文化旅游、文化金融、艺术品投资、文化传媒、文化商业六大板块 24 家子公司的产业格局,成为全国最具集群优势和发展活力的国有文化企业之一。[1] 在省内外,陕文投品牌已初具知名度,但由于各种因素,目前陕文投文化品牌综合值还比较小,影响力和知名度主要限于业内。[2]

"西影"是陕西文化产业的一个老品牌,从 1958 年西安电影制片厂成

---

[1] 陕文投集团网站,http://www.shanwentou.com.cn/enter/scg/scg.html,最后访问日期:2020 年 10 月 25 日。
[2] 乔伟:《陕文投集团文化品牌战略研究》,西北大学硕士学位论文,2015,第 24 页。

立至今已有60多年发展历程，是中国西部电影的发源地，曾造就中国电影的西影时代。西影拍摄的《老井》、《人生》、《野山》、《西安事变》、《红高粱》、《美丽的大脚》、《白鹿原》、《建党伟业》、《钱学森》、3D《冰封：重生之门》等一系列影片在国内外影坛产生了重大的影响，出口影片遍及全球36个国家和地区，荣获国内外大奖200多项。但由于时代发展以及改制等因素，西影经历了阵痛，出现辉煌之下的没落。目前，西影集团重新改组洗牌，旗下控股及所属的企业和实体包括西影股份有限公司、陕西西影电影频道经营有限责任公司、陕西西影数码制作有限公司、西安电影制片厂有限公司、陕西西影文化旅游发展有限公司、西影国际院线公司、西安雁影嘉园物业管理有限公司等，支柱业务涉及影视节目播出及其经营、影视传媒教育及培训、数字影视及多媒体节目制作等，并不断拓展影视多媒体网络、影视资源配置服务等衍生业务。[①] 新的"西影"品牌正在不断打造形成。

大唐西市文化产业投资集团有限公司是陕西的一家著名大型民营文化企业。十多年来，大唐西市集团在保护隋唐丝路起点——西市遗址的基础上，成功打造了以盛唐文化、丝路文化为主题的大唐西市文商旅综合园区，成为我国以民间资本传承弘扬丝路文化、保护国家历史遗址、发展特色文化产业的重要范例。大唐西市先后荣获"国家文化产业示范基地""国家AAAA级旅游景区""国家级非物质文化遗产生产性保护示范基地""中国文化遗产保护与传承典范单位""中国最具价值文化（遗产）旅游目的地景区"等荣誉称号。目前，大唐西市集团下设文化产业发展集团、金融投资控股集团、现代商业服务业集团、网上丝路外贸物流集团、中央文化商务区发展集团、地产开发管理集团、大唐西市丝路投资控股集团等20多家子公司，以及大唐西市博物馆、大唐西市丝绸之路文化研究院等多家机构。按照企业运营方式，大唐西市集团很早就邀请国内著名品牌设计单位制定了品牌战略。借助"一带一路"大势，"大唐西市"正在成长为当前陕西最为重要的文化产业

---

① 《西部电影集团有限公司简介》，http：//www.westmoviegroup.com/Item/43.aspx，最后访问日期：2020年10月25日。

品牌。

《长恨歌》是近年来陕西文化产业崛起的一个重要文化品牌。作为出品方，陕西旅游集团反复调研论证，最终以白居易传世名作为蓝本在华清宫景区打造"中国首部大型实景历史舞剧"《长恨歌》。从一开始，该剧就注重品牌化发展。一是精品理念。本着制造精品、打造经典、雕刻百年精神，从硬件设施到管理运营都精益求精。二是以市场化运作发挥品牌营销整合作用。通过精准营销模式，形成了立体化宣传网络，也形成了陕西旅游集团投资开发、华清宫经营运作、文化团队专职演出三方合作共赢格局。三是以服务至上做品牌的保障支撑。整场《长恨歌》演出，从舞台设备保障、现场引导服务、售检票服务、投诉处理服务、环境卫生到安全应急等建立了一整套服务规范和流程。①《长恨歌》"十年磨一剑"，每年改版，常演常新，核心竞争力持续增强，越来越成为陕西乃至全国文化旅游产业的重要品牌。

陕西文化产业在不断打造品牌并取得成绩，但限于各种因素，目前在总体上还是缺乏高知名度、强影响力品牌。虽然曲江连续9年入选"全国文化企业30强"名单，但仍存在靠土地资源输血现象，文化创意板块乏力；陕西新华出版传媒集团80%靠教材教辅；陕西广电网络主要是靠垄断省内有线电视传输网络，市场竞争力不强。陕西省内多家大型文化企业，无论是规模、影响力还是产业运作水平都与先进地区同行业企业有很大差距。2018年，陕西仅有15家文化企业营收超过10亿元，总营收仅有245.3亿元，在文化产业品牌打造方面更是任重道远。

三 数字化时代陕西文化产业品牌现状以及战略思考

文化品牌传播是文化品牌形成的重要组成，是使品牌得到社会公众认

---

① 刘文丽：《〈长恨歌〉品牌引领景区突破发展》，《陕西日报》2015年8月20日。

知、迅速发展从而实现其与目标市场有效对接、进占市场、拓展市场的重要基础。[①] 在数字化时代下，信息传播更为便捷，文化品牌传播更为容易，使文化品牌对文化产品等推广发展更为重要。当前，数字化时代的文化产业刚刚迈开大步，陕西如能在起步阶段就以文化产业品牌战略思维发展，从整体上制定、推行文化品牌战略，必然会取得更为显著的成绩。

数字化时代曲江、陕文投、大唐西市等传统文化企业纷纷通过建立网站、公众号等方式加强网络品牌传播，在网上展示、销售文化产品，大唐芙蓉园、大明宫国家遗址公园等除做到景区设备数字化外，网上虚拟现实旅游产品还得到了公众的良好评价。其中，陕文投集团还和省文物局合作设立陕西文物复仿制品开发有限公司，相关产品一方面利用数字化技术研制，另一方面也通过网络订制、售卖，成为陕西重要的数字文化企业，只是目前知名度还较小，缺乏品牌力。陕西数字动漫游戏主要分布在西安高新区、曲江以及碑林区的动漫产业平台，形成了一定规模，但总体上陕西文化特色还不够，相应内容支撑也不够好，尚没有形成知名的文化品牌，还需继续努力。

在影视方面，目前陕西基本完全进入数字化阶段。近些年，按照陕西省委省政府"重点在影视"部署，陕西投资、摄制了数量众多的依托厚重历史文化资源的数字化影视作品，在省内外形成了较大影响。但就文化品牌而言，在数字化时代陕西影视还相对较弱。"西影"品牌还主要是老品牌，尽管在数字化大潮下其开发了大量数字业务，并在西咸新区沣西新城规划建设了西部地区最大的数字影视产业基地——西部数字影视产业基地，但是要真正涅槃重生还任重道远。曲江、陕文投等文化企业也纷纷涉足影视，但一方面限于自身品牌塑造还存在一定问题，另一方面力量分散于各家企业机构并不利于全省品牌的塑造。作为陕西影视的代表——陕西电视台以及陕西卫视，在数字化时代理应成为数字影视的重要文化品牌，但是由于各种因素品牌性较差。

---

① 柏定国：《文化品牌学》，湖南师范大学出版社，2010，第236页。

2010年陕西就布局了数字文化产业，陕西数字出版基地、西安国家数字出版基地等纷纷规划建设，但至今还处于不断建设发展之中，尚未形成规模，离文化品牌还有一定差距。从2014年被批复为第7个国家级新区以来，西咸新区取得了迅猛发展，秦汉新城的秦汉新丝路文化（创意）产业基地以及沣西新城的西部数字影视产业基地等迅速投入建设发展，预示着美好明天，但它们目前仅仅还是开始，能否成为数字化时代的陕西文化产业品牌还需时间检验。

事实上，在陕西文化强省战略中也多次提到打造文化品牌，但总体上流于意识层面，在省市等文化改革与发展规划中缺乏相应的具体支撑。数字化时代给予了陕西打造文化产业品牌新的机遇，全省上下应进一步高度重视文化产业品牌，从省市层面制定出专门的文化品牌战略。

按照品牌影响范围，可以将其分为区域品牌、全国品牌和国际品牌。[①] 因陕西历史文化资源在国内国际的影响性，原有的文化品牌不少都立足国内而面向国际。在数字化时代文化品牌传播更为便捷，陕西文化产业品牌自当更要面向国际，甚至是直接面向国际。通过打造优质的文化品牌，积极打通上下游产业链，形成系列陕西文化产品，并正确运用知识产权，使周边产业得到充分开发，大力开拓国际市场。当然，在瞄准国际市场的同时，更要高度重视国内省内市场，而且这应是前提和基础。只有立足国内省内市场，才能更好地树立国际市场品牌。

四 打造数字化时代陕西文化产业品牌的建议与对策

形成、传播、维护、扩张和"走出去"是文化品牌战略的五个基本层面。结合当前文化品牌现状，在数字化时代陕西文化产业需要推出专门的品牌方针举措。

---

① 徐莉莉、骆小欢：《品牌战略》，浙江大学出版社，2007，第11页。

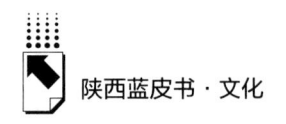

(一)加强陕西文化产业品牌研究,整合相关力量,大力指导促进文化产业品牌培育成长

总体上陕西文化产业研究力量较弱,在文化产业品牌研究方面更弱。为了在数字化时代更好地促进陕西文化产业品牌培育成长,建议在省市社科规划、教育厅人文社科规划、省社科联重大理论与现实问题研究等课题中设立"陕西文化产业品牌研究"专项,不断深化陕西文化产业品牌研究;在省委宣传部文化产业发展办公室指导下,整合陕西省社会科学院文化产业研究中心、陕西省三秦品牌发展促进中心、陕西省企业品牌建设促进中心等力量,研究制定数字化时代陕西文化产业品牌指标体系和评价体系;鼓励省内大中型文化企业设立品牌(质)部,将本企业以及文化产品的品牌研究作为重要的工作内容。

(二)强化文化品牌意识,优化文化产业品牌环境

品牌意识包括区域政府、企业以及产品的自身意识和消费者外在意识两个方面,自身品牌意识是基本要素,尤其是在中国特色社会主义市场经济条件下区域政府的指导作用。因文化品牌意识更具潜在性,政府的指导作用更为重要。陕西处于中国内陆地区,社会经济文化相对落后,文化品牌意识不够强烈。因此,数字化时代陕西文化产业发展战略首先就是通过政府指导进一步强化文化品牌意识,从各级政府到文化企业以及所研发的产品以至广大人民群众、社会各界,都应有越来越强烈的文化品牌意识。

文化品牌意识与文化品牌环境相辅相成。强化文化品牌意识需要社会各界的重视,各界都具有了较为强烈的文化品牌意识,自然文化品牌环境就会得到优化。为了强化文化品牌意识,政府、银行、企业、社会、行业协会等也要共同打造一个优化的文化品牌环境。凡是拥有文化品牌的企业,可以更容易和政府打交道,更容易得到银行贷款,更容易得到社会认可,在行业协会中发挥领导作用。在陕西文化产业发展中,实际上也大多是这样运行,但是如果出台更加明确的政策文件,相信会更加有利于数字化时代陕西文化产业发展。

（三）强力打造数字化时代陕西历史文化内容文创品牌

能否提供优质的文化内容是打造文化产业品牌的关键所在。陕西有着丰厚的历史文化遗产，给人的感觉是有"文化"，但其实更多的是文化遗产、文化资源，而不是鲜活的文化。这就要求在数字化时代，陕西要不断依托丰富的历史文化资源进行文化创意，使文化遗产"活"起来，形成优质的数字文化产品。只有如此，才有利于塑造全新的数字化时代陕西文化产业品牌。

强力打造数字化时代陕西历史文化内容文创品牌，要大力深入贯彻党和国家颁布的《关于实施中华优秀传统传承发展工程的意见》《关于进一步加强文物工作的指导意见》等系列文件精神，实施"互联网+中华文明"行动计划，把陕西省文物局下发的《关于推动全省文博单位文化创意产品开发的实施意见》等相关文件落到实处，一方面要从文博系统大力督促，另一方面要从文化产业层面予以考核。此外，要加强陕西电视和网络媒体的数字化文化创意创新，利用好陕西丰厚的历史文化资源办出一些风靡全国乃至面向海外的历史文化类王牌节目。在动漫、游戏和影视内容创作方面，应给予体现陕西历史文化特色的"叫好又叫座"的产品大幅度奖励，强力促使其配合塑造数字化时代陕西文化产业品牌。

（四）构建陕西省文化产业"一市一品"格局

和省属文化企业、西安市相比，陕西省内其他各市的文化产业品牌意识更弱，文化产业品牌塑造状况更差。为了促进各地市文化产业高质量发展、全省文化产业品牌形成更大优势，建议借鉴省外先进经验，结合各地文化产业资源禀赋，通过各方面努力，形成陕西省文化产业"一市一品"格局。

一是从省上到各市都要制定切实可行的文化产业"一市一品"创建方案，将文化产业品牌创建工作纳入各市文化产业的考评范围。二是建立激励机制，进一步完善配套政策措施，加大财政对各市文化产业品牌的扶持力度，重点扶持一批经营规模大、产品质量好、核心竞争力强、市场潜力大、发展前景好的文化产业品牌。三是形成强大合力，注重协调组织有关部门单位，明确责任分工，落实工作任务，加大工作力度，形成全社会重视文化创新、积极参与文化产业品牌创建的良好局面。

（五）不断深化文化体制改革，大力支持民营数字文化企业发展，为陕西文化产业品牌持续注入活力

文化品牌与文化市场紧密相连，文化品牌的塑造最终还要靠市场。这就要求陕西数字历史文化产业发展从上到下不断深化文化体制改革，大力支持民营文化企业发展，持续为打造文化品牌注入活力。

一是要着眼"体制创新、机制灵活、面向市场、壮大实力"，深入推进混合所有制经济，深化文化体制改革。凡是在国家政策许可范围内的国有文化企业均要进行混合所有制改革，坚持以市场为导向，着力打造文化品牌、树立良好形象，积极引进先进经营管理理念，高层次创意策划，大手笔运作发展。二是要进一步支持民营数字文化企业做大做强，尤其是投资、创意、运营具有陕西历史文化特色的企业，鼓励它们兼并、重组，大力改善陕西民营数字文化企业"散、弱、小"的局面。三是持续改善政府宏观管理，深入贯彻"政企分开、政事分开、政资分开、政府与市场中介组织分开"精神。对于管委会模式，尽快改变"一套人马，两块牌子"的现象，持续建立与市场经济体制相适应的宏观管理体制，提高数字文化产品和服务的市场化程度。

（六）发挥"一带一路"核心区优势，积极推进数字化时代陕西文化产业品牌"走出去"

在打造数字化时代陕西文化产业品牌过程中，要充分发挥陕西处于"一带一路"核心区的优势，要和沿线国家和地区紧密加强合作，从而大力促进陕西文化产业品牌"走出去"。面对"一带一路"建设，要积极鼓励文化企业参与国际分工与合作，讲好"陕西故事"。条件成熟时，鼓励支持优势文化企业到境外设立研发机构，通过境外投资并购、联合经营、设立分支机构等方式不断开拓海外市场。放眼国际，要注重推动产业链全球布局，针对重点国别地区确定不同的推进方式和实施路径，实现产业链资源优化整合。

B.4 基于特色文化空间构建的大遗址保护与文旅融合研究[*]

朱海霞 权东计[**]

摘　要： 大遗址必须得到可持续有效保护。构建大遗址特色文化空间是大型古文化遗址的一种整体保护模式。大遗址特色文化空间既是大遗址保护与文旅融合的目标约束和基础平台，也是大遗址保护与文旅融合相互作用的期望结果。本文采用多学科视角和相关文件分析相结合，研究了大遗址及其保护的内涵及其演进情况，在此基础上，阐述了大遗址整体保护的方式是构建现代大遗址特色文化空间，明确了大遗址文化空间构建中的文旅融合内涵及基本特征，指出了大遗址文化与旅游融合可能面临的挑战，提出了面对各种挑战的应对策略。

关键词： 大遗址特色文化空间　大遗址保护　文旅融合

大遗址是陈列在广阔大地上的文化遗产，是中华文明的重要载体。习近平主席曾经说过，"让收藏在博物馆里的文物、陈列在广阔大地上的遗产、书写在古籍里的文字都活起来"。[①] 大遗址保护、传承、弘扬与高质量发展

---

[*] 本文是陕西省社会科学基金项目"基于特色文化空间构建的陕西关中大遗址文化产业集群空间规划机制优化研究"（项目编号：2019S006）的研究成果。

[**] 朱海霞，西北大学教授，研究方向为文化遗产保护与区域发展、城乡经济与城乡规划；权东计，西北大学教授，研究方向为历史文化遗产、城市规划。

[①]《习近平在联合国教科文组织总部的演讲》，http://world.people.com.cn/n/2014/0328/c1002-24761811.html。

是热点问题，大遗址保护与文化旅游融合是热点中的焦点。陕西是文物资源大省，拥有3万多处（点）古遗址，同时，陕西又是旅游大省，众多历史遗迹、风景名胜吸引着成千上万国内外游客的到来，如何将大遗址保护同文化旅游有机融合起来成为当下亟待解决的问题。正确理解和科学解决这一问题，是实现大遗址区域文化保护传承弘扬和高质量发展的关键。

一 大遗址及其保护

"大遗址"是我国的特有概念。它产生于20世纪90年代国务院印发的《关于进一步加强和改善文物工作的通知》（国办〔1997〕13号）。该通知中的"大遗址"，专指大型古文化遗址。2005年我国制定了《大遗址保护专项经费管理办法》（财教〔2005〕135号），对大型古文化遗址内涵又作了进一步界定，即"主要包括反映中国古代历史各个发展阶段涉及政治、宗教、军事、科技、工业、农业、建筑、交通、水利等方面历史文化信息，具有规模宏大、价值重大、影响深远特点的大型聚落、城址、宫室、陵寝墓葬等遗址、遗址群及文化景观"，[①] 并强调大遗址保护专项经费的适用范围主要包括"中央政府主导的大遗址保护示范工程、中央政府引导的大遗址保护工程和大遗址保护管理体系建设"。

可以从不同学科角度理解大遗址及其保护概念的内涵。从考古学角度看，大遗址是特定历史阶段的风俗文化与礼制的活记录，是历史见证，是延续历史的重要物质载体，是先辈们留给世代的遗产，当代人肩负接力棒传递的重任，在享用的同时，还要尽力保护、弘扬与传承大遗址文化。从地理学角度看，大遗址的地理附着性、区域特性和空间分布特征明显，大遗址区域空间是一个自然社会复合生态系统，容易受到自然与人为因素的双重影响，既可能存在人为破坏，也可能存在自然破坏，因此，必须加强

---

① 中华人民共和国财政部、国家文物局：《财政部 国家文物局关于印发〈大遗址保护专项经费管理办法〉的通知》，2005年10月9日。

区域整体保护，严格划定保护范围，分类确定保护力度和保护管理措施。从城乡规划学视角看，大遗址区域是国土空间的一部分，是一种特殊区域，大遗址区域规划属于专项规划，是国土空间规划的重要组成部分，必须在国土空间规划一张底图上，按照国土空间规划的规范要求，制定和实施大遗址区域保护与利用专项规划。从经济学视角看，大遗址资源具有稀缺性、不可再生性、价值多元、用途多元及用途可以同时化、保护与利用手段及影响因素多元化等特点，大遗址保护与利用效益主要取决于资源合理配置和保护利用模式选择，大遗址区域保护利用具有明显的经济外部性，因此，必须采取科学的方法和保护利用模式，既要保护大遗址资源的数量和质量，还要合理配置区域资源，降低机会成本，增强大遗址区域保护与开发利用的正向经济外部性，实现大遗址区域保护利用综合效益最大化和区域高质量发展。从公共管理视角看，大遗址具有公共资源和公共物品的特性，其消费中的非排他性严重影响保护利用投资者的积极性，资源的稀缺性、非排他性、消费承载力的有限性易引发消费者之间竞争，区域内利益主体的多元性及社会关系、产权关系的复杂性，容易引发个体利益与公共利益冲突，因此，"必须把大遗址保护与遗址区域社会经济文化的和谐可持续发展作为大遗址区域管理的总目标；要科学选择集体行动的制度安排和治理模式，保证利益相关者的个人理性行为与大遗址保护的公共利益要求相一致；多中心或网络治理模式是大遗址保护集体行动的基本模式；政府主导+市场调节+利益相关者参与是大遗址保护集体行动的基本机制"。①

自 2006 年以来，我国陆续制定和实施"十一五""十二五""十三五"大遗址专项规划，从多方面加强和完善大遗址保护专项管理工作。从三个时期的规划内容看，大遗址保护工作的发展趋势主要表现在七个方面。第一，规划编制目的从"加强对大遗址保护工作的指导与管理，推进大遗址保护

---

① 朱海霞、权东计：《新型城市化背景下的大遗址保护与区域发展管理》，《中国软科学》2014 年第 2 期。

工作规范、有序地开展"①升级为"妥善处理大遗址保护与国家经济社会发展之间的关系问题，进一步加强引导和指导，全面推进大遗址保护工作"②。第二，将大遗址保护的地位及性质确定为"大遗址保护既是一项文化工程，也是一项惠民工程，有利于促进优秀传统文化传承体系建设、美化城乡环境、推动经济社会协调可持续发展"③。第三，将大遗址保护规划范围从100处单体大遗址扩展为"六片"（西安、洛阳、荆州、成都、曲阜、郑州）、"四线"（长城、丝绸之路、大运河、茶马古道）、"一圈"（陆疆、海疆）和进入项目库的150处大遗址，并全面深化大遗址文化保护与展示传承工作。第四，在指导思想上，除始终坚持文物工作方针外，还在保护工作的理念、内容、方式、方法上不断强化大遗址本体与环境保护、大遗址活化、大遗址优秀传统文化传承和弘扬。第五，在保护的基本原则上，从注重"本体保护、优先展示"④扩展升级为"以人为本、传承文化，统筹规划、示范带动，科技支撑、创新发展，彰显特色、注重实效，社会参与、成果共享"⑤。第六，在保护的总体目标上，从只注重本体与环境保护展示发展到注重"提升大遗址服务社会的能力，实现大遗址保护与生态文明建设、经济建设紧密结合，社会效益与经济效益协调统一，充分发挥大遗址在新型城镇化建设和美丽乡村建设中的带动作用"⑥。第七，保护规划的主要任务从"完成大遗址保护管理体系建设的100处重要大遗址保护规划编制"⑦扩展到"建立大遗址文物信息平台，编制大遗址保护与发展战略规划和大遗址

---

① 国家文物局、财政部：《关于印发〈"十一五"期间大遗址保护总体规划〉的通知》（文物办发〔2006〕43号）。
② 国家文物局、财政部：《大遗址保护"十二五"专项规划》（文物保发〔2013〕11号）。
③ 国家文物局、财政部：《大遗址保护"十二五"专项规划》（文物保发〔2013〕11号）。
④ 国家文物局、财政部：《关于印发〈"十一五"期间大遗址保护总体规划〉的通知》（文物办发〔2006〕43号）。
⑤ 国家文物局：《关于印发〈大遗址保护"十三五"专项规划〉的通知》（文物保发〔2016〕22号）。
⑥ 国家文物局：《关于印发〈大遗址保护"十三五"专项规划〉的通知》（文物保发〔2016〕22号）。
⑦ 国家文物局、财政部：《关于印发〈"十一五"期间大遗址保护总体规划〉的通知》（文物办发〔2006〕43号）。

保护片区规划，创新管理机制，完善大遗址保护网络"①，再扩展到"开展考古工作；整合信息数据；编制保护规划；实施重点工程；提升服务能力；建设遗址公园；加强科学研究；规范日常管理；发挥片区优势。"②

大遗址保护的特质内涵可概括为：①全民自觉保护行为；②本体和环境一体化保护；③科学保护、合理利用、实现大遗址保护与区域社会经济文化和谐可持续发展的理念；④政府主导、民营企业参与的多元化投融资模式；⑤强调不可移动的物质元素及其附着的文化风俗元素的软硬技术综合并举性保护；⑥兼顾利用的考古遗址公园式保护模式；⑦真实性保护与高效互动体验性展示文化发展并举；⑧特区管理体制为平台的多中心合作治理模式。③

二 构建现代大遗址特色文化空间

依据国家文物局颁布的《大遗址保护规划规范》（WW/Z 0072 - 2015）④ 和《全国重点文物保护单位保护规划编制要求》（2018 修订稿）⑤，将大遗址保护规划中划定的保护范围、建设控制地带和环境控制区三个区域相连，构成大遗址保护空间，这一空间通常被称为大遗址区。大遗址特色文化空间特指以大遗址区为特定场所，以大遗址保护利用及其优秀传统文化传承的时间、活动为特色的文化空间。大遗址特色文化空间的特色性主要表现在四个方面⑥：①因特定时代的遗址文化而具有历史文化价值特色；②因大

---

① 国家文物局、财政部：《大遗址保护"十二五"专项规划》（文物保发〔2013〕11号）。
② 国家文物局：《关于印发〈大遗址保护"十三五"专项规划〉的通知》（文物保发〔2016〕22号）。
③ 朱海霞、权东计：《新型城市化背景下的大遗址保护与区域发展管理》，《中国软科学》2014年第2期。
④ 《大遗址保护规划规范》（WW/Z 0072 - 2015）。
⑤ 文物保护与考古司：《国家文物局办公室关于征求〈全国重点文物保护单位保护规划编制要求（修订稿草案）〉意见的函（办保函〔2018〕25号）》，2018年1月15日。
⑥ 朱海霞、权东计、李勤：《基于特色文化空间构建的大遗址文化产业集群空间规划机制体系分析模型研究》，载《中国软科学研究会2019年中国软科学文集》，2020，第155~163页。

遗址的形制、自然环境及区域建构筑物特点而具有物质环境景观观赏和科学研究价值的特色；③不仅对地方需求群体，而且对本地之外的其他国内外需求群体来说，都具有特殊的吸引力；④大遗址文化空间是区域文化创意产业发展的基本特色资源，在延长大遗址区域特色文化产业链、构建特色文化产业集群方面具有特殊推动作用。从整体来看，现代大遗址特色文化空间应该是一个以中国优秀传统文化与现代科技和旅游融合，大遗址整体保护有效、优秀传统文化传承活动内容丰富，公众参与人气旺盛、区域遗址文化产业集群优化发展，社会效益明显，经济效益与社会效益协调发展并呈现可持续提高态势的特殊类型文化空间，它是现代大遗址保护与活化一体化的重要基础平台。从所处的地位看，现代大遗址特色文化空间是我国历史文化空间时间序列的节点组成部分，它反映着特定历史文化阶段的内涵和人类文化活动行为，同时还是区域大遗址文化空间网络系统的网络节点。所以，必须从历史时间序列和区域大遗址文化空间层面上进行单体大遗址文化空间的特性定位和确定空间构建策略。

三　大遗址特色文化空间构建中的文化与旅游融合

融合的最基本含义是指将两种或多种不同的事物合成一体。大遗址文化与旅游融合是指大遗址文化和现代旅游两种不同事物融合成一体。从大遗址文化空间视角看，实际上是通过"旅游+"方式，强化了大遗址文化空间的活动性，增强了大遗址文化空间中的人气，提升了游客对大遗址文化空间的认可度，扩展了大遗址文化空间服务社会、服务经济发展的功能范围。具体表现为大遗址文化构成要素和大遗址区域现代旅游构成要素融合及大遗址文化构成要素和大遗址区域现代旅游构成要素之间的关系融合两个方面。无论是构成要素融合，还是构成要素之间的关系融合，都可能存在接纳和排斥的问题，从而在融合过程中必然存在冲突和协调问题。大遗址文化与现代旅游融合，必须解决好融合过程中的两个关键问题：一是大遗址文化构成要素与大遗址现代旅游构成要素融合中的冲突和协调问题；二是文化构成要素之间的关系和旅游构成要素之间的关系在融合过程中的冲突和协调问题。

大遗址文化与现代旅游融合的基本特征主要表现在以下六方面。第一，大遗址的不可移动性决定了大遗址与旅游的融合，在一般情况下只能采取"旅游+"模式，将旅游行为融入不可移动的大遗址区域。第二，大遗址文化与旅游融合项目的选址和融合模式必须符合法规要求，必须严格遵循大遗址保护规划中划定的保护范围、建设控制地带和环境控制区的相关管理规定；必须进行文物影响评估。第三，大遗址文化构成要素及构成要素之间的关系揭示与确立，必须以当前考古发掘资料为科学依据，这在很大程度上规范和限制了文旅融合方式，防止了"旅游+"的随意性。第四，大遗址文化旅游的构成要素（旅游者、旅游资源、旅游产品、旅游业）及构成要素之间的关系受到大遗址保护区划及管理规定的影响和约束。第五，以大遗址文化构成要素及构成要素之间的关系为基础，以大遗址文化保护传承与弘扬为目的，确定大遗址文化旅游的构成要素及构成要素之间的关系，是实现大遗址保护与文化旅游融合协调发展的基本路径。第六，大遗址文化与旅游融合形成的大遗址文化旅游要素不仅具有一般旅游功能，还必须以大遗址保护、大遗址优秀传统文化传承和弘扬的多重参与和教育功能为基本功能。

四　大遗址文化与旅游融合面临的挑战与应对策略

在新型城镇化，"五位一体"总体布局和"四个全面"战略布局，创新、协调、绿色、开放、共享的发展理念，"互联网+"，"文化+"，"旅游+"，新型国土空间规划体系，城市品质提升、乡村振兴、遗产活化、优秀传统文化保护传承与弘扬等大环境背景下，大遗址文化与旅游融合必然面临四个重要挑战。第一，如何统筹考虑，构建大遗址特色文化空间，合理确定游客容量？其主要应对策略是，通过政府组织、专家领衔、公众参与、科学决策等方式，加强顶层设计与相关重大专题研究，进行大遗址文化资源环境承载力和大遗址区域旅游开发适宜性评价，科学定位大遗址文化空间的特性，在编制大遗址保护规划基础上，科学编制大遗址文化空间规划和大遗址文化与旅

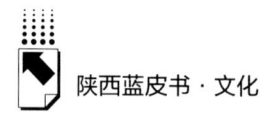

游融合发展专项规划。第二,如何将可视性差但价值大、居于核心地位的大遗址文化旅游资源保护性开发为备受不同类型旅游者青睐的旅游产品?其主要应对策略是,依据不同大遗址特性、不同类型旅游者的特点及旅游需求偏好,采用虚拟现实技术和建设富有体验性的解释标识系统相结合的方法,营造大遗址观赏景观,强化大遗址文化资源的可视性,在活化展示与解释大遗址"前世""今生"的同时,凸显大遗址的文化旅游价值。第三,如何打造大遗址特色文化旅游产品?其主要应对策略是,将大遗址文化空间置于片区大遗址文化空间网络中,综合分析区位优势和国内外旅游市场前景,科学评估大遗址文化空间资源承载力和旅游开发潜力,合理定位大遗址文化空间的特色,通过体制机制创新,将旅游要素(吃、住、游、购、行)融入大遗址特色文化空间构建中,构建大遗址特色文化旅游产品的组织运营管理体系。第四,如何促进大遗址区域文化旅游业的集群化发展?其主要应对策略是,科学制定大遗址区域空间规划,确定大遗址特色文化空间的特性及构成要素;确定大遗址文化与旅游融合模式及关键技术;科学确定大遗址保护范围、建设控制地带和环境控制区内旅游产业经营活动主体的类别、容量及要求;坚持文化与旅游融合的理念与原则,因地制宜,将旅游业发展融入考古遗址公园规划设计和大遗址区域保护改造发展规划设计中,确定有利于大遗址保护和文旅融合的文化旅游产品,发展具有较强后向连锁效应的文化旅游组织运营商;构建大遗址保护与文旅融合的标识系统;构建大遗址区域公共基础设施保障体系和公共政策支持保障体系。

B.5 陕西黄河流域非物质文化遗产保护与传承现状研究报告

杨艳伶*

摘　要： 陕西不仅是中华民族重要的发祥地之一，也是黄河文化孕育、发展以及壮大的核心区域，因此又被称为黄河流域之"芯"。黄河流域非物质文化遗产是伴随着大河而生的民族文化基因库，是黄河文化记忆的直观具象体现。本报告从系统梳理陕西黄河流域非物质文化遗产入手，既有对完善体制机制、多方搭建平台等保护传承现状的总结，也有对区域间缺乏协作、相关研究滞后等问题的揭示，还从加强和推进区域交流与协作、设立专项研究资金、注重与新媒体平台的深度合作、发挥电商平台优势等层面提出了相应的对策与建议。

关键词： 陕西　黄河流域　非物质文化遗产　保护　传承

黄河，古称"大河"，是中国第二大河、世界第五大河，是中国的母亲河、中华民族的摇篮，是雄浑壮阔的自然之河与生命之河，也是厚重博大的文化之河及心灵之河，因此又有"百川之首""四渎之宗"之美誉。泱泱黄河孕育塑造了灿烂丰赡、源远流长的黄河文化，而其"所塑造的黄河文化的本源性与其在中国历史上的重要性，使之成为华夏文明的主体"[①]。黄

---

* 杨艳伶，陕西省社会科学院文化与历史研究所副研究员，文学博士，研究方向为文化产业、少数民族文学。
① 彭岚嘉、王兴文：《黄河文化的脉络结构和开发利用——以甘肃黄河文化开发为例》，《甘肃行政学院学报》2014年第2期。

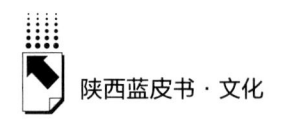

文化绵延数千年，其中蕴含的人与自然和谐共处理念、以人为本、自强不息、和合共生以及大一统思想等，早已内化于中华民族灵魂深处，并进一步演化为百折不挠、奋发有为的民族精神与品格，影响着一代又一代的中国人，中华民族的文化自信因此拥有了更为坚实可靠的根基与保障，中华民族得以以更为自信从容的姿态参与世界文明发展进步历程。

2019年9月18日，习近平总书记在郑州主持召开黄河流域生态保护和高质量发展座谈会并发表重要讲话，除加强生态保护治理、促进全流域高质量发展等内容外，保护传承弘扬黄河文化被重点提及。习近平总书记在2020年1月3日召开的中央财经委员会第六次会议上发表的重要讲话中再次强调，"要实施黄河文化遗产系统保护工程，打造具有国际影响力的黄河文化旅游带，开展黄河文化宣传，大力弘扬黄河文化"，[1] 黄河文化的保护与传承被提到了前所未有的高度，发掘黄河文化精髓，阐释黄河文化时代价值，探索黄河文化资源保护及产业化发展的多重路径等，是重要的时代命题，更是文化赓续发展的必然要求。

西起巴颜喀拉山、东临渤海、南至秦岭、北抵阴山的黄河，自西向东流经青海、甘肃、四川、宁夏、内蒙古、陕西、山西、河南以及山东9省（区），所流经省（区）的相关面积被称为黄河流域。黄河所流经的9省（区）面积总和为359.76万平方公里，黄河流域面积为79.5万平方公里，约占其中的22.1%，河湟文化、三秦文化、河洛文化、齐鲁文化等都是流域内重要的文化形态。陕西不仅是中华民族重要的发祥地之一，也是黄河文化孕育、发展以及壮大的核心区域，"据1995年行政区划的统计，黄河流域共涉及69个地区（州、盟、市）、329个县（旗、市），其中全部位于黄河流域内的县（旗、市）共有236个"，[2] 陕西有67.7%[3]的面积在黄河流域

---

[1] 《习近平主持召开中央财经委员会第六次会议》，中国共产党新闻网，http://cpc.people.com.cn/n1/2020/0103/c64094-31534393.html。
[2] 《流域行政区划》，黄河网，http://www.yrcc.gov.cn/hhyl/hhgk/hd/lyfw/201108/t20110814_103296.html。
[3] 《流域行政区划》，黄河网，http://www.yrcc.gov.cn/hhyl/hhgk/hd/lyfw/201108/t20110814_103296.html。

内，共有58个县（区）全部位于黄河流域内，有8个县（区）部分位于黄河流域内（见表1）。黄河全长约5464公里，在陕西境内约719公里，陕西又被称为黄河流域之"芯"。黄河流域生态保护和高质量发展座谈会召开一周年以来，陕西因地制宜地做了不少工作，《陕西黄河流域生态空间治理十大行动》于2020年6月18日发布，将按照"三屏三区一廊一带"的总体布局，实施自然生态资源保护、生物多样性保护、生态空间增绿等十大行动。由陕西省文化和旅游厅印发的《2020年陕西省黄河文化保护传承弘扬工作计划》，则是陕西省讲好"黄河文化"故事、凸显黄河文化根源性及主干性的有益探索。

表1 陕西省位于黄河流域的县（区）

地市	县（区）	
	全部位于黄河流域内(58个)	部分位于黄河流域内(8个)
西安市	长安区、鄠邑区、临潼区、蓝田县、高陵区	周至县
咸阳市	三原县、泾阳县、乾县、礼泉县、永寿县、长武县、旬邑县、彬县、淳化县、武功县、兴平市	
宝鸡市	陈仓区、凤翔县、岐山县、扶风县、陇县、眉县、千阳县、麟游县	太白县
渭南市	华阴市、韩城市、华州区、蒲城县、澄城县、潼关县、大荔县、白水县、合阳县、富平县	
铜川市	耀州、宜君县	
延安市	宝塔区、安塞区、黄陵县、延川县、志丹县、延长县、子长市、宜川县、洛川县、黄龙县、甘泉县、吴起县、富县	
榆林市	横山区、绥德县、米脂县、府谷县、清涧县、吴堡县、子洲县、靖边县、佳县	榆阳区、神木市、定边县
商洛市		商州区、洛南县、丹凤县

资料来源：黄河水利委员会黄河志总编辑室编《黄河志·卷二·黄河流域综述志》，河南人民出版社，1998。部分地方名称因行政区划变化而做了相应的调整与改变。

非物质文化遗产是人们在长期的生产实践中积累创造的宝贵财富，是广大人民无限创造力与生存智慧的最好体现，既是"民族自我认定的历史凭证,也是一个民族得以延续并满怀自信地走向未来的根基和智慧与力量之源泉"。① 黄河流域非物质文化遗产是伴随着大河而生的民族文化基因库,是黄河文化记忆的直观具象体现,"承载着中华民族的共同记忆,蕴含历史文化价值、精神价值、社会价值、艺术价值、经济价值等多重价值"。② 因此,做好黄河流域非物质文化遗产的发掘、梳理、保护、传承以及弘扬,便是提升沿黄九省(区)文化软实力、增强中华民族文化自信的题中应有之义。对于陕西而言,散布于境内渭河和黄河沿线的大小陵墓、风格特异的建筑群、历史悠久的古遗址、久经沧桑的石窟寺及石刻等物质文化遗产,奠定了其文化资源大省的坚实基础,而剪纸、刺绣、民歌、鼓乐、腰鼓、秧歌、老腔、道情等非物质文化遗产,皆为来自老百姓日常生活的鲜活记忆,是对黄河文化不可或缺的丰富与完善,也是陕西多元文化风格的真切显现。

一 陕西黄河流域非物质文化遗产保护与传承现状

截至2020年11月,陕西共有国家级非物质文化遗产项目74项,省级非遗项目600项,市级非遗项目1843项,县级非遗项目4061项。现有羌族和陕北两个国家级文化生态保护实验区,西安鼓乐、中国剪纸以及中国皮影戏3个项目入选联合国教科文组织的《人类非物质文化遗产代表作名录》,富平石刻、凤翔泥塑、旬邑彩贴剪纸技艺、耀州窑陶瓷烧制技艺等12个项目被列为第一批国家传统工艺振兴目录,共有国家级非遗传承人61人、省级非遗传承人438人。其中,属于黄河流域的国家级非物质文化遗产项目52项(见表2),占全省国家非物质文化遗产项目总数的70.3%,换言之,约2/3的国家级非遗项目分布于黄河沿线。属于黄河流

---

① 覃业银、张红专:《非物质文化遗产导论》,辽宁大学出版社,2008,第1页。
② 杨红:《让非遗唱出黄河文化的新声》,《光明日报》2020年9月13日。

域的省级非物质文化遗产项目近 400 项，约占到全省省级非物质文化遗产项目总数的六成。

表2 陕西黄河流域国家级非物质文化遗产项目名录

单位：项

地区	数量	项目名称	项目类别	申报地区（部门）
西安市	6	长安斗门石婆庙七夕传说	民间文学	陕西省西安市长安区
		楮皮纸制作技艺（北张村传统造纸技艺）	传统技艺	陕西省西安市长安区
		蓝田普化水会音乐	传统音乐	陕西省西安市蓝田县
		眉户曲子戏	曲艺	陕西省西安市户县
		户县北乡迎祭城隍民俗活动	民俗	陕西省西安市户县文化馆
		高陵洞箫艺术	传统音乐	陕西省高陵县文化馆
咸阳市	3	弦板腔	传统戏剧	陕西省咸阳市乾县
		旬邑彩贴剪纸	传统美术	陕西省旬邑县非物质文化遗产保护中心
		彬县灯山庙会	民俗	彬县城关镇水帘村灯山会
宝鸡市	4	西秦刺绣	传统美术	陕西省宝鸡市（市本级）
		凤翔木版年画	传统美术	陕西省宝鸡市凤翔县
		凤翔泥塑	传统美术	陕西省宝鸡市凤翔县
		宝鸡民间社火	民俗	陕西省宝鸡市（市本级）
渭南市	14	仓颉传说	民间文学	陕西省渭南市白水县史官镇史官村（与陕西省商洛市洛南县共有）
		华阴迷胡	传统戏剧	陕西省渭南市华阴市
		华阴老腔	传统戏剧	陕西省渭南市华阴市
		同州梆子	传统戏剧	陕西省渭南市大荔县
		合阳跳戏	传统戏剧	陕西省渭南市合阳县
		华县皮影戏	传统戏剧	陕西省渭南市（市本级）
		阿宫腔	传统戏剧	陕西省渭南市富平县
		合阳提线木偶戏	传统戏剧	陕西省渭南市合阳县
		澄城刺绣	传统美术	陕西省渭南市澄城县
		富平宫里石刻技艺	传统美术	陕西省渭南市富平县
		澄城尧头陶瓷烧制技艺	传统技艺	陕西省渭南市澄城县
		蒲城杆火技艺	传统技艺	陕西省渭南市蒲城县
		韩城行鼓	传统音乐	陕西省渭南市韩城市
		韩城秧歌	曲艺	陕西省渭南市韩城市

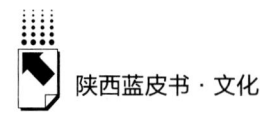

续表

地区	数量	项目名称	项目类别	申报地区（部门）
铜川市	1	耀州窑陶瓷烧制技艺	传统技艺	陕西省铜川市
延安市	12	花木兰传说	民间文学	陕西省延安市宝塔区
		陕北民歌	传统音乐	陕西省延安市（与榆林市共有）（市本级）
		安塞腰鼓	传统舞蹈	陕西省延安市安塞县
		洛川蹩鼓	传统舞蹈	陕西省延安市洛川县
		宜川胸鼓	传统舞蹈	陕西省延安市宜川县
		陕北道情	曲艺	陕西省延安市（与榆林市清涧县共有）（市本级）
		陕北说书	曲艺	陕西省延安市（市本级）
		黄陵面花	传统美术	陕西省延安市黄陵县
		安塞剪纸	传统美术	陕西省延安市安塞县
		延川剪纸	传统美术	陕西省延川县
		陕北窑洞营造技艺	传统技艺	陕西省延安市宝塔区
		黄帝陵祭典	民俗	陕西省延安市黄陵县
榆林市	9	陕北民谚	民间文学	陕西省榆林市（市本级）
		白云山道教音乐	传统音乐	陕西省榆林市佳县
		绥米唢呐	传统音乐	陕西省榆林市绥德县、米脂县
		横山老腰鼓	传统舞蹈	陕西省榆林市横山县
		靖边跑驴	传统舞蹈	陕西省榆林市靖边县
		陕北秧歌	传统舞蹈	陕西省榆林市绥德县
		府谷二人台	传统戏剧	陕西省榆林市府谷县
		榆林小曲	曲艺	陕西省榆林市（市本级）
		绥德石雕雕刻技艺	传统美术	陕西省榆林市绥德县
商洛市	3	洛南静板书	曲艺	陕西省商洛市洛南县
		商洛道情戏	传统戏剧	陕西省商洛市（市本级）
		商洛花鼓	传统戏剧	陕西省商洛市（市本级）

注：表中仓颉传说为陕西省渭南市白水县与商洛市洛南县共有，陕北民歌为陕西省延安市、榆林市共有，陕北道情为延安市和榆林市清涧县共有，故只统计一次，不重复统计。标注为市本级的一些项目因分布区域覆盖该市黄河流域全部或部分县区，故列入，统计数据截至2020年11月。

资料来源：陕西省文化和旅游厅非物质文化遗产处。

高质量编制《陕西省黄河文化保护传承弘扬规划》和《陕西省黄河流域非物质文化遗产保护传承弘扬规划》是《2020年陕西省黄河文化保护传承弘扬工作计划》的重要内容之一,而近年来陕西也一直在探索符合本地实际的非物质文化遗产保护传承体系与模式,黄河流域各区域也都在找寻有利于非遗"活态传承"的可行性思路和方法。

(一)不断完善体制机制,营造良好的非遗保护传承及弘扬环境

2014年1月10日,《陕西省非物质文化遗产条例》由陕西省第十二届人民代表大会常务委员会第七次会议通过,并于同年5月1日起正式实施。由陕西省文化和旅游厅发布的《陕西省省级非物质文化遗产代表性传承人认定与管理办法》,于2020年9月1日起开始施行,而由原陕西省文化厅于2007年8月20日公布实施的《陕西省非物质文化遗产项目代表性传承人认定与管理暂行办法》同时废止。《陕西省非物质文化遗产条例》和《陕西省省级非物质文化遗产代表性传承人认定与管理办法》为全省非物质文化遗产代表性项目以及代表性传承人的保护、认定和管理等提供了政策保障,也为陕西省行政区域内黄河流域非物质文化遗产的保护和传承营造了良好的外部环境。在此前已公布的六批名录的基础上,陕西省文化和旅游厅已于2020年9月启动了第七批省级非物质文化遗产项目名录的推荐申报工作,以使更多非遗项目被列入省级乃至国家级保护范畴。

(二)加强各类平台与阵地建设,为传承弘扬奠定坚实基础

让非遗走上银幕、荧屏、舞台以及各类综艺节目等,是扩大非遗受众范围、提升保护效果的重要途径。以安塞腰鼓为例,早在1984年,安塞工会就组织150名腰鼓手参与了由陈凯歌和张艺谋分别担任导演及摄影的故事片《黄土地》的拍摄工作,又于1986年2月组织职工参加了中日合拍大型电视系列片《黄河》的摄制工作。之后,安塞腰鼓还参与了《黄河的渡过》《中国命运的大决战》《乡野传奇》《共和国与毛泽东》《爸爸去哪儿》《魅

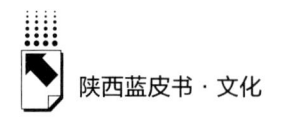

力中国城》等影视剧和综艺节目的拍摄与录制。2006年，华阴老腔就出现在了北京人艺话剧《白鹿原》中，在电影《白鹿原》当中，老腔表演也为整个电影增色不少，电影《老腔》是讲述老腔艺人个人际遇与艺术抉择的经典佳作，陕西省京剧院有限公司创排的京剧现代戏《风雨老腔》糅合了京剧与老腔的精粹与特质，走上2016年央视春晚的歌曲《华阴老腔一声喊》则是摇滚音乐与民间传统艺术融合的有益尝试。2019年5月14日，浙江卫视《奔跑吧》第三季公益活动"奔跑吧，宝藏"在澳门启动，延川布堆画成为本次公益活动的主角，经由热门综艺节目的大力推介，延川布堆画得到了更多人的关注与认可。

（三）发掘非遗助力扶贫的多样化路径，"非遗+扶贫"模式持续得到更新与拓展

文化扶贫、非遗扶贫是助力精准扶贫的重要方式，陕西省文化和旅游厅联合陕西省扶贫开发办公室于2020年9月下发了《关于支持设立省级非遗扶贫就业工坊的通知》（陕文旅发〔2020〕8号），并公布了包括千阳太阳鸟工艺品非遗工坊、耀州窑陶瓷烧制技艺传承非遗扶贫就业工坊、延川华彩手工艺品专业合作社等在内的首批52家省级非遗扶贫就业工坊。陕西千阳县着眼刺绣产业，专门出台《千阳县西秦刺绣产业发展实施方案》，并探索出了能够带动广大妇女告别贫困的"非遗+扶贫"模式，国家级非遗项目西秦刺绣成为给妇女们提供就近就业、居家就业机遇的文化抓手。十余年前，千阳县就整合农业、文化以及妇联等项目资金60万元，在西秦刺绣发源地南寨镇闫家村成立了全县首个刺绣专业合作社——鑫兴专业合作社，现已累计投入300万元并陆续扶持西秦刺绣传承人李慧莲、李银慧和王秀萍等成立专业合作社21个，建成工艺品专业村11个、西秦刺绣传习所8个。依托千阳县扶贫创业大厦，该县投资1250万元启动建设西秦刺绣产业园，积极引导合作社、设计创意企业以及电商等进驻，推动刺绣产业走上规模化、标准化以及全产业链发展道路。千阳县动员企业、合作社等为有技术但不便离家的贫困妇女提供上门服务，免费为其提供原材料并实行订单生产，再将

她们的刺绣产品全部以高于市场10%的价格包销，10%的差额则由政府买单。安塞腰鼓也是文化扶贫的重要力量之一，以罗勇等为代表的10人每年都会带腰鼓手外出参加演出，平均每次有40人，每人每天的补助是150元。罗勇还于2017年4月在安塞区高桥镇龚家沟村成立了安塞腰鼓制造基地，解决了该村10余户残疾人和贫困户的就业问题，每个腰鼓售价60元，2017年的销售额已有40万元。安塞黄土情文化演出有限公司与120位贫困户签订了劳务合同，集中在冯家营千人腰鼓文化村进行定期演出，每人每月的平均工资为3500元。

（四）重视对外交流与展示，有效提升非遗影响力与美誉度

华阴老腔不仅登上过猴年春晚，在北京、天津、重庆、深圳等国内城市进行过文化展演，还在2015年的澳大利亚悉尼国际艺术节上连演6场。华县皮影戏常驻大唐芙蓉园及西安关中民俗博物院进行演出，还曾到德国、法国和中国香港等国家与地区参加文化交流活动。自2001年起，安塞腰鼓开始赴国外进行对外演出，2001年9月20日至10月1日，在德国柏林皇宫广场、得月园、奔驰大厦和文化广场等进行了表演。应泰国政府邀请，安塞民间艺术团于2004年1月20日至2月3日在泰国曼谷参加由中国政府打造的文化品牌活动并表演了安塞腰鼓。应新西兰政府邀请，安塞腰鼓于2004年2月6~9日在新西兰奥克兰市艾伯特公园参加新西兰第五届中国传统新年灯会，3天演出了18场。安塞腰鼓于2007年2月15日参加了在马耳他首都瓦莱塔举办的"2007瓦莱塔中国春节"系列活动，于2008年2月10日参加在澳大利亚悉尼市举办的"2008中国春节巡游活动"，于2013年10月27日参加美国洛杉矶奥斯卡颁奖盛典，于2015年5月22日参加德国柏林的"感知中国"活动。安塞区第一小学少儿腰鼓手于2019年1月16日赴英国参加威根·雷孔子课堂十周年庆典活动，该小学的12名少儿腰鼓手还于同年7月赴朝鲜参加了"中朝建交70周年两国青少年艺术联欢"活动，这些活动都有力地提升了安塞腰鼓的对外影响力与吸引力。

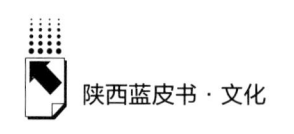

二 保护传承过程中存在的问题和不足

尽管陕西各地都在探索非遗发掘、保护、传承以及弘扬的多元化路径，但存在的问题与不足依然很明显，非遗保护工作任重道远。

（一）自主摸索、各自为政，区域间缺乏有效协作

黄河流域并不是一个单纯的地理概念，更是一个融合了多重元素的文化概念。黄河流域各省（区）尤其是陕西黄河流域各地市、县（区）之间，在非遗保护传承工作中缺乏协同发展意识，依然处在各区域自主摸索、各自为政阶段，这样的发展态势无疑不利于集合各方优质资源，更无法形成整体竞争优势。

（二）黄河文化以及非遗研究相对滞后，科研与人文优势尚未得到充分利用

相比于甘肃、河南、山东等沿黄省（区），陕西对黄河文化以及黄河流域非遗的研究并未走在前列，甘肃黄河文化研究会于2013年12月成立，河南省黄河文化经济发展研究会早在1996年1月就已经成立，以研究和弘扬黄河文化为宗旨与目的的山东黄河文化研究院也于2011年4月成立。陕西拥有雄厚的科研优势，尽管也有成立于1995年的陕西黄河文化经济发展研究会等，但取得的研究成果以及所产生的影响力等，与陕西黄河文化资源的厚重博大并不能完全匹配，尚有很大的努力与提升空间（见表3）。

表3 沿黄九省（区）黄河文化相关研究机构（学会、学术性社会团体）等一览

省区	研究机构(学会)名称	成立时间
河南	河南省黄河文化经济发展研究会	1996年
甘肃	甘肃黄河文化研究会	2013年
山东	山东黄河文化研究院	2011年
陕西	陕西黄河文化经济发展研究会	1995年
四川	四川省黄河文化经济发展研究会	2013年

(三)非遗并没有足够贴近群众生活,对非遗项目的梳理报道还不够充分

非遗是与广大群众的生活息息相关的文化财富,非遗所在地群众是非遗项目的直接创造者或参与者,他们的文化诉求更应该得到足够重视与考量,能够参加对外交流自然是提高非遗影响力的重要方式,却不是最终目的,老腔、皮影戏能够最大限度地走进普通百姓的生活并丰富他们的精神需求,这才是非遗传承的真正旨归。另外,不同于历史文化、红色文化等众所周知的陕西文化标识,黄河文化、黄河流域非遗等还未成为陕西最引人瞩目的精神文化标识与文化元素,对非遗的梳理报道还没有真正与黄河文化内质阐释等相结合,各类媒体平台的效用并未得到最大限度的利用。

(四)黄河文化旅游的潜力没有得到深入挖掘,非遗与旅游的融合度有待提升

2020年10月23日,第六届中国非物质文化遗产博览会在山东济南开幕,2020非遗与旅游融合发展优秀案例也于10月24日发布,"陕西礼泉:袁家村——关中非遗文化传承地"案例入选,这样的殊荣是对陕西"非遗+旅游"工作的肯定,更是一种期许。在陕西文化旅游不断受到重视的同时,陕西黄河流域非遗与旅游的融合度更要大幅度提升,唯有如此,方能彰显陕西作为黄河流域之"芯"的文化魅力与活力。

三 今后的改进措施与努力方向

充分运用国家重大战略叠加效应,以生态优先、绿色发展理念为指导,立足黄河资源,开展黄河文化实质和精髓研究与诠释工作,进一步做好黄河流域非遗的保护弘扬工作,是陕西未来工作的重中之重。

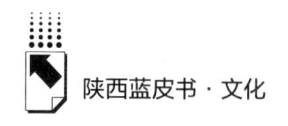

（一）借鉴沿黄省（区）成功经验，及时出台符合本省实际的黄河流域非遗保护传承弘扬规划

由宁夏回族自治区文化和旅游厅作为采购人、宁夏智信管理咨询有限公司作为供应商的《黄河流域宁夏非物质文化遗产保护传承弘扬规划（详规）》中标成交公告已于2020年8月在中国政府采购网上发布，宁夏回族自治区的黄河流域非遗保护传承弘扬规划已然启动。陕西省也应该及时启动符合本省实际的黄河流域非物质文化遗产保护传承弘扬规划的编制工作，并将其作为全省"十四五"规划编制的重要组成部分，还要尽快完成《2020年陕西省黄河文化保护传承弘扬工作计划》的各项任务，助力文化强省建设目标尽早实现。

（二）加强和推进区域交流与协作，建设黄河流域非物质文化遗产展示体验中心或博览馆

流经九省（区）的黄河孕育了跨度长、分布范围广泛的非物质文化遗产，对陕西而言，就要始终保持开阔的胸襟与视野，秉承资源统筹、协同共建、优势互补原则，不仅要加强省域内各区域的交流，还要促进与沿黄其他省份的跨区域协作，共同建立系统完善的黄河流域非物质文化遗产传承弘扬与创新机制，建设黄河流域非物质文化遗产展示体验中心或博览馆，分别做好省内与沿黄省（区）非遗展区的规划、布展工作，体验中心的设立尤其要考虑到不同人群对非遗项目认知度以及接受度的差异化与多样性，争取让非遗以润物细无声般的绵密走进人们的日常生活。

（三）设立专项研究资金，扶持黄河文化和非物质文化遗产精髓及内核研究

在做好黄河非遗展示工作的同时，还要注重对非遗的整理、研究工作，设立专项研究资金是当务之急，专项扶持黄河文化和非物质文化遗产精髓及内核研究。2019年11月24日，致力于优秀音乐文化遗产整理、抢救、推

广、普及等的"内蒙古草原—黄河流域民族音乐文化传承与研究中心"在内蒙古师范大学举行了揭牌仪式，这样的举措无疑非常有利于黄河文化的保护与弘扬。以此为借鉴，陕西可以联合省内外高校和科研院所成立黄河流域非物质文化遗产研究会，鼓励高校与相关学会共建保护传承基地，将专项研究资金向成立在高校或非遗项目所在地的传承与研究基地倾斜，省内各类课题对黄河流域非遗研究选题给予优先考虑和重点资助。

（四）进一步加大对外宣介力度，尤其要注重与新媒体平台的深度合作

对外宣介是非遗传承弘扬的必不可少的环节之一，尤其是在新媒体发展得如火如荼的当下，"非遗+新媒体"能够让更多人知晓和关注非遗。以非遗数量在全省位居前列的渭南市为例，该市253个非遗项目由渭南市非遗中心与《渭南日报》联合举办的《非遗故事》进行系统地梳理与报道，并于每周五在《渭南日报》旗下文化周刊《黄河周末》和文化艺术中心微信平台等刊载分享。在此基础上，各地都要充分利用新媒体讲好黄河故事，讲好黄河流域非遗故事、传承人的故事，以短视频的形式分享至抖音、快手、微信视频号等，并且这些短视频一定要主题鲜明、制作精良。"学习强国"陕西学习平台现已开设了"文学陕军"专题，应适时地增加"陕西非遗"专题。还要进一步完善"陕西省非物质文化遗产网"相关内容，及时在各类文化网站、微信公众号等推送，网站上的视频内容可以作为"学习强国"陕西学习平台"陕西非遗"专题的重要素材来源。

（五）不断丰富"非遗+旅游"文化内涵，使非遗与黄河流域文化旅游更好地契合

非遗和旅游深度融合发展会取得1+1＞2的效果，非遗进入景区、博物馆、特色街区、特色小镇等，能够让旅游和非遗实现双赢。陕西在继续做好红色文化、历史文化等精品旅游线路的同时，要对黄河流域文化旅游线路做足文章，要加快黄河文化精品工程、精品景区和精品线路等的实施、整合与

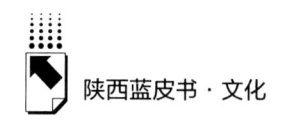

打造,与黄河沿线省(区)合作共建黄河文化旅游带、黄河文化旅游圈等,加大非遗在精品线路、精品景区乃至旅游带或旅游圈中的展示弘扬力度,让非遗成为增加旅游文化内涵的重要抓手。

(六)丰富和完善非遗产品销售方式,充分发挥电商平台优势

能够带回家的非遗产品无疑最受人们的喜爱与追捧,这也是非遗"见人见物见生活"的直接体现,能够让更多非遗产品走进人们生活的前提是销售方式的不断革新。景区、实体店等传统销售模式固然重要,但电商平台的优势尤其不能小觑。可以通过网络直播、电商营销促销等方式,为人们提供可定制、个性化的非遗产品,而"个性化服务是电子商务服务和网络经济的一大特点",[①] 陕西的剪纸、刺绣、陶瓷制作等都可以进行个性化定制,不仅可以提高相关非遗产品的知名度,更会因差异化、别样性等特质而丰富购买者的生活,进而为非遗活态保护提供更多机遇和启悟。

---

① 邓聪、廉洁、李欣嘉、庄家雨、林伟:《"非遗"在创新商业模式下的保护与发展——陕西省非物质文化遗产市场调研分析报告》,《高等数学研究》2020年第1期。

B.6 "一带一路"背景下陕西自贸试验区文化服务贸易创新发展研究报告*

王铁山 冯茜茜**

摘 要： 陕西自贸试验区成立以来，在探索文化服务贸易创新发展方面取得一定成绩。在"一带一路"背景下，服务贸易创新发展能够更好地促进经济转型升级。本文针对陕西自贸试验区文化服务贸易创新发展现状进行分析，借助自贸试验区改革、开放、创新的平台优势，提出了加强政策扶持、鼓励融合创新、促进产业规模化发展、加强国际交流与合作以及注重人才建设的对策，以此加快形成文化服务贸易进出口平衡发展的国内国际双循环新格局。

关键词： "一带一路" 自由贸易试验区 文化服务贸易 创新 国内国际双循环

一 引言

文化服务贸易发展能够促进文化产业的繁荣，增进不同文化之间相互理

---

* 本文是陕西省社科界重大理论与现实问题研究项目（编号：2020Z161）、陕西省软科学研究项目（编号：2019KRM144）、中国（西安）丝绸之路研究院项目（编号：2016SY01）的阶段性成果。
** 王铁山，西安工程大学管理学院副教授、硕士生导师；冯茜茜，西安工程大学管理学院硕士生。

解与认同，切实提升西安在共建"一带一路"国家中的文化影响力，增强西安的文化软实力。陕西是古丝绸之路的起点，拥有丰厚的文化资源。然而，陕西文化服务贸易发展落后，影响了陕西追赶超越目标的实现。2020年8月，国务院批复了《全面深化服务贸易创新发展试点总体方案》，为全面深化服务贸易创新发展指明了目标及主要任务。2020年9月4日，习近平总书记在中国国际服务贸易交易会全球服务贸易峰会上的致辞中指出：当今世界正逢百年未有之大变局，同时，新一轮科技革命和产业变革孕育兴起带动数字技术强势崛起，促进了产业深度融合，引领了服务经济蓬勃发展，服务业开放合作正日益成为推动未来发展的重要力量，我们要顺应数字化、网络化、智能化发展趋势，设立以科技创新、服务业开放、数字经济为主要特征的自由贸易试验区，助推服务贸易数字化进程，带动形成更高层次改革开放新格局。因此，在"一带一路"背景下，陕西自贸试验区应发挥改革开放排头兵的作用，以制度创新为核心，以技术创新为辅助手段，通过推动制度创新开拓发展空间，通过大数据、云计算、人工智能、5G等新兴数字技术推动发展服务贸易的新业态、新模式，进而推动文化服务贸易创新发展，为加快形成国内国际双循环新格局注入新动能。[①]

二 陕西自贸试验区文化服务贸易发展现状与挑战

陕西历史悠久，传统文化、民族文化、群众文化资源丰富、种类繁多。此外，陕西在公共文化设施、出版业、广播影视网络等方面都不断投入和发展，这些为陕西自贸试验区文化服务贸易创新奠定了基础。

（一）陕西文化资源及产业基础

1. 公共文化设施

文化产业发展需要一定的基础条件，可以用公共文化设施的种类和数量

[①] 王铁山、裴兵兵：《自贸试验区：推动陕西经济高质量发展》，《国际经济合作》2019年第2期。

来衡量。2020年,陕西省共有文化馆122个、公共图书馆109个、博物馆319个、档案馆119个、艺术表演团体56个(见表1)。公共文化设施较为齐全,其中博物馆数量居全国第4位。

表1 2020年陕西省公共文化设施概况

单位:个,万人次

类型	文化馆	公共图书馆	博物馆	档案馆	艺术表演团体
数量	122	109	319	119	56
参观人次	—	1574	6792	—	4809

资料来源:根据《2019年陕西省国民经济和社会发展统计公报》、《陕西统计年鉴2019》及陕西省文物局官网数据整理。

2. 文化产业基础

国家统计局颁布的《文化及相关产业分类(2018)》中定义文化及相关产业是指为社会公众提供文化产品和文化相关产品的生产活动的集合。2018年末,全国有文化及相关产业法人单位210.3万个,陕西省有文化及相关产业法人单位5.19万个。其中,经营性文化产业法人单位4.68万个,从业人员37.00万人,公益性文化事业(含社团)法人单位5081个,从业人员5.89万人。2018年全国31个省(区、市)的文化及相关产业法人单位数见表2,陕西在全国排第13位,居于全国中游水平。

表2 2018年全国各省区市文化及相关产业法人单位数

单位:万个

地区	法人单位数	地区	法人单位数
广东	29.74	河北	9.1
江苏	21.2	福建	7.49
山东	15.88	四川	7.41
浙江	15.44	湖南	6.15
北京	15.07	重庆	6.05
河南	11.71	陕西	5.19
湖北	9.37	上海	4.5

续表

地区	法人单位数	地区	法人单位数
辽宁	4.4	甘肃	1.94
云南	4.35	黑龙江	1.8
广西	4.1	新疆	1.76
四川	7.41	吉林	1.3475
江西	3.7559	海南	1.1299
贵州	3.28	青海	0.6656
天津	2.3134	宁夏	0.5336
内蒙古	2.29	西藏	0.3103
安徽	2.14352		

资料来源：各省（区、市）统计局官方网站。

广播影视产业和出版产业是文化产业的重要基础，已形成较完善的统计体系，因此，本文将广播电视覆盖率、主要出版物数量作为衡量文化产业发展的指标，因为广播、电视覆盖率和有线电视用户数量的高低影响着广播影视产业和演出产业，而主要出版物的种类和数量直接反映出版产业发展状况。据2018年、2019年陕西统计年鉴数据统计，2019年陕西广播综合人口覆盖率98.87%，电视综合人口覆盖率99.38%。2018年陕西出版报纸52265万份、图书21650万册、杂志3119万份。

3. 旅游产业基础

文化产业和旅游产业关系密切，融为一体，不可分割。入境旅游可以促进文化产品和服务的出口。据陕西省文化和旅游厅数据统计，截至2020年2月底，陕西省共有A级景区460家，其中3A级及以上景区共有416家。

本文将外国人入陕旅游人数以及相关购物消费作为衡量文旅产业结合出口的指标。2019年陕西入境旅游人数465.72万人次，其中港澳同胞79.28万人次，台湾同胞56.82万人次，外国人329.62万人次。表3为2019年陕西入境文旅消费情况。

表3 2019年陕西入境文旅消费情况

单位：万美元

指标	景区游览	购物	娱乐	餐饮
金额	25594	96652	11113	20206

资料来源：《陕西统计年鉴2019》。

（二）陕西文化服务贸易创新发展情况

1. 现象级文旅载体

2020年7月22日，大唐不夜城成为首批全国示范步行街，位于大雁塔、大唐芙蓉园两个5A级国家景区的核心位置，街区上还有陕西大剧院、西安音乐厅、曲江美术馆等建筑，营造了浓厚的文化氛围。[①] 打造了专属文化IP，比如不倒翁小姐姐、悬浮兵马俑、唐代仕女武士巡逻队等。此外，还有各项艺术文化表演，如敦煌飞天、真人提线皮影、诗仙李白棋博弈等。大唐不夜城是独特的文化产品和服务出口的平台，将文化传递和文化消费结合在一起，使国外游客感受了独特的"大唐烟火气"。

2. 文旅新媒体

网络新媒体时代早已到来，不仅个人通过新媒体社交平台展示自我，很多省级文旅部门也纷纷在国际社交媒体平台上开设了官方账号进行推广。2020年，对31个省区市文旅部门5月在Facebook、Twitter、Instagram、Youtube四个国际社交媒体平台上开展传播的数据分析结果表明，在Top10文旅新媒体国际传播指数中，陕西省排第6位。通过网络新媒体进行文化传播正是国际营销的方式之一，省级文旅部门可以通过互动发现国外消费者的文化需求，促进文化产品和服务出口。

3. 演艺市场

2019年1月17日，"欢乐春节·国风秦韵"在芝加哥专场演出，拉开

[①] 王旭光：《西安大唐不夜城步行街：潜心打造升级版"唐文化"》，《国际商报》2020年7月24日。

了2019年陕西文化海外行的帷幕。自此，在陕西文化和旅游厅的领导下，陕西派出5支团队前往亚、非、欧、北美洲的7个国家进行演出，开展艺术交流，积极宣传陕西文化与旅游，促进文旅融合。

2019年2月15日，在中国驻丹麦使馆、哥本哈根城市中心、丹麦旅游局联合主办的"点亮哥本哈根之元宵灯节"活动中，陕西韩城行鼓表演向当地民众展示了原汁原味的新春民俗。同时，陕西非遗展演展现了传统文化的独特魅力。

4. 文化、艺术、电影节

2019年9月14日，白俄罗斯中国陕西文化和旅游节在明斯克举行，陕西通过民族音乐会、非遗展演等形式，向白俄罗斯民众弘扬中国传统文化，展示文化陕西魅力。陕西艺术家们的《秦韵》音乐会表演作为重头戏。此外，还有唐宫茶宴、安塞剪纸、木版年画、戏曲脸谱、皮影雕刻等非遗项目，充分展示了中国文化的独特魅力。

2019年9月7~21日，第六届丝绸之路国际艺术节在西安举行，吸引了116个国家和地区的艺术家参与其中，艺术家们承载着不同地域、不同民族的文化齐聚西安，共同打造一场艺术盛宴。本届艺术节发起文旅融合高峰论坛，成立"西安旅游演艺联盟"，促进本地演出团队对外进行艺术交流，助力陕西文化产品和服务"走出去"。

2020年10月11~16日，第七届丝绸之路国际电影节在西安举办，为丝路沿线各国提供了电影文化交流与借鉴的平台，以电影为纽带将各国联系起来，就电影艺术创新、高新技术应用、市场开发等方面进行探讨和合作，陕西电影文化也向各国展示了新形象。

（三）陕西自贸试验区文化服务贸易创新发展概况

陕西自贸试验区自成立以来，围绕文化服务贸易改革、开放、创新等主题，积极探索文化服务贸易在业态和模式方面的创新发展，不仅顺应时代潮流，推动文化服务贸易智能化、数字化和网络化发展，而且致力于开发更加广阔的国际文化市场，具体体现在以下几方面。

1. 推介平台

2020年1月17日,"一带一路"贸易之家在浐灞功能区正式开馆,旨在整合共建"一带一路"国家商业和贸易资源,集中展示共建"一带一路"国家特色贸易商品,并同步宣传和推介各国国家形象、重点招商引资项目。截至10月底,"一带一路"贸易之家已集中展示了来自欧洲、亚洲、南美洲和非洲的34个共建"一带一路"国家的食品、手工艺品等重点出口贸易商品累计5000余种,打造服务西安乃至陕西"走出去"、"引进来"以及参与"一带一路"建设需要的高端、专业对外经贸综合服务平台。

2. 影视、动漫、玩具产业

秦汉新城影视文化产业基地以企业孵化培育和影视文化产业链打造为主要功能,截至2020年8月,已有10家企业成功入规,致力于成为陕西影视文化产业发展新引擎、中国丝路文化传播新中心、中国具有影响力的影视运营新平台。2019年,基地入驻企业产出广泛好评的影视和动漫作品,网剧《长安十二时辰》、动漫《奇幻森林之兽语小子》都取得显著效益。

盲盒是用一种娱乐化的方式去做零售,能非常好地强化购物体验。2020年6月,位于西咸新区沣东新城自贸功能区的西安灌木文化传媒有限公司打造了潮流玩具W.KONG,以"向成功"系列和"仕女图"系列展现了新文创,突破传统思维,将传统文化和新潮流融合起来。

3. 论坛、展览会

2020年1月3日,"丝绸之路艺术教育国际论坛暨国际油画展"在沣东新城自贸区开幕,来自俄罗斯、法国、意大利等20多个国家的知名艺术家和艺术教育家与陕西高校的专家、学者齐聚一堂,在文化艺术领域进行交流和探讨。在国际油画展上,中外画家们的作品进行了艺术碰撞,推动了中国文化艺术"走出去"和世界各国文化艺术"走进来"。

2020年8月8日,"一带一路"文化传播与经济发展论坛在西安经开区举行,"一带一路国际合作交流中心"揭牌成立,促进陕西自贸试验区融入"一带一路",促进丝路沿线国家文化交流与产业融合,将陕西自贸试验区打造成为具有国际影响力的文化交流与合作平台。

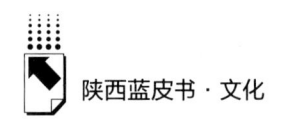

（四）陕西自贸试验区文化服务贸易创新发展面临的挑战

陕西自贸试验区目前在文化服务贸易方面数据存在缺失，因此用陕西省的整体情况来代表。陕西自贸试验区目前存在的问题表现为：一是缺乏具有国际竞争力和引领作用的文化企业领头羊；二是文化企业出口总额偏低；三是文化服务产品少，丰富的文化资源没有得到有效开发和利用，转化为现实的生产力；四是缺乏精通文化服务贸易的专业人才。

1. 缺乏文化龙头企业

在2019~2020年国家文化出口重点企业名录里，陕西省仅2家企业入围（见表4），分别为荣信教育文化产业发展股份有限公司和西安点告网络科技有限公司，位于陕西自贸试验区中心片区的高新区软件新城。

表4　2019~2020年全国31个省区市国家文化出口重点企业数

单位：家

地区	重点企业数	地区	重点企业数
广东	32	广西	2
江苏	32	山西	1
山东	7	江西	5
浙江	17	贵州	1
北京	40	天津	8
河南	3	内蒙古	0
湖北	4	安徽	17
河北	0	甘肃	1
福建	11	黑龙江	2
四川	14	新疆	1
湖南	14	吉林	2
重庆	3	海南	2
陕西	2	青海	1
上海	29	宁夏	0
辽宁	2	西藏	0
云南	9		

资料来源：商务部服贸司官网。

上文中介绍陕西省文化产业基础时，可以看出陕西省文化及相关产业法人单位数居全国中流水平，国家文化出口重点企业数却寥寥无几，其他地区如上海、天津、江西、安徽，虽在法人单位数量上少于陕西省，但是国家文化出口重点企业数居多。陕西省文化产业规模较大，出口重点企业数量偏少表明缺乏龙头企业，投入产出不均衡，应由高速增长向高质量增长转型，以"数"取胜不如以"质"取胜。

2. 文化服务出口量低

据商务部公布的数据，2018年，我国文化服务出口量区域差异明显，主要集中在东部地区，占比达94.6%；中西部地区出口虽增长速度快，但占比仅4.8%。文化服务出口量排名前5位依次为上海、北京、广东、江苏、浙江，合计占比达91.5%。陕西与东部发达地区相比相差甚远，文化企业出口量仅占1%。[①] 可以看出，文化服务出口量区域差异也呈现从东部沿海地区向中西部内陆地区逐渐降低的规律。

3. 文化服务贸易产品少

陕西西安文化资源丰富且源远流长，本应是文化服务贸易产品的"聚宝盆"，但是对于文化资源的挖掘、整合以及利用程度不高，丰富的文化资源并没有转化为现实的产业优势和竞争优势。2019年，只有电影《疯狂斗牛场》和《大漠驼铃》入选了国家文化出口重点项目，文化服务贸易项目没有很好地打入国际文化市场。

4. 缺乏精通文化服务贸易的专业人才

首先，文化服务贸易的产品和服务与知识产权密切相关。陕西自贸试验区在知识产权保护方面虽然意识很强，知识产权办公室也设有具备专利执法资格的专业执法人员，但是尚未开展实质性工作，并且处理文化服务贸易中的知识产权问题需要跨文化交流的高级专业人才。其次，陕西文化历史悠久、博大精深，文化产业也在迅速发展中，外语外贸人才在中外文化和贸易

---

① 田昭、王莎：《"一带一路"视角下陕西省文化服务贸易新增长点培育研究》，《中小企业管理与科技（中旬刊）》2020年第6期。

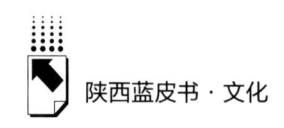

交流中发挥着桥梁和纽带作用。未来在深化与共建"一带一路"国家的文化服务贸易时，迫切需要大量既精通语言又具备服务贸易专业技能的人才。

三 陕西自贸试验区文化服务贸易创新发展的路径

2020年8月17日，商务部印发《全面深化服务贸易创新发展试点总体方案》，明确了全面深化试点地区将全面探索包括完善管理体制、扩大对外开放、提升便利水平、创新发展模式、健全促进体系、优化政策体系、完善监管模式、健全统计体系等在内的八项试点任务。陕西自贸试验区作为内陆改革开放的新高地、"一带一路"经济合作和人文交流的重要支点，应该响应党和中央的号召，推进西咸新区深化服务贸易创新发展试点工作，探索创新发展新路径，打造服务贸易制度创新高地。

（一）优化政策体系

政府部门的协调指导和政策支持是文化服务贸易创新的重要动力，深入探索适应文化服务贸易创新发展的政策体系，在自贸试验区试点地区进行先行先试，是文化服务贸易创新发展的路径之一。陕西自贸试验区有关政府部门要加强对试点工作的指导和支持，鼓励试点地区大胆探索、开拓创新，主动引领开放，创新政策手段。实施文化服务贸易领域的精准政策扶持措施，应该在产业政策、项目审批、外汇管理、财政资金扶助、投融资渠道拓宽以及税收优惠政策等方面对从事文化服务贸易出口的文化服务企业进行多维度的政策扶持，为陕西文化服务企业"走出去"创造良好的政策环境。

（二）全面扩大开放

扩大开放是陕西自贸试验区文化服务贸易创新的重要路径，扩大开放会推进中国文化产业改革和文化贸易的发展，激发其创新和升级。[1] 今后在面

---

[1] 迟福林：《加快推进文化产业开放进程》，《经济参考报》2019年11月26日。

对百年未有之大变局时,需要把握全球服务经济与服务贸易碰撞的新机遇,推动文化服务贸易创新,促进文化产业开放。第一,削弱文化产业市场的准入壁垒。对于文化产业的负面清单管理制度,要坚持极简和"非禁即入",明确开放底线,全面扩大开放文化产业。第二,优化营商环境。为文化产业营造公开、公平的营商环境,除了国有资本外,鼓励社会资本和外资公平进入文化产业,促进文化产业的资源要素市场化配置,拓展文化投资领域和空间。

(三)推动文化产业高质量发展

首先,推动文化产业高质量发展,要坚守文化科技融合发展之路。数字时代已经到来,无论是改造提升传统文化产业还是促进新业态新模式的加快成长,都要靠创新。只有将广泛应用的5G、大数据、人工智能等新技术和文化产业的传统业务进行结合,才能为文化产业的发展提供新的动力。因此,陕西自贸试验区要想使文化服务贸易成为"一带一路"上的新名片,必须通过新科技做强做优文化产业。文化产业与科技的融合发展,不仅可以推进文化产业的转型升级,而且可以拓宽文化产业的边界,释放新的文化消费潜能。[①]

其次,推动文化产业高质量发展,要强化对外交流与传播,文化产业的发展同样也要融入国内国际双循环相互促进的大环境中。文化产业的发展离不开与优秀国际文化的交流和碰撞,"一带一路"倡议为对外文化交流与合作提供了更加广阔的平台,陕西自贸试验区应该着重开拓国际市场,促进本地文化资源与国际接轨。

四 陕西自贸试验区文化服务贸易创新发展的对策建议

陕西自贸试验区在"一带一路"建设机遇下,应抓住全面深化文化服

---

① 南方日报评论员:《加快推动文化产业高质量发展》,《南方日报》2019年5月16日。

务贸易创新发展契机、把握新一轮服务贸易创新发展试点机遇，努力打造成为文化服务贸易创新发展新高地。在文化服务贸易方面要总结经验教训，正视问题，进一步加强学习、勇于创新，结合优秀文化资源发挥产业优势，利用政策优势做出文化精品。同时要加强高水平人才的培育和引进，依托前沿的技术助推文化服务贸易不断拓展。

（一）注重政策扶持和组织服务

1. 实施精准扶持政策

首先，陕西自贸试验区相关政府部门应该根据文化服务产业的发展规律在不同阶段和领域进行精准政策扶持，[①] 应该在产业政策、项目审批、外汇管理、财政资金扶助、投融资渠道拓宽以及税收优惠政策等方面对区内文化服务企业进行多维度的政策扶持，促进文化服务贸易的健康有序发展。[②] 其次，对于能够真正推动陕西文化走进共建"一带一路"国家的企业，特别是以传统文化资源服务产品为主以及具有较高文化服务产品创新性的企业在文化内容研发以及版权输出等相关领域要给予相应的特殊扶持，可以通过设立专项政府文化资助或以专项低息贷款的形式进行精准政策扶持，鼓励这类企业实现快速发展，进而推动具有自主文化资源特性的文化服务产品实现更好的"走出去"。

2. 健全组织服务体系

组织服务体系为产业园区内的文化企业成长和发展提供全方位的服务，能够帮助文化企业更好地实现价值。陕西自贸试验区应围绕文化企业的切实需求，积极搭建创新研发、知识产权、法律咨询、投融资等服务平台，为文化服务贸易出口提供高效、便捷的公共服务。同时陕西自贸试验区可以招引综合服务机构入驻园区，为文化企业提供政策咨询、技术支持、教育培训等服务。

---

① 冯毅、石瀚文：《我国文化服务贸易发展现状、问题与对策》，《国际贸易》2017年第6期。
② 林楠：《国家文创实验区交出5年发展"成绩单"》，《中国文化报》2020年9月25日。

（二）注重创新提高国际竞争力

1. 继承传统、推陈出新

对于文化创新，要秉持继承传统为根本、推陈出新为灵魂。重视本土传统文化，对传统文化资源进行深度挖掘，在传承的基础上进行创新，以前卫的时代内涵赋予传统文化新源泉，开发出有格调、有新意的文化精品。2020年9月11日，迪士尼公司出品的电影《花木兰》上映，花木兰的故事衍生于南北朝的叙事词《木兰辞》，传达了古代中国忠孝节义的思想文化。中国传统文化更应该"为我所用"，陕西自贸试验区应该鼓励文化企业将陕西知名历史文化故事进行挖掘传承，像大禹治水、赵氏孤儿、王杰仁义巷等，向共建"一带一路"国家讲述中国文化故事。

2. 坚守融合创新

首先，文化服务贸易需要紧跟时代潮流，朝着数字化、网络化、智能化的方向发展，加快文化与科技深度融合，从而培育出文化新业态。四川自贡科技公司将恐龙IP与3D打印、人工智能等新科技融合，生产出惟妙惟肖、可语音的仿真恐龙。[①] 陕西自贸试验区应该为区内科研单位和文化企业与共建"一带一路"国家进行合作提供平台，以技术合作创新带动文化创新。其次，文化产业应该与旅游、教育等产业进行融合，开发出文化新模式，培育新的消费需求。针对来陕西旅游的沿线国家游客，文化企业应该设计富有设计感、文化内涵的旅游纪念品，以文化沟通民心。

3. 善用国外文化资源

通过创新对他国文化资源进行改造，针对国外的消费需求，包装成具备陕西特色的文化产品，达到选择性吸收的引进再出口的效果，不仅可以促进文化服务产品推陈出新，更能拓宽国际市场。盲盒、手办文化源于国外，西安灌木文化传媒有限公司对盲盒进行改造，开发出具有陕西特色的"仕女

---

① 吴晓铃、杨国庆：《"盐龙灯食"向世界讲述中国故事》，《四川日报》2019年11月24日。

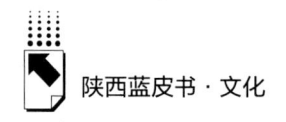

图"系列,这是创新的第一步,第二步则是应该打开共建"一带一路"国家市场,出口文化产品。

(三)促进文化产业规模化发展

1. 利用开发传统文化资源

陕西以"周秦汉唐"传统文化而闻名,文化积淀深厚,这些丰富的文化资源为文化产品和服务的开发利用以及文化产业的发展提供了坚实的基础。应利用现代科技并考虑国际市场需求,加大传统文化资源发掘力度,并将其广泛应用于手工艺、书籍、影视、绘画等文化产业中。围绕陕西历史故事、文学典籍、文物遗迹等文化资源,开发出人们喜爱的艺术产品,并将其推向全世界。

2. 培育具有竞争优势的龙头企业

骨干企业既能引领产业发展方向,又能增强产业集聚效应。首先,陕西自贸试验区一方面应积极推动文化产业兼并重组,切实对规模小、竞争力弱、效益低的中小型文化企业进行重组,竭力打造一批实力雄厚、国际知名、竞争力强的大型文化企业集团;另一方面应该简化文化产业并购审核程序,提高企业并购效率。[1] 通过兼并重组,使文化资源和要素向优势企业适度集中,提高文化资源的配置效率。

3. 加强文化产业布局的统筹规划

陕西自贸试验区应注重文化产业发展的聚集效应和资源整合效能,通过建立文化服务产业示范园区等形式在文化服务产业发展较好的地区形成产业聚集带。[2] 以这种标杆效应带动文化服务产业的整体性发展,规范文化产业示范园区的申报、命名和监督管理。[3] 同时也要注重通过产业的聚集来吸纳

---

[1] 刘克春:《中国文化服务贸易问题与协同创新对策——基于"一带一路"的视角》,《国际贸易》2017年第8期。
[2] 谢雷鸣:《文化产业园区展区:依托服贸会平台促交流》,《中国贸易报》2020年9月10日。
[3] 卢洋、吴晓华:《江苏海安文化产业发展迸发蓬勃生机》,《国际商报》2020年5月26日。

各种文化服务产业所需要的资源，进而通过资源整合来更好地服务于文化服务产业的发展，应该重点支持园区内有关文化创意、文化科技融合、文化特色产品生产、文化业态模式创新等企业。

（四）加强国际交流与合作

1. 推动"一带一路"沿线服务贸易便利化

推动"一带一路"沿线文化服务贸易的关键在于推进与沿线国家和地区的服务贸易便利化。然而，当前我国与沿线国家间的服务贸易便利化合作还处于起步阶段，存在贸易壁垒、交通不畅、通关效率不高等问题，受到多方因素的影响。对此，我国应把握机遇，加强总体规划、通关合作、重点领域及沿线重点区域对接的建设，这样才能扩大优势互补、互惠互利的经贸格局。①

2. 积极推广文化产品和服务

陕西自贸试验区应支持区内文化企业参加大型的国际文化交流活动，借助博览会、电影节、动漫节、影视节等各种展会宣传企业文化和本地文化。此外，陕西自贸试验区更应该积极地申请承办大型文化交流展示活动，例如丝绸之路国际电影节，促进丝路沿线各国与陕西的文化交流与合作，弘扬陕西文化。陕西自贸试验区可以通过"国风秦韵"陕西文化海外行等形式多样的文化营销活动，加大陕西文化在共建"一带一路"国家市场的推广普及力度，为陕西优秀文化产品和服务出口营造良好市场氛围。还可以与时俱进地利用新媒体社交软件进行推广，让世界了解陕西文化产品和服务，推动陕西特色文化"走出去"，提高陕西在国际上的文化影响力，构建陕西"新形象"。②

3. 疫情背景下推进国内国际双循环

研究新冠肺炎疫情带来的挑战和机遇，在开拓国际市场过程中注意争取

---

① 王铁山、贾莹、徐玲：《我国推动"丝绸之路经济带"贸易便利化的对策》，《经济纵横》2015年第8期。
② 曾世湘、职茵、张静：《让中国文化走向世界》，《西安日报》2020年10月15日。

政府指导、政策支持，强化服务保障，做好政治、环境、管理和反倾销等风险的防控，对市场做好详细全面的专门研究和充分准备，采取本土化策略，充分尊重当地法律、文化和风俗，承担更多社会责任，积极融入当地社会，积极开拓服务贸易市场，推进形成国内国际双循环新格局。①

（五）加大人才培育与引进力度

首先，在陕西自贸试验区政府部门引导下，建立科研院所、高校、企业联合培养人才的机制。园区内应该引进服务贸易专业人才中介机构，加快引进高水平专业人才。西安高等院校应该培养服务于服务经济和文化服务贸易的人才，增设文化服务贸易相关课程，并将小语种人才和服务贸易人才交叉培养，这样才能更好地适应高端人才需求。文化企业应该对员工进行文化服务贸易管理和营销方面的培训，降低人才引进成本。科研院所应该积极地向文化企业输送技术人才，促进前沿科学技术和现实文化产业的结合。其次，制定共建"一带一路"国家文化服务贸易人才引进优惠政策，不仅在户籍、住房、伴侣工作、子女就学等方面对海外人才进行扶持，而且对聘用海内外高端人才的文化企业，予以相关奖励。最后，陕西自贸试验区应该积极地与共建"一带一路"国家进行人才互培，只有充分了解海外的文化需求与文化消费市场情况，才能更好地服务于文化服务贸易。②

---

① 王铁山、张青：《新冠肺炎疫情对我国外贸企业的影响及应对措施》，《经济纵横》2020年第3期。
② 穆畅、于善波：《"一带一路"背景下中俄文化贸易发展对策研究》，《现代商业》2018年第14期。

行业报告篇
Industry Reports

B.7 陕西传统音乐文化资源传承与保护研究报告

樊为之*

摘　要： 陕西拥有丰富的传统音乐文化资源。传统音乐历史悠久，生命力顽强。关中、陕南、陕北传统音乐特点鲜明，关中传统音乐中器乐占比大，西安鼓乐等影响力强，陕南、陕北民歌是其传统音乐重要组成部分。陕西重视传统音乐保护、传承、利用和发展工作，重视传承人在保护传统音乐中的重要作用。陕西采取各种有效措施保护、传承和传播传统音乐。

关键词： 陕西　传统音乐　保护　传承

---

* 樊为之，陕西省社会科学院文化与历史研究所副研究员、副所长，研究方向为历史文化。

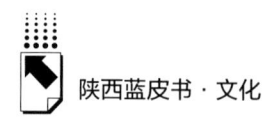

我国传统音乐历经了悠久的发展过程，是中华音乐宝库中的瑰宝。作为非物质文化遗产重要组成部分的传统音乐，是中华文化的重要载体之一，蕴含着中华民族特有的精神价值和文化意识，是民族生命力和创造力的体现。保护和利用好传统音乐文化遗产，是继承和发扬民族优秀文化传统的要求，有助于增强民族自信心和凝聚力，在促进社会主义精神文明建设方面同样能够发挥重要作用。陕西拥有丰富的传统音乐文化资源，它是陕西文化的重要组成部分。保护好利用好陕西传统音乐文化资源，做好传统音乐的创造性转化创新性发展工作，对于将陕西建设成文化强省能够产生有力的助推作用。

一 陕西传统音乐特色

陕西传统音乐形式多样，涵盖了民歌、器乐、宗教音乐、舞蹈乐曲等多种形式，是历史上不同传统音乐形式的总和。陕西传统音乐分布地域广泛，陕北、关中、陕南均分布着数量不菲的传统音乐。陕西传统音乐地域特色鲜明，不仅体现在整体上具有陕西风格，陕北、关中、陕南，甚至各个地市的传统音乐也有其自身地域特色和风格。

（一）陕西传统音乐数量大

各级非物质文化遗产名录中的陕西传统音乐数量众多，是全省传统音乐（民间音乐）主要组成部分。2019年11月调整后的国家级非遗代表性项目保护单位名单中的陕西传统音乐共有11项。2007年5月公布的陕西省第一批非物质文化遗产代表性项目名录（简称"非遗名录"或"非遗代表性项目名录"）中的民间音乐（传统音乐，当时称民间音乐）共有12项。2009年公布的陕西省第二批非遗名录中共有民间音乐（传统音乐）7项。2011年公布的陕西省第三批非遗名录中共有传统音乐9项。2013年公布的陕西省第四批非遗名录中共有传统音乐6项。2015年和2018年公布的陕西省第五批、第六批非遗名录中各有传统音乐2项。陕西前六批省级非遗名录中共有传统音乐38项。

陕西各个市级非遗名录中有大量传统音乐项目，如西安市第一至第五批非遗名录中共有民间音乐（传统音乐）11项；榆林市第一至第四批非遗名录中共有传统音乐16项；延安市第一至第四批非遗名录中共有传统音乐15项；铜川市第一至第三批非遗名录中共有民间音乐（传统音乐）4项；咸阳市第一至第六批非遗名录中共有传统音乐14项；宝鸡市第一至第六批非遗名录中共有传统音乐7项；渭南市第一至第五批非遗名录中共有传统音乐9项；除入选国家级和省级非遗名录外，安康市第一至第五批非遗名录中共有传统音乐11项；汉中市第一至第五批非遗名录中共有民间音乐（传统音乐）4项；商洛市非遗名录中共有传统音乐10项。此外，陕西县级非遗代表性项目名录中还有大批的传统音乐项目，如渭南市蒲城县非遗名录中共有传统音乐10项。

传统音乐项目下往往包括相当数量的曲目。陕北民歌等部分陕西传统音乐项目本身就是当地同类音乐的总称，涵盖了大量自成体裁又各具特点的地方音乐曲目。仅2006年陕西人民出版社出版的《陕北民歌大全》一书就收录有号子、山歌、小调、儿歌四类民歌1427首。

（二）陕西传统音乐形式多样

陕西传统音乐内容丰富，民歌、器乐、舞蹈乐曲、宗教音乐等形式精彩纷呈。民歌是传统音乐的主要组成部分之一，民歌的形成、传播与影响力具有鲜明的空间性和时间性特点，受到所形成与传承地区音乐传统、文化历史、地理环境、生活方式、劳作习惯、民风民俗、价值取向、方言或者民族语言等多重因素影响，既是当地文化组成部分，又能够折射出其他文化因素的特质。民歌传承过程与其发展过程相伴随，一定程度上能够反映历史演进过程，如陕北民歌中《走西口》《赶牲灵》等反映自清朝中期后开始形成的"走西口"运动历史。中共中央在延安时期，陕北民歌迎来了发展高潮时期，一方面当时的音乐工作者系统、全面、大量地搜集、整理、保存了上千首陕北民歌，另一方面借鉴民歌音乐元素创作了一批革命歌曲，让民歌反映了革命时代的历史风采。

陕西民歌中又分劳动号子（简称号子）、信天游、小调、山歌（山曲）、酒歌（酒曲）、长歌、孝歌、歌谣等种类。从不同的劳动形式分，劳动号子又能够分为打夯歌、打硪歌、采石歌、船夫号子、吆牛歌、打场歌等。从河流流域、地域特色分，陕西的劳动号子中包括泾河号子、汉江号子、渭河号子、关中夯歌、潼关黄河船工号子等。以地域名称与特点分，非遗名录中的陕西民歌分为陕北民歌、紫阳民歌、镇巴民歌、旬阳民歌、商南民歌等。陕北民歌是陕西传统音乐民歌类中最著名的项目之一，陕北地区榆林市非遗名录中的民歌类则又依地域名称与演唱特点细分为定边民歌、清涧民歌、绥德民歌、府谷山曲等；延安市非遗名录中民歌则包括安塞民歌、甘泉民歌、志丹民歌、富县民歌、洛川民歌等。民歌中的酒曲结合地域特点，又能分作陕北酒曲、陕北神木酒曲、子长酒曲、志丹酒曲、西山酒歌等。民歌中的歌谣结合地域特点，又分作宜君民间歌谣、耀州民间歌谣、丹凤民间歌谣等。民歌中的信天游则包括了靖边信天游。陕西民歌中小调包括了陇州小调等。孝歌属于长篇叙事性民歌，陕西孝歌根据不同地域特色分作商洛孝歌、汉中孝歌、汉滨孝歌等。陕西民歌还包括反映农业生活的关中农耕歌等，反映男女情感的关中情歌、山阳情歌等。

陕西传统音乐民歌中的花鼓子（流传于安康、商洛一带的双人歌舞戏表演形式，表演时多唱花鼓调）、二人台等当属于舞蹈音乐。典型的如安康花鼓子、神木二人台等。而石泉花鼓坐唱主要以唱为主，其表演形式类似于民歌。

陕西传统音乐中包括了一定数量的宗教音乐，主要涉及陕西地区的佛教、道教等，包括白云山道教音乐、三丰派道教音乐（宝鸡）、定边民间道教音乐、洋县佛教音乐、长安佛乐等，这类音乐一定程度上吸取了民间音乐和古代宫廷音乐成分，并形成自身独特的艺术风格，属于包括音乐文化在内的地方文化组成部分。另外，民间音乐中还流行一种用于佛事、善事、祭祀而演奏的吹打音乐，如蓝田普化水会音乐，在陕西传统音乐中具有特殊地位。

器乐在陕西传统音乐中占有重要地位，丰富多彩的器乐让陕西传统音乐充满魅力。陕西传统音乐中的器乐主要包括鼓乐、民间鼓吹乐、锣鼓艺术、唢呐艺术、洞箫音乐、板胡艺术、埙乐艺术、秦筝、秦派古琴艺术、二弦演奏技艺、弹口弦、曲颈琵琶等。陕西拥有丰富的鼓乐、民间鼓吹乐、锣鼓艺术等，其中包括享誉世界的西安鼓乐。鼓乐泛指我国民族音乐，亦指敲鼓声和奏乐声，如西安鼓乐、姜马察回音乐等。陕西鼓曲、鼓歌、鼓舞、鼓戏等与鼓结合的各类文艺形式种类多，如韩城行鼓、韩城围鼓、秦汉战鼓、五圆鼓、韩城"谏公"鼓吹乐、周至镇殿八卦锣鼓、寿圣寺大佛锣鼓、八仙鼓、蛟龙转鼓、咸阳牛拉鼓、陈仓有礼锣鼓、镇平薅草锣鼓、旬阳牌鼓、蒲城五子梅花鼓、蒲城双酒礜鼓等。陕西相当一部分传统音乐和传统舞蹈与鼓相结合，划分时根据标准而定，如著名的安塞腰鼓、洛川蹩鼓等被确定为传统舞蹈项目。与大型鼓结合的器乐重点分布在关中地区，是这里传统音乐的一个重要特点。

与鼓有关的器乐和吹奏唢呐的器乐是陕西传统音乐器乐的重要部分，此外埙、洞箫、琵琶、秦筝、秦派古琴、板胡等在陕西传统器乐中也占有一席之地。洞箫（简称箫）是一种非常古老的汉民族吹管气鸣乐器。陕西传统音乐中的洞箫音乐主要有入选国家级非遗名录的高陵洞箫艺术。琵琶器乐在陕西传统器乐中占有一定地位，这方面的器乐项目有延长曲颈琵琶、平湖派琵琶演奏艺术（咸阳）等。陕西传统音乐中的部分器乐特色鲜明，如秦筝是陕西地区特有的一种弦乐器，历史悠久，唐代诗人岑参所写的诗歌《秦筝歌，送外甥萧正归京》中就对秦筝有具体描写："汝不闻秦筝声最苦，五色缠弦十三柱。"三国时期，曹丕在其《善哉行》中也提到了秦筝，称"齐倡发东舞，秦筝奏西音"，体现了秦筝的古老。陕西器乐中埙乐的历史更为久远，埙是中国最古老的吹奏乐器之一。发展到春秋时期，埙已能够演奏七声音阶，秦汉后用于宫廷音乐。陕西非遗名录传统音乐项目中有埙乐艺术。非遗项目秦派古琴艺术的传承与保护是对陕西特色器乐艺术的肯定与支持。陕西其他方面的器乐类传统音乐还包括吴起弹口弦、汉阴短管、子长三柴板等，它们都是陕西传统音乐中的宝贵财富。

（三）陕西传统音乐分布广泛，各具特色

传统音乐在陕西各地广泛分布，国家非遗代表性项目保护单位中传统音

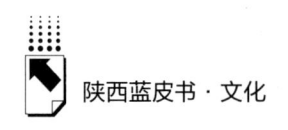

乐部分收录的项目分布在关中、陕北和陕南地区，分布区域涉及了陕西的西安市、渭南市、延安市、榆林市、安康市、汉中市等地。陕西省级非遗名录中的传统音乐项目分布在全省大部分地区。

传统音乐在陕西全省各地均有分布，但数量多少不一，侧重点各有不同。有的音乐，如器乐中的唢呐分布于各地，有些音乐主要分布于个别地区，如洞箫音乐主要分布在高陵。唢呐演奏艺术虽然分布广泛，但各地唢呐演奏又有自身特点，形成了不同的唢呐艺术风格，如陕北延安地区的甘泉唢呐、子长唢呐，榆林北部地区的靖边唢呐、神木唢呐，榆林南部地区的绥米唢呐、子洲唢呐、佳县唢呐、吴堡唢呐；关中西安地区的阎良特级唢呐、周至唢呐，宝鸡地区的岐山民间唢呐，咸阳地区的来家唢呐（永寿），渭南地区的大荔唢呐套曲、合阳民间唢呐；陕南安康地区的紫阳唢呐曲牌、平利女娲山唢呐曲牌，商洛地区的镇安唢呐、洛南唢呐；汉中地区的镇巴唢呐，唢呐艺术几乎遍及全省所有地市，在其传承过程中增加了不少地方特色，形成风格各异的唢呐艺术。

全省各地市传统音乐分布上，陕北、陕南等地呈现民歌占比较大、民歌和器乐类传统音乐均很丰富的态势，而西安、渭南等地则器乐类传统音乐占比较大。榆林市级非遗名录中的传统音乐，民歌共有8项，器乐有6项，宗教类音乐有2项。延安市级非遗名录中的传统音乐，民歌共有11项，器乐有4项。安康市级非遗名录中的传统音乐，民歌共有5项，器乐有6项。西安市级非遗名录中的传统音乐，民歌共有1项，器乐有10项。体现了陕北、陕南民众善于运用民歌抒发思想感情的传统和习俗。

二 联合国教科文组织和国家非遗名录中的陕西传统音乐

2009年9月，陕西传统音乐中的西安鼓乐被列入联合国教科文组织人类非物质文化遗产代表作名录。陕西有11项入选国家级非遗代表性项目名录的传统音乐，主要包括入选第一批国家非遗名录的紫阳民歌、西安鼓乐、蓝田普化水会音乐；入选第二批国家非遗名录的陕北民歌、镇巴民歌、韩城行鼓（锣鼓艺术）、白云山道教音乐（道教音乐）；入选第一批国家非遗扩展项目名录的绥米唢呐（唢呐艺术）；入选第二批国家非遗扩展项目名录的高陵洞箫（洞箫音乐）、洋县佛教音乐（佛教音乐）；入选第四批国家非遗名录的旬阳民歌。这11项传统音乐中，属于器乐的有5项，分别是西安鼓乐、蓝田普化水会音乐、韩城行鼓、绥米唢呐、高陵洞箫；属于民歌的有4项，分别是紫阳民歌、陕北民歌、镇巴民歌和旬阳民歌；而白云山道教音乐和洋县佛教音乐则分别属于道教、佛教音乐。

（一）陕西传统音乐中的器乐

入选联合国教科文组织人类非遗代表作名录的西安鼓乐堪称陕西传统音乐代表。起源于隋唐时期的西安鼓乐，系千年来流行于西安地区，在我国境内保存最为完整的，以打击乐和吹奏乐混合演奏的一种大型民间鼓乐，被国际音乐界与史学界誉为"中国古代音乐活化石"。西安鼓乐曲目、谱式、结构、乐器、演奏形式保持完整，吹奏乐器有笛、笙、管，竹笛等。它的击奏乐器主要包括"坐鼓、战鼓、乐鼓、独鼓及大铙、小铙、大钹、小钹、大锣、马锣、引锣、铰子、大梆子、手梆子等……有时还加上云锣"。[①] 其乐器配置具有鲜明的传统特征，少有明清以降新出现的乐器。曲目方面，西安鼓乐现存曲目达到1100多首，其中不乏与唐宋音乐如唐代大曲、唐宋燕乐曲、教坊大曲等中的同名者。谱式方面，西安鼓乐所藏清乾隆二十八年手抄谱珍藏本与宋代曲所用谱字基本相同，属于已经失传的俗字乐谱。这些都显示了西安鼓乐的悠久历史和对传统音乐传承的重大价值。西安鼓乐现流传使用的曲目有《鼓段子》《打扎子》《引令》《套词》《南词》《曲破》《杂曲》等。[②] 历史上，西安鼓乐的传承演变与庙会、祈雨、春节社火活动等民俗活动紧密联系，传承鼓乐的乐社乐人通过在这类民间重要活动中演出求得认同

[①] 《西安鼓乐》，《文史月刊》2012年第2期。
[②] 《西安鼓乐》，http://www.ihchina.cn/project_details/12586/，最后访问日期：2020年11月6日。

与生存。而演出比赛的"斗乐"则成为乐社间切磋技艺、提高演出水平、促进鼓乐代代相传的重要形式。古代社会寺庙对乐社的形成与生存发展产生过重要影响，鼓乐活动由乐社所在地寺庙掌管，城隍庙乐社、太阳庙乐社等部分乐社以寺、庙名为乐社名，乐社的活动经费由庙产支付。[①] 从乐社演奏的音乐风格看，逐渐发展成僧、道和俗三个流派。近代以后，民间乐社是传承西安鼓乐的中坚力量。成为非遗保护项目后，西安鼓乐的传承发展进入了新时期。

蓝田普化水会音乐发端于隋唐，现主要分布在西安蓝田县普化镇附近，系唐代宫廷音乐与民间音乐融合后形成的颇具地方特色的民间乐种，具有唐代音乐风格和浓郁的佛教文化色彩。笛、笙、箫等吹奏乐器和高把鼓、梆子、大铙、闹锣、木鱼等打击乐器是普化水会音乐演奏乐器，乐器组合中笛、鼓是核心。唐代燕乐半字记谱法是其所传承的80多种曲牌手抄传谱记录方式。行进过程中演奏的行乐和室内诵经演奏的坐乐是普化水会音乐两大演奏形式。"水会"也称为"取水""祈雨"，是民间祈求雨水的祭祀活动。历史上普化水会音乐主要用于民间庙会、水陆道场、取水伐马角等活动，后来也于春节时期在村中神庙前演奏。这种音乐的常用曲目主要有《清江颂》《三联子》《八板》《宫调》《小曲子》《老钉缸》等，[②] 另外的传世曲牌还有《粉红莲》《鬼谷原》《太平乐》《敢中砂》《两头慢》《拜罗汉》《银扭丝》等。[③] 参与演奏人数由几人至百余人不等。

作为一种民间清锣鼓乐艺术，韩城行鼓主要流行于陕西省韩城市，曾在当地著名的法王庙会等活动中扮演重要角色。鼓、锣、铙、钹等是韩城行鼓的主要乐器。以鼓为主，鼓的形式多样，包括挎鼓、抬鼓、车鼓。现存鼓谱主要有《老虎磨牙》《上坡》《摘豆角》《走锣鼓》《肚里痛》等10多种。[④]

---

① 李石根：《西安鼓乐的民俗性与宗教因素》，《交响·西安音乐学院学报》1993年第1期。
② 《蓝田普化水会音乐》，《音乐天地》2013年第8期。
③ 程长宁、贺林林：《蓝田普化水会音乐考察研究》，《西安文理学院学报》（社会科学版）2015年第3期。
④ 倪璐：《韩城行鼓的历史源流及其社会特征探析》，《河南教育学院学报》（哲学社会科学版）2012年第3期。

它在表演过程中百鼓齐鸣、鼓声如雷，表现出强烈的粗犷豪放风格。

流行于榆林市绥德县、米脂县一带的绥米唢呐是陕西唢呐器乐优秀代表。绥米唢呐乐班由两位唢呐演奏者和鼓手、镲手、锣手组成，一唢呐手和鼓手还需要吹奏两把长号，演奏团队共由五件乐器和五个人组成。绥米唢呐演奏的经典曲牌包括《水龙吟》《柳青娘》《绣金匾》等，新中国成立后创作了《沸腾的黄土地》《闹元宵》等曲牌。① 唢呐演奏艺术对丰富当地民众文娱生活产生了重要作用。

高陵洞箫艺术是在传统民间管乐器演奏基础上，吸纳秦腔、曲子、关中道情等陕西本地艺术演奏技巧发展而来的洞箫演奏技法，以"双音代唱、喉音、上腭音、颤音、滑音、打音"为主要演奏技巧。② 它发祥于高陵耿镇村，形成于清代同治年间。对丰富陕西器乐有重要意义。

（二）陕西传统音乐中的民歌

陕西民歌资源丰富。入选国家非遗名录的紫阳民歌、陕北民歌、镇巴民歌和旬阳民歌是陕西民歌中的佼佼者。这四种民歌中除陕北民歌流行于陕西省榆林市和延安市外，其余三种主要流行于陕南地区的安康市和汉中市。

紫阳民歌是安康市紫阳县民间歌曲总称，由号子、山歌、花鼓八岔、孝歌、小调以及风俗歌曲和新民歌等形式构成。紫阳民歌数量丰富，已搜集到的各类紫阳民歌有3000多首，音乐采用了"宫""商""羽""徵"四种调式，演唱上真、假嗓相结合。③ 其"高腔唱法中游移于调式音级间的色彩性颤音唱法具有独特的价值"。④ 另外，方言对紫阳民歌的形成有鲜明作用。

陕北民歌是流行于陕北和其周边地区的地域性民歌，其形式包括信天游、小调、秧歌、酒曲、劳动歌曲、宗教歌曲等。陕北民歌数量大，共有

---

① 《绥米唢呐》，《音乐天地》2018年第8期。
② 《国家级非物质文化遗产"高陵洞箫"传承人胡永汉与高陵洞箫的传承》，https：//www.sohu.com/a/340651856_654430，最后访问日期：2020年11月6日。
③ 李磊、鲍丽：《浅谈紫阳民歌之特色》，《音乐大观》2013年第10期。
④ 杨海军：《紫阳民歌的基本特征及保护与传承》，《交响·西安音乐学院学报》2010年第2期。

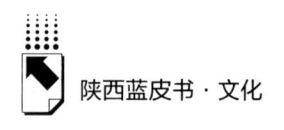

27000多首,其中革命历史民歌有1400余首。① 信天游是陕北民歌主要形式之一,歌词是以七字格(一句七个字)二二三式(节奏两个+两个+三个音节)为基本句格式的上下句变文体,代表作有《兰花花》《赶牲灵》《五哥放羊》《山丹丹开花红艳艳》等。生活在这片土地上的人们通过口头创作的歌唱形式,以陕北人民语言腔调,用陕北民歌直抒胸臆,表达情感。延安时期,陕北民间歌手自行编创、作曲家根据陕北民歌曲调改编成了一批革命历史民歌,著名的有《东方红》《咱们的领袖毛泽东》《三十里铺》《十绣金匾》《农家十二月》《延水谣》《拥军花鼓》《栽树》等。

镇巴民歌流行于汉中市镇巴县各个乡镇,包括劳动号子、山歌、小调、茅山歌、祭祀歌曲和民俗歌曲等。流传下来的民歌有《拉坡号子》《打仙桃》《一根竹儿青悠悠》《小小脚儿红绣鞋》《进门调》等,其音乐多系单音段结构,调式结构依次为徵、羽、商、宫调式,四声或五声徵调式居多。已经搜集到的镇巴民歌达到4000余首。② 其传统演唱技巧包括"小颤音""上扬、下滑音""互联互动""相互穿插"等。③

旬阳民歌是流行于安康市旬阳县的民歌,主要为号子、小调、山歌和风俗歌。已经整理的传统和新编旬阳民歌达到1200余首。④ 旬阳民歌题材广泛,有歌唱爱情的作品如《望郎》《隔河望姐姐穿绿》等,有关劳动题材的作品有《船工号子》《扫稻场》等。

(三)陕西传统音乐中的佛道教音乐

陕西佛道教音乐历史悠久,它们既是佛道教文化的组成部分,也是传统音乐的一分子。白云山道教音乐和洋县佛教音乐均拥有长期的传承历史、丰富的内容和特色鲜明的地域风格,分别是陕西道教音乐和佛教音乐的代表。

道教音乐源远流长,北魏年间寇谦之创建北天师道时,就在科仪中用了

---

① 《陕北民歌》,《音乐天地》2018年第5期。
② 《镇巴民歌》,《音乐天地》2018年第7期。
③ 刘晓芬:《陕南镇巴民歌的传统演唱特征》,《北方音乐》2019年第16期。
④ 《旬阳民歌》,《音乐天地》2018年第6期。

"云中音诵"。隋唐以后，由于受到朝廷青睐，道教音乐成为国家祭祀大典中的一部分，与此同时，道教音乐借鉴了宫廷音乐，唐代道教音乐中出现的《霓裳羽衣曲》《紫清上圣道曲》等是当时最高水平的音乐作品。[①] 宋元明清时期，道教音乐一直在发展过程中。道教音乐注重吸收民间音乐、宫廷音乐等方面的元素，明成祖时期汇编的道教音乐曲谱《大明御制玄教乐章》，不仅有宫廷雅乐特点，而且吸收了《采茶歌》等民间小令（散曲的一种）。

白云山道教音乐系明万历三十六年（公元1608年）传自北京白云观的道教音乐，兼有古典音乐与宫廷音乐特征——典雅、大气、隆重、庄严。后白云山道人在云游江南过程中广泛吸纳名山道乐，使白云山道教音乐具有了江南音乐韵味——委婉、俊美、清澈、秀丽。此外，白云山道教音乐还从陕北民歌等地方艺术和晋剧中吸收音乐，丰富了道教音乐，增强了地域特色。经韵曲调、笙管音乐、打击乐构成了白云山道教音乐。其乐器主要是吹奏和打击乐器。

佛教音乐传入中国的历史久远，魏晋南北朝时期随着汉传佛教的发展，汉传佛教音乐得以传播。隋唐时代，汉传佛教音乐进入了发展的顶峰时期，佛教音乐也进入了民间。佛教自北魏时期传入陕西汉中洋县，唐代洋县佛教更加兴盛并成为陕南佛教文化中心，当时其境内就建有智果寺、开明寺等寺庙，同时佛教音乐在洋县逐渐流行，发展成为当地的独特艺术。佛教音乐在洋县传承了1400多年，形成了自身的特点。洋县佛教音乐数量众多，仅智果寺明代善本经书所载佛教歌曲就多达1000余首，仍在演奏、演唱的有200多首。[②] 洋县佛教音乐由经韵（经歌）、鼓吹乐曲和锣鼓乐曲构成。从来源上看，洋县佛教音乐来源于本身相传的乐曲、明清南北各地曲牌乐曲、民间器乐和戏曲曲牌乐曲。演出方式上，它分为"坐乐"和"行乐"。洋县佛教音乐对于认识汉传佛教文化和陕西传统音乐都有重要的意义。

---

① 仲凯：《道教音乐的文化融汇性》，《中国宗教》2019年第3期。
② 吴册：《浅谈洋县佛教音乐》，《音乐大观》2012年第4期。

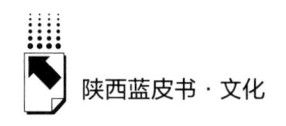

三 陕西各地省级非遗代表性
名录中的传统音乐项目

（一）关中地区传统音乐项目及其传承发展

除国家级非遗名录中的传统音乐外，关中地区列入陕西非遗代表性项目名录的传统音乐包括姜马察回音乐（宝鸡市陈仓区，一批）、西山酒歌（宝鸡市陈仓区，一批）、泾河号子（泾阳县，二批）、澄城鼓吹乐艺术（澄城县，二批）、秦汉战鼓（咸阳市，二批）、监军战鼓（永寿县，二批）、威风战鼓（眉县，二批）、五圆鼓（合阳县，二批）、韩城"谏公"鼓吹乐（韩城市，二批）、旬邑唢呐（旬邑县，二批）、埙乐艺术（陕西省艺术研究所，三批）、户县北乡锣鼓（户县，三批）、周至镇殿八卦锣鼓（周至，三批）、陇州小调（陇县，三批）、韩城围鼓（韩城市，三批）、合阳民间唢呐（合阳县，三批）、板胡艺术（陕西板胡学会，四批）、长安佛乐（陕西省艺术馆，四批）、寿圣寺大佛锣鼓（澄城县，四批）、秦筝（陕西省艺术研究所、五批）、周至唢呐（周至县，五批）、二弦演奏技艺（礼泉县、六批）。

关中地区省级非遗名录中的传统音乐多为器乐，其中第二批的各种鼓吹乐、战鼓、圆鼓项目统一被列入民间鼓吹乐项名下。民歌、唢呐分别被列入民歌、唢呐艺术项名下。关中传统音乐中器乐种类丰富，形式多样，囊括了鼓、锣、唢呐、秦筝、板胡、埙、二弦等多种吹奏和击打乐器。

鼓吹乐乐器种类多，如澄城鼓吹乐艺术大型演奏时所配置乐器包括唢呐、笛、海笛、管、笙、鼓、鼓板、喇叭、锣、马锣、小锣、勾锣、梆子、铙钹等；而韩城"谏公"鼓吹乐除乐器多样外，对所使用乐器规格有明确规定，如鼓直径1.5市尺、小鼓6市寸、小镲约4市寸、铙每副重5市斤、钹5.5市斤、铜钟直径约1尺等。战鼓、圆鼓类器乐的主要乐器鼓尺寸较大，特点明显，监军战鼓领鼓（指挥鼓）直径为167厘米，高110厘米，鼓槌头圆周长14厘米。吹鼓乐演奏乐曲数量大、来源广，澄城鼓吹乐艺术曲目主要来自传统曲目（如《上上宫》《青天宫》《背宫》等）、地方戏曲曲牌（如《小开门》《大开门》《水龙吟》等）和改编自民歌的曲目（如《变花》《小放牛》《纺线曲》等）。

鼓吹乐传承久远，特点鲜明，韩城"谏公"鼓吹乐曲谱从清代康熙年间传承下来，传承时间超过 300 年。且其传承地域特殊，韩城境内仅有杨村人会演奏"谏公"曲谱这一古曲。战鼓、圆鼓类器乐传承历史更长，秦汉战鼓相传起源于秦汉时期；监军战鼓起源于隋唐，盛行于金元时期；五圆鼓产生于战国时期并延续至今；周至镇殿社火会在唐代已经形成，而社火会下则设有八卦锣鼓队；韩城围鼓相传产生于北宋时期；户县北乡锣鼓发端于唐代宫廷音乐，明代以来用于迎祭城隍活动。战鼓、圆鼓类器乐一般演奏人员较多，周至镇殿八卦锣鼓表演人员多在 160 人左右；秦汉战鼓演出阵容少则三五十人，多则数百人；监军战鼓演出人员多则百余人，少则三四十人。战鼓演出旨趣深邃，威风战鼓表演由九个环节构成，包括"祭旗出征""白起摆阵""韩信点兵""龙飞凤舞""厮杀格斗""胜利凯旋"等。韩城围鼓体现了强烈的民间风格，这点从其曲谱名称"扑鸽暖窝""肚子痛""老牛上坡"等就能够体现出来。

唢呐本是一种西域乐器，金元时期传入陕西，旬邑唢呐艺术传承时间超过 500 年，原有曲目、曲牌 100 多首。同样有着较长传承时间的合阳民间唢呐曲目丰富，已经整理出的传统曲目多达 120 多首。周至唢呐保存曲目更多，有 200 多首，经常演出的有六七十首，其大型曲目包括《雁落沙滩》《赏宫花》等。[1]

姜马察回音乐（西府曲子）是笛子吹奏和鼓乐相结合的合奏音乐，历史可上溯自汉唐时期，现保存最早的手抄本系清光绪年间版本，长期在陈仓姜马村传承，现存曲目有《刮地风》《路曲子》等 17 首。省级非遗名录中其他器乐类传统音乐普遍传承时间长，地域色彩浓郁。埙在陕西出现较早，

---

[1] 《周至唢呐》，http://xadfz.xa.gov.cn/bdgk/show-227667.html，最后访问日期：2020 年 11 月 6 日。

半坡遗址有埙出土。当代陕西埙乐艺术主要分布在西安、咸阳、宝鸡等市。秦筝更是古秦地的一种弦乐器，现存主要曲目有《渔舟唱晚》《寒鸦戏水》等。

关中地区省级非遗传统音乐中的民歌有一定影响力，流行于宝鸡陈仓西部山区的西山酒歌，流行于泾阳、高陵一带的泾河号子就是它们中的代表。西山酒歌吸收了关中社火小曲调、眉户调、陕北民歌调、四川号子、青海花儿等音乐元素，属于极具地域特色的酒令歌。泾河号子是泾河上船工的劳动歌曲，曲目主要有泾河"船工号子""上下车号子""调船号子""行船号子"等，唱腔铿锵有力，穿透力强。

（二）陕北传统音乐项目及其传承发展

除国家级非遗名录中的传统音乐外，陕北地区列入陕西非遗代表性项目名录的传统音乐包括吴起弹口弦（吴起县，二批）、延长曲颈琵琶（延长县，二批）、定边民间道教音乐（定边县，二批）、黄陵民歌（黄陵县，二批）、靖边信天游（靖边县，二批）、神木酒曲（神木县，二批）、子长唢呐（子长县，二批）、神木二人台（神木县，三批）、陕北混源道歌（陕西省非物质文化遗产研究会，三批）。

陕北地区省级非遗名录传统音乐中器乐特征鲜明，主要器乐是弹口弦、曲颈琵琶和唢呐。吴起弹口弦产生于清初，已经传承了数百年。弹口琴（吴起口琴）是当地妇女用竹片制成的口琴，长 10～12cm，宽 1cm，厚 0.2～0.3cm，弹曲调自乐。其曲谱以民歌、山曲为主。延长曲颈琵琶是中国琵琶类型的独特种类。拨弦乐器曲颈琵琶在当代乐器中不多见，《韩熙载夜宴图》中有此种琵琶，1975 年江苏扬州出土过这种腹呈半梨形的四弦四柱五代曲颈琵琶。延长曲颈琵琶主要传承于延长境内，曲颈、蝎尾、音箱成梨形，面上九品四相，四弦，腹中有响线，音色优美，穿透力强，制作工艺简单。它主要用来为盲艺人说书伴奏。

民歌在陕北传统音乐中地位突出，黄陵民歌、靖边信天游、神木酒曲和二人台是颇具地方特色的民歌。黄陵民歌流行于延安市南部黄陵县，大部分为四句一段，主要在春节、元宵节期间表演老秧歌时演出，是黄陵老秧歌组成部分，表演时锣鼓伴奏。靖边信天游、神木酒曲和二人台均系榆林北部民歌。靖边信天游在当地被称为"山曲儿""顺天游"，系流传于靖边的民间音乐艺术。神木酒曲在陕北具有一定代表性，是当地的传统民间歌曲，分敬酒曲与对酒曲两种，其曲调自由活泼、句式灵活多变，可根据具体情况即兴编词唱曲。神木二人台表演者均为二人，曲调由民歌、山曲发展而来。

这里的传统音乐还包括了定边民间道教音乐、陕北混源道歌，反映了古代陕北社会中道教和其他信仰具有一定的影响力，且这些教派在传播过程中注意用音乐形式开展宣传，让教派信仰与音乐巧妙融合。

（三）陕南传统音乐项目及其传承发展

除国家级非遗名录中的传统音乐外，陕南地区列入陕西非遗代表性项目名录的传统音乐包括商洛民歌（商洛市，一批）、凤县民歌（凤县，行政区划属于关中地区的宝鸡，地理划分上属于陕南地区，二批）、汉江号子（安康市，二批）、安康花鼓子（安康市，二批）、汉中孝歌（汉中市，三批）、镇巴唢呐（镇巴县，三批）、商南民歌（商南县，四批）、八仙鼓（山阳县，四批）、商洛孝歌（商洛市，四批）。

陕南传统音乐中民歌占多数，既有内容丰富的山歌，又有号子、小调等形式，还有地方特色鲜明的孝歌、花鼓子。商洛民歌、商南民歌、凤县民歌分别分布在陕南的东西两面，流行于商洛地区的商洛民歌已发现的曲目就多达3000余首，形式包括山歌、小调、号子和孝歌，代表性作品有《拉壮丁》《老号子》《穷人记》等，具有浓郁的生活气息。[①] 流行于商洛市商南县的商南民歌主要分为山歌、情歌与仪式歌，现存有2100多首，为保存这一民间音乐资源，专门出版了《山魂水韵》等商南民歌集，收录了500余首商南民歌，包括《这山望见那山高》《摘黄瓜》《闹五更》等。[②] 流行于

---

① 《商洛民歌》，《音乐天地》2018年第3期，第49页。
② 《商南民歌》，http：//www.sxfycc.com/portal/article/index/id/781.html，最后访问日期：2020年11月6日。

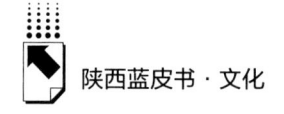

凤县一带的凤县民歌主要有山歌、小调、劳动号子等，其演唱风格分为下江调、湖广腔、花儿和土著调四种旋律和韵味各异的民歌体系。① 凤县民歌现存数量较大，编辑出版的《凤县民歌集成》，共收集凤县民歌1000余首。②

汉江号子是陕南地区汉水流域船工们所唱的劳动歌曲，特别流行于安康地区，按照上水、下水、扯蓬、活锚等劳动步骤，分为上水行船、下水行船、离岸、靠岸和其他五种号子类型，如《独角调》《活锚号子》《扯蓬号子》《倒挡号子》《流星号子》《上挡号子》等。安康花鼓子流传于陕西省安康，特别是汉滨区，花鼓子以鼓为器，以花为调，调子俗称花子，分为上河调和下河调，演唱旋律清扬委婉。③

孝歌是丧葬过程中守灵时唱的民间歌谣，汉中孝歌、商洛孝歌是当地丧葬习俗的组成部分，同时是当地民间音乐文化的一部分。汉中孝歌有花鼓型、小调型等多种曲调，现汉中境内流行的传统孝歌有数百首之多，如《二十四孝歌》《十月怀胎》《养育恩》等。商洛孝歌按顺序有"开路歌""阴阳板""还阳"三部分。其内容包括天文、历史等，不完全统计的歌本就达数十本，字数有500多万字，歌本如《五娘剪发》《二十四孝》《目连寻母》《八十八行》等。④

陕南传统音乐中的器乐有镇巴唢呐、八仙鼓等。镇巴唢呐流行于镇巴地区，据不完全统计，现存镇巴唢呐曲目300多首，⑤ 独奏、合奏、重奏，形式多样，民间常用于红白事活动中。八仙鼓（山阳）在山阳地区流传，原先是祀神鼓乐，后来演变成民间的社火锣鼓，其特点是粗犷豪放，节奏感强。

---

① 刘婕：《凤县民歌的地域特征及发展现状》，《宝鸡文理学院学报》（社会科学版）2015年第6期。
② 《凤县民歌》，http：//www.sanqinyou.com/yishu/info/09101611390985865.html，最后访问日期：2020年11月6日。
③ 刘秉平：《安康花鼓子》，《音乐天地》2012年第6期。
④ 《商洛孝歌》，http：//www.sxfycc.com/portal/article/index/id/780.html，最后访问日期：2020年11月6日。
⑤ 《镇巴唢呐》，https：//www.6baike.com/view/70357.html，最后访问日期：2020年11月6日。

四 陕西省传统音乐资源传承、保护、开发、利用的现状和相关建议

（一）国家级非遗项目传统音乐传承人的保护

陕西省重视传统音乐的传承和保护工作，支持非遗项目传统音乐传承人开展传习活动。一批具有公认代表性、权威性与影响力的陕西传统音乐传承人被确定为"国家级非物质文化遗产项目代表性传承人"。其中包括西安鼓乐的传承人赵庚辰、顾景昭、田中禾、何忠信，陕北民歌的传承人王向荣、贺玉堂，白云山道教音乐的传承人张明贵，绥米唢呐的传承人李岐山、旺世发，蓝田普化水会音乐的传承人邓印海，韩城行鼓的传承人程勤祥，高陵洞箫的传承人胡永汉。联合国教科文组织人类非遗代表作名录西安鼓乐中被确定为国家级非遗代表性传承人的有4名，由于国家的重视，其传承与保护情况取得相当成就。

（二）陕西省级非遗项目代表性传承人状况与特点

2008年陕西省公布了第一批非物质文化遗产项目代表性传承人名单，传统音乐类传承人达到17人，分别为9项传统音乐的传承人。这17人全部为男性，其中西安鼓乐传承人有6名（4名成为国家级非遗代表性传承人），出生年从1918年至1955年；蓝田普化水会音乐传承人2名（1名成为国家级传承人），均出生于20世纪五六十年代；陕北民歌传承人2名（均为国家级传承人）、洋县佛教音乐传承人2名。绥米唢呐和白云山道教音乐传承人各1名，均为国家级传承人。姜马察回音乐、西山酒歌、旬阳民歌各有传承人1名。从年龄分布看，除赵庚辰生于1918年外，生于20世纪30年代的有6名，40年代的4名，50年代的5名，60年代的1名。从职业分布看，包括农民7名，退休职工、退休工人、退休教师、工人、干部各1名，专业人士有音乐干部、歌唱演员各1名，自由职业者、道士、僧人各1名。

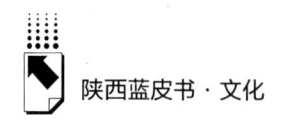

陕西省第二批非遗项目代表性传承人中的传统音乐传承人11名，高陵洞箫艺术（国家级传承人）、旬阳民歌（国家级传承人）、旬邑唢呐、监军战鼓（永寿）、子长唢呐、澄城鼓吹乐艺术、威风战鼓（眉县）、西安鼓乐、绥米唢呐（国家级传承人）、紫阳民歌、安康花鼓子各有传承人1名。性别方面，传承人均为男性。职业方面，除西安鼓乐传承人职业为干部外，其他传承人职业均为农民。传承人主要出生在20世纪40年代至60年代，其中40年代出生者4名，50年代出生者5名，60年代出生者2名。

陕西省第三批非遗项目代表性传承人中传统音乐的传承人9名，陕北混源道歌、秦汉战鼓、紫阳民歌、合阳民间唢呐、神木酒曲、靖边信天游、陇州小调、镇巴民歌、西安鼓乐各有传承人1名。性别方面，传承人均为男性。从艺年限方面，最长的为陕北混源道歌的传承人韩俊福，从艺时间60余年；神木酒曲的传承人朱光亮从艺时间也有50余年。从艺年限在40~49年的有2名，从艺年限在30~39年的有2名。另外两名，一名从艺25年，另一名从艺18年。

陕西省第四批非遗项目代表性传承人中的传统音乐传承人7名，商洛孝歌、陕北民歌、韩城围鼓、神木二人台、板胡艺术、埙乐艺术、长安佛乐各有传承人1名。性别方面，传承人均为男性。这一批传承人出生在20世纪六七十年代的各有2名，占多半。其余的2名出生于20世纪40年代，1名出生于50年代。传承人从艺年限与本人年龄没有明显的正比关系。20世纪40年代出生的商洛孝歌传承人陈道久从艺年限60年，而同为20世纪40年代出生的韩城围鼓传承人从艺年限为10余年，传承人从艺年限以三四十年居多。

陕西省第五批非遗项目代表性传承人中的传统音乐传承人11名，西安鼓乐、陕北民歌传承人各2名，秦筝、澄城鼓吹乐艺术、绥米唢呐、靖边信天游、紫阳民歌、韩城围鼓、延长曲颈琵琶各有传承人1名。性别方面，传承人均为男性。年龄方面，除秦筝传承人周延甲生于1934年，其他传承人均出生于20世纪50年代至70年代。

（三）传统音乐的开发与利用

历史上，不同的传统音乐传承与发展路径不同，民歌中劳动号子伴随劳动活动传承，并在劳动过程中发展，其传承与发展过程相辅相成；山歌、小曲等则与生活场景息息相关，在传统生活方式延续过程中传承；器乐演奏常在传统社会的庙会、祭祀等重要社会活动中表演，是当时社会生活的一部分，并以乐社等形式传承。随着时代的发展，传统生活与劳作方式、社会活动形式等发生重大变化，对传统音乐的传承造成了影响。

新时代，陕西为更好保护传统音乐，采取了一系列新举措，产生了良好作用。

1. 加强传统音乐与传承的研究

西安音乐学院获得了2018年度国家艺术基金"西安鼓乐表演人才培养"项目，并专门开班招收有表演与教学经验的30名学员集中培训，提高西安鼓乐表演人才水平。

陕西重视对传统音乐的整理与研究，出版了一批关于传统音乐的著述。如出版了《西安鼓乐全书》《西安鼓乐古曲谱集》《西安鼓乐古谱集成》等有关西安鼓乐的图书20多本，在全国鼓乐、锣鼓艺术研究中，西安鼓乐研究占有举足轻重的地位。陕北民歌方面，出版的图书包括《陕北民歌选》《陕北民歌故事》《陕北民歌理论与实践》《陕北民歌大全》《陕北民歌合唱选集》《陕北民歌独唱曲集》《陕北民歌主题变奏曲》《李有源陕北民歌集》《陕北民歌通论》《陕北革命民歌选集》《陕北传统民歌》《陕北风俗民歌》等60多本；陕南民歌方面的图书有《陕南民歌》《紫阳民歌音乐研究》《紫阳民歌文化研究》《凤县民歌集》《镇巴民歌总汇》《陕南革命歌谣选》《陕南孝歌》《陕南孝歌文化考察》等；有关宗教音乐的图书有《白云山道教音乐》；有关器乐类的图书有《关中锣鼓》等。此外，还有大量研究陕西传统音乐的论文发表，进一步推动了对陕西传统音乐的认知和传播。

2. 加强传统音乐队伍组织建设，促进传承和表演工作开展

陕西重视传统音乐队伍建设，重点帮助了西安鼓乐乐社等音乐组织建设，确保传承顺利进行。当前西安鼓乐的重点乐社包括西安市都城隍庙鼓乐社、西安市大唐芙蓉园东仓鼓乐社、西安市大吉昌鼓乐社、周至南集贤西村鼓乐社、周至南集贤东村鼓乐社、西安市何家营鼓乐社等。这些乐社有着悠

久的传承历史,如东仓(清代西安东仓)鼓乐社历经明清两朝,系僧派鼓乐的代表乐社。乐社努力传承、宣传鼓乐,何家营鼓乐社拥有300多平方米场地,用于大型演出,多年来培养鼓乐传人上百名。1985年何家营村在陕西文化厅和省艺术研究所支持下,成立了"西安鼓乐陈列馆",加强了鼓乐的传习、交流、研究。

3. 加强传统音乐与演出活动、重大节庆活动的结合

陕西注重通过演出活动,让更多的人了解陕西传统音乐。陕西努力创办并打造"国风·秦韵"文化品牌,通过这一平台,观众欣赏到了更多优秀传统音乐。2019年,陕西有关方面在日本举办了"2019欢乐春节·国风秦韵——西安鼓乐专场音乐会",受到欢迎。2014年陕西省文化厅专门举办了"国风·秦韵"陕西传统文化(晋京)展演——西安鼓乐音乐会,向北京观众展示了陕西传统音乐的魅力。"国风·秦韵"电视节目还推出了陕北民歌表演等。此外,陕西各地注重举办传统音乐演出活动,如佳县举办陕北唢呐大型汇演。

以民歌大赛的形式传播传统音乐是陕西传承和推广民歌的重要方式。陕西专门举办了陕北民歌大赛、陕南民歌大赛等活动。陕西各地根据其本地传统音乐特点举办相关赛事,如2020年旬邑举办了"万悦杯"激昂旬邑唢呐大赛。富平举办了多届锣鼓大赛,韩城举办多届"司马迁杯"锣鼓大赛。地方民歌赛事方面有紫阳举办的"爱我紫阳·凝心聚力"民歌舞蹈大赛,镇巴举办的镇巴民歌大赛等。

传统音乐与重要节庆活动结合方面成效突出,如西安鼓乐等传统音乐演出参加了2020年"中国年·看西安"系列文旅活动,并在开幕式上进行演出,产生了良好效果。

(四)对陕西传统音乐保护、传承与开发的建议

1. **传统音乐进校园活动**

优秀传统音乐是中华优秀历史文化的组成部分,让青少年学习、聆听优秀传统音乐,有助于培养他们对民族文化的自信心。在大中小学传授优秀传

统音乐是培养青少年喜爱民族音乐的重要方式。陕西省各地可以根据自身情况，将优秀的民族传统音乐和富有当地特色的优秀传统音乐引入课堂，让同学们了解祖辈们创作的传统音乐和那些音乐产生的生产生活环境，有利于年轻人认识传统、认识现实和未来。

2. 加强传统音乐与旅游相结合

传统音乐与旅游相结合是文化旅游结合的重要组成形式。地域性传统音乐具有较强的本地文化特色，与地方旅游结合，增加了旅游景点的地域特色和人文情怀，有助于游客对景点所在地区人文历史的深度认知。传统音乐与旅游渗透所产生的休闲生活方式中，传统音乐产生着特殊作用，在吸引游客体验和参与的过程中接受优秀传统文化的熏陶，有利于介绍、传承和保护传统音乐。

3. 充分利用5G、人工智能、机器人表演等现代技术，加强传统音乐的传播与利用

充分利用高新数字技术带来的流媒体、音视频内容分发与消费的加速发展，让传统音乐为更多用户认知和享受。通过在传统音乐表演过程中增加杜比全景声，利用声音自由移动，制造动态效果，让演出声景栩栩如生；增加VR（虚拟现实）实景应用，还原劳动号子等民歌的生产生活场景，增强音乐感染力；利用机器人表演等现代技术，增强传统音乐的趣味性。

4. 利用好传统音乐元素、传统乐器和演奏方法，创作出广受欢迎的音乐新作品

现代音乐、流行音乐并非无本之木、无源之水，传统音乐是它们取之不竭、用之不尽的宝贵资源，合理应用传统音乐声乐元素、技法元素、音调元素，融入其特殊的演唱形式和民歌要素，合理使用传统音乐中的乐器，有助于生发音乐创作的灵感，有利于丰富现代音乐的内容，增加现代音乐的人气，扩大作品的受众，增强现代音乐、流行音乐的厚重感和文化底蕴，延长音乐的生命力。

B.8
陕西商帮县域文化资源禀赋研究报告[*]

刘立云[**]

摘　要： 目前，切实扛起文物大省责任，保护好物质文化遗存、传承好非物质文化遗产，守卫中华文明、中国革命、中华精神地理标识尤为关键。回顾历史，明清时期的陕商发家后，入甘进川赴藏，贩贱鬻贵，"把千里之外的钱挣了回来"，遥遥呼应家乡泾阳、三原、渭南、大荔、韩城故里，至今关中仍有不少故居、会馆等陕商文化遗存，以及博物馆或展览馆。因此，怎样继承当年陕商文化，"讲好陕西故事"，大力发展县域文化产业，助力脱贫，就成为目前迫切需要解决的问题。研究发现，陕西境内文化遗产级别高、数量多，特别是陕西商帮县域文化资源禀赋突出，包括商家古建民居、商号分布地域、商道网络路线等，保存均较为完好。同时，陕西商帮县域文化资源禀赋发展瓶颈也较为明显，对陕西优秀传统文化的理论研究不够充分、发展现状与资源禀赋不相匹配、重物态而轻非物化，深层次的内涵和价值体现不足。对此，建议采取文化与旅游、科技、金融的融合发展，文化跨区域、跨项目、跨主体的融合发展，文化大团队、大协同、

---

[*] 本文系国家社科基金西部项目（项目编号：18XZS040）、陕西省社会科学基金年度项目（项目编号：2019H009）、陕西省软科学一般项目（项目编号：2020KRM023）、陕西省思想政治工作重大理论与现实问题研究项目（陕宣字〔2020〕181号，项目编号：Sz20109）阶段性成果。

[**] 刘立云，博士，陕西省社会科学院文化与历史研究所副研究员，主要研究方向为文化发展研究。

大平台的融合发展等路径措施，加以完善。

关键词： 陕西商帮　文化资源禀赋　县域文化

一　问题的提出

2020年，习近平总书记赴陕西考察，对陕西工作明确提出"五项要求"，指明了前进方向、提供了思想武器、注入了强大动力，强调陕西各项工作务必做好"六稳""六保"的新要求，确保完成决战决胜脱贫攻坚目标任务，全面建成小康社会；指出"脱贫摘帽不是终点，而是新生活、新奋斗的起点。接下来要做好乡村振兴这篇大文章，推动乡村产业、人才、文化、生态、组织等全面振兴"。特别地，习近平总书记的重要讲话重要指示，贯彻了马克思主义立场、观点、方法，体现了战略思维、创新思维、辩证思维、法治思维、底线思维，需要我们深入领会、准确把握、自觉践行，切实把陕西的事情办好。其中，切实扛起文物大省责任，保护好物质文化遗存、传承好非物质文化遗产，守卫中华文明、中国革命、中华精神地理标识尤为关键。

陕西是中华民族的重要发祥地之一。黄河的最大支流渭河经甘肃天水入陕，从宝鸡、咸阳、西安、渭南等地至渭南市潼关县汇入黄河。黄河流经的关中沃野千里，孕育出闻名天下的秦人后裔——陕西商帮，至今关中仍有不少故居、会馆等陕商文化遗存，以及博物馆或展览馆。因此，怎样继承当年陕商文化，"讲好陕西故事"，大力发展县域文化产业，助力脱贫，就成为目前迫切需要解决的问题。

二　陕西商帮县域文化资源禀赋发展现状

资料显示，陕西境内世界文化遗产8处（其中唐长安城大明宫遗址等7

处被2014年第38届世界遗产大会列为"丝绸之路：长安—天山廊道路网"项目遗址点）；宝鸡石鼓山西周墓地、西安西汉长安城渭桥遗址2处入选联合国丝绸之路申遗2013年度全国十大考古新发现。已发现的遗址数量多达近4000处。各类文物点4.9万处，省内全国重点文物保护单位共140处（其中，古遗址43处，古墓葬20处，古建筑56处，石窟寺、碑刻、摩崖石刻10处，近现代重要史迹及代表性建筑分别有10处、1处）。省内入选《国家珍贵古籍名录》的古籍149部。省内古籍保护单位中，5家属于国家重点古籍保护单位。国家级历史文化名城6座，省级历史文化名城3座。博物馆210座，全省注册登记的民办博物馆已达47家，占全省博物馆总数的22%，居全国前列。

（一）面积完整完好的商家古建民居

其一是以陕西凤翔周家为代表的周家古建。然而自古儒商记叙甚少，我们只有调研寻访，于残存的家谱族谱中窥见一斑。明代中期，周氏开始以商业发家，"西踰秦陇，南驰巴渝，不十年累赀万金"。① 在今陕西凤翔县城东大街、东关以及陈村、千阳，甘肃秦州、阶州，蜀地重庆等建有数十家商号和住宅，凤翔县城通文巷16号周家大院西府民俗博物馆仅占其县城商铺府邸面积的1/4不到，另有凤翔陈村料地村和五曲湾周家庄的大量土地田产和山庄养马场等。在周家门前村亦有四合院，并在周家门前村、马莲滩、五曲湾、新庄河、料地等处皆有周氏祖坟。凤翔县周氏民居属于明清古建筑，已被陕西省列为省民居古建筑之一，陕西省、宝鸡市、凤翔县文物保护部门于2010年开始对其抢救修复，完工后供凤翔县博物馆作为县民俗博物馆。

其二是以陕西泾阳吴家为代表的吴家花园。从真实的历史来看，吴家并非陕西人，而是从江苏迁居到陕西的。从唐代到清代，吴家在陕西不断繁衍生息，慢慢变成了世家大族。在清朝初年，吴家靠经商发展成为当地举足轻重的大户。当时的吴家人丁兴旺，于是分成了五房，也就相应地形成了东、

---

① 《中国地方志集成·陕西府县志辑》，凤凰出版社，2007。

西、南、北、中五个大院。吴聘的曾祖父就来自东院，从那以后，东院的发展跑在了前头。道、咸年间，吴家东院后代通过做生意，成为当地极为有名的商人。目前，吴家的其余院已经不复存在，周莹养子吴怀先捐赠的东院作为"西北战时青年训练班"红色基地，仍然保留至今。

（二）涵盖范围广泛的商号分布地域

据笔者了解，清末至民国，康定陕商"韩八爷"原名韩庭宾（后更名韩利川），1889年生于陕西户县牛东卢五桥村。13岁经其父与担保人签合同，跟随老"炉客"前往康定做学徒。临行前因家贫，曾立誓给其父"找银子（赚钱）去"。步行3088余里、经过38道驿站，1个多月后方至康定。在康定，自"学徒"始，晨起务勤杂、习厨艺、练拳术，晚间拨算盘、学记账、修书法、读《四书》《五经》，逐步学至"店员""先生"，直至"三掌""二掌""头掌"，自立门户，诚信经营，至1935年其大女儿出生，生意逐渐做大，人称"韩八爷"。经营贸易品种涉及绸缎（供服装及庙会用）、布匹、茶叶、配饰（供藏饰用的绿松石、玛瑙、蜜蜡）等，交换藏商的狐皮、鹿茸、虫草、贝母等，往来几十载。究其细节，当年康定"老陕街"店铺林立，对面有洋人的镇远堂、天主堂、福音堂，另有锅庄48家。作为贸易客栈，锅庄除供人畜休息，亦供租用仓库。当茶叶由湖南安化运至泾阳二次加工后，运至雅安再加工，至康定改包，交由"封茶工"完成，再由牦牛往折多山以西的"关外"驮运。经数条路线，运往藏、青、甘，其中艰辛不可备述。解放后，"韩八爷"曾为抗美援朝捐资价值合约半架飞机，列为"开明士绅"，以"民族资产阶级"身份任陕西工商联理事长，1961年退休后每月领取退休金22元。1975年回陕定居，次年逝，依其嘱葬于故乡户县牛东。亲历近代中国"三反五反""公私合营"的现代化进程，作为陕商杰出代表铭记于后辈心中。类似经营案例颇多，陕商商品经营类别众多，包括贩运、酿酒、钱庄、食盐、粮食、茶叶、布匹、皮货、药材、养殖等行业，尤以糖业经营居陕、甘、宁垄断地位。长春丰、长春林、增祥昌、长昇昶、长顺昌、义记大通店等近百家商号遍布陕、川、甘、宁、渝、津等地。《凤翔县志》第十三卷商业之第一章私营商业记载:"周家门前的周鼎家历史最久,发迹于明代,资本雄厚,商号分设于汉中、广元、成都等地。""清咸丰年间,凤翔形成陕西最大的糖庄,周鼎家开设的长春益、长春丰专营糖业生意,在关中居于垄断地位,每年四川糖商发货至凤翔,均下榻于周家商号,然后批销西安及关中地区,远销甘肃、宁夏、青海等地。"①另有药材铺长春林、长春和商号,周邓家合办的当铺"敬太当"及酒庄"增祥昌""大德丰""大通昌"等。

(三)跋涉行程险远的商道网络路线

康定位于甘孜州东部,由雅拉神山、雅拉英措圣湖融化的雪水雅拉河、折多河交汇形成。2019年6月笔者曾到此地考察,藏民众多,经幡招展,翻滚的折多河水穿城而过,溜溜城里热闹非凡,传唱着享誉中外的《康定情歌》。适逢端午,习俗与内地相似,糌粑和粽叶飘香。中心广场有一铜质地标提示牌插排,上写"1928年中华民国国民政府发布的《全国商会条例》中,将康定与上海、武汉并称为三大商埠。"据笔者调研了解,康定"老陕鼓"传人来自陕西户县,但是现均已去世。现在使用的乐器包括鼓、钹等,真正会打鼓的几乎失传,现在正在积极申请非物质文化遗产。每逢春节或重大节日(如跑马山国际旅游节等)会有"老陕鼓"活动。《甘孜日报》《四川日报》《陕西日报》等均已登报,康定市文化馆(位于新区)、甘孜州文化馆(位于格萨尔酒店附近)有现存资料。现在的"老陕街"位于情歌广场,南北走向,今炉城派出所乃其入口。1961年年三十的一场大火烧了"老陕街",当时没有消防车、武警,河水过深,火借风势,一夜之间整条街化为灰烬。电杆烧断,倒下后将街道另一边亦完全烧毁。陕商实体文化被销毁。现当年陕商后裔已迁往成都、双流等地。另外,康定城南的"南无寺",远望葱郁林木中金顶辉煌。该寺前身为跑马山"娜姆寺"("仙女寺"),传说北宋年间已建,原系藏传佛教之白教庙宇,现乃著名格鲁派黄教寺庙,与毗邻的金刚寺被誉为"双

---

① 《中国地方志集成·陕西府县志辑》,凤凰出版社,2007。

寺云林"，为康定古大十景之一。寺内粉、紫、蓝三色月季盛开；汲取偏殿旁"圣水泉"洁净明眸；鸟鸣幽谷，山风拂过，风铃叮当似环佩之声，白云缭绕如丝带之状。闭目祈祷，不时见红衣僧人进出诵念。明清直到民国时期，陕商始终活跃于康区汉藏商贸领域，贡献颇大。随后，笔者有幸约谈原甘孜州社科联郭主席，请他讲述了康区陕商印象。

其一，陕人曾为川边藏区做出过卓越贡献。据郭老回忆：数年前他任甘孜州高级记者期间，某天接到上级电话赶往雅江震中地区前线报道。行至山下小村时改骑马，路遇肤色黝黑、身穿旧藏袍、持念经筒的"藏族"大爷，却突然用流利的汉语告诉他："小伙子，前面有暴风雪，你必须先在村里留宿一晚，明早再赶路。"当时郭老很讶异，故听劝驻村，当晚前去拜访。方知此人曾是清代赵尔丰的士兵，被打散后流落至该村，于是成家在此。除去战争，还有因经商而滞留康区的"老陕"，郭老犹记他儿时康定街口所见老陕：只见他头顶硕大竹编簸箕，内盛厚约3寸的锅盔，沿街叫卖。卖时只须取下切一小牙，便足够买回家泡酥油茶吃，筋道酥香。更不用说韩八爷家的伙计孙大大（尊称），为东家选购药材经验丰富，解放后任职康定商业处，专司药材采购。孙大大做得一手陕西面食，曾在家款待过当时年轻的郭主席。此人退休后携长子回陕定居。

其二，陕人曾为川边藏区留下过丰富文化。因藏人不懂经商，陕商远赴他乡，做大买卖。互通汉藏贸易，联结汉藏情谊。从服饰、饮食、语言、风俗、建筑等诸多方面彼此影响磨合，成为民族友好和谐见证。现任四川省人大常委会副主任刘子寿先生，据说其父乃陕人，娶当地藏女为妻，因此而来。

三 陕西商帮县域文化资源禀赋发展瓶颈

目前，陕西全省文化产业发展已呈现可喜态势：一是年产值过亿元的跨区域、跨业态的大型骨干文化企业不断涌现；二是年产值过千万元的民营文化企业健康快速发展；三是以文化旅游、红色旅游、图书报刊、广播影视、演出娱乐、动漫游戏等为主的文化市场不断繁荣；四是文化产业增加值年均

增长15%以上。陕商故地关中已建成4个国家级开发区、3个省级开发区和诸多产业园区，经济年均增长超过30%，聚集了全省80%的科技力量、73%的国内生产总值，具有带动全省经济快速增长的巨大潜能，成为全省经济快速发展的亮点。

调研发现，陕西商帮县域文化资源禀赋仍然存在如下问题。

（一）对陕西优秀传统文化的理论研究不够充分

在具体学科背景方面，由于学科划分较细，缺乏打通文、史、哲三大学科的门类，从而以文化视角对陕西优秀传统文化进行宏观的理论研究，大多偏重某一学科的"碎片化"学术成果；在具体研究内容方面，由于文献资料所限，对陕西文化挖掘不足；在具体学术考核方面，注重自然科学而忽略人文素养，疏于对优秀传统文化知识的大众化普及，使理论研究成果与实践缺少必要的有效融合。

（二）发展现状与资源禀赋不相匹配

近年来，陕西对优秀传统文化的创造性转化和创新性发展仍然有待提升。存在主客观两方面原因：客观方面，陕西历史文化悠久灿烂，从文明肇始至清代历史漫长，相关资源极为庞大，属于长期可持续性的系统工程；主观方面，陕西各地对文化建设的重视度还需加强，站位不高，影响到文化强省建设。

（三）重物态而轻非物化，深层次的内涵和价值体现不足

由于普遍崇尚"看得见、摸得着"的成果，当前经济建设任务是提升区域GDP，这是更多人的共识，物态化的内容更易成为重大项目工程。相比而言，非物化的优秀传统文化的开发重在创意，智力耗费与前期投入显然不足。同时，很多饱含优秀传统文化内涵的非遗资源的活态传承不够。陕西优秀传统文化知识普及缺乏创意性搜集、整理与传播。总体上，物态化的、相对表面的利用开发是当前文化资源转化的主要手段，而深层次的内涵与价值体现不足，需要重视。

四 陕西商帮县域文化资源禀赋发展路径

（一）树立"大文化"观念，注重推动文化与旅游、科技、金融的融合发展

一是坚持文化与旅游深度融合。推动特色文化旅游发展，促进发展参与式、体验式等新型业态。二是坚持文化与科技深度融合。努力搭建互联网络，创新文化传播手段，实现基本公共服务城乡均等化；长期加强现代农村基础设施建设投入，完善优化产业技术体系，扩大对特色优势农产品覆盖范围，优化产业链科技资源配置；积极借助信息化技术改造文化生产制作、传播推广环节，带动发展移动多媒体广播电视、网络广播影视、数字多媒体广播、手机广播电视，积极发展多介质出版业态和新兴出版发行业态，占领新兴媒体阵地和数字时代文化消费市场，实现传统文化产业与新兴文化业态双轮驱动。三是坚持文化与金融深度融合。借助陕西文化产业发展专项基金平台，发挥财政资金的引导和撬动作用，吸引大量的优秀企业通过参股控股，引领项目建设，构建跨产业多门类的文化产业集群。

（二）深化"大开放"思路，注重推动文化跨区域、跨项目、跨主体的融合发展

在资源开发上放宽视野，打破界限，面向全国推动挖掘利用；在项目融资上放开思路，面向全球加大招商引资力度，吸引国内外优势资本合作发展；在发展主体上，坚持自主孵化与外部引进相结合，提升存量，引进增量，实现跨越发展。

（三）增强"大市场"意识，注重推动文化大团队、大协同、大平台的融合发展

坚持在市场经济的背景下谋划和推动文化发展。充分发挥市场在文化资源配置中的积极作用，大力构建统一开放的现代文化市场体系；打破文化单

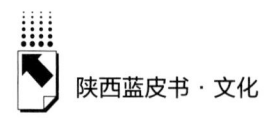

位条块分割的局限,坚持以资本为纽带,采用股份制改造、上市融资等多种手段,推动优势资源整合,培育更多优质市场主体;深入研究群众文化消费偏好、特点和规律,策划喜闻乐见的特色文化品牌项目,讲好"陕西故事";转变政府职能,改善投资环境,拓展服务功能,营造更加公平公正、规范有序的文化市场环境。

B.9
陕西博物馆文创产品设计研究报告

郭艳娜*

摘　要： 近年来，随着中央和地方政府陆续出台了一系列相关的政策法规，支持和鼓励博物馆文化文物单位开发文化创意产品，陕西文博界也借机发力，依托自身丰富的文物资源，相继打造了一系列有影响力的文创产品。但是如何激活博物馆文化IP，设计开发具有自身特色的文化创意产品，更大范围地延续博物馆的生命力，让文创与传统文化结合擦出火花，这是值得我们深入研究的。本课题通过分析目前陕西博物馆文创产品设计的现状与问题，探索陕西博物馆文创产品设计理念与设计方法，以期为陕西省博物馆文创产品设计开发提供思路与参考，从而实现把"博物馆文化带回家"。

关键词： 博物馆　文创产品　陕西

近年来，随着中央和地方政府陆续出台了一系列相关的政策法规，支持和鼓励博物馆文化文物单位开发文化创意产品，陕西文博界也借机发力，依托自身丰富的文物资源，相继打造了一系列有影响力的文创产品。据统计，2018年，陕西五家试点单位开发文化创意产品829个种类4000多件，收入

---

* 郭艳娜，陕西省社会科学院文化与历史研究所助理研究员，主要从事民俗文化与文化产业研究。

达13936万元。但是如何激活博物馆文化IP，设计开发具有自身特色的文化创意产品，更大范围地延续博物馆的生命力，让文创与传统文化结合擦出火花，这是值得我们深入研究的。

一 博物馆开发文创产品的意义

一般来说，博物馆文创产品之所以区别于其他文创产品，主要在于其中所包含的独特的中华传统文化元素。从精神层面来讲，博物馆收藏的文物蕴含着某一时期丰富的文化思想和审美价值，它成为传统文化和精神价值的重要载体，博物馆文创产品开发是"让收藏在博物馆里的文物活起来"，推动中华文化"走出去"，实现中华优秀传统文化的创造性转化和创新性发展；从工艺层面来讲，不管博物馆文创产品衍化出多少不同的图案、不同的产品，其灵感都是来自博物馆古老的藏品。那些神秘、古朴的图案以及精美的工艺赋予文创产品特殊的魅力，并通过文化符号将相关的文化内涵传递到博物馆文创产品中，增加产品文化附加值，使博物馆文化重新获得人们的关注。

文创产品是连接博物馆与大众最好的纽带，多元化开发文创产品无论是对于文物保护还是对博物馆建设都至关重要。从政策层面来看，国家对博物馆文化产业发展的重视和一系列利好政策的出台，标志着博物馆运营全面进入文创时代，为博物馆文创产品开发提供政策支持和发展依据。从文化层面来看，充分利用文物资源开发文创产品，有助于弘扬中华优秀传统文化，提升文化软实力，实现文化自信，促进文物保护和文博单位多元化发展。从需求层面来看，随着群众日益高涨的高端文化需求和走进博物馆渐渐变成日常，博物馆文创产品将逐渐进入百姓生活，成为博物馆适应时代发展的必然趋势。从现实层面来看，开发文化创意产品成为越来越多博物馆的工作重点，这也代表着未来博物馆发展的重要方向。

二 陕西博物馆文创产品设计的现状及问题

（一）陕西博物馆文创产品设计开发现状

2019年，各大博物馆相继推出多品种、系列化的特色文创产品。陕西历史博物馆全年研发新产品281款，尤其是与西安长安通公司合作推出的"玉玺"交通卡备受关注和公众喜爱。网络调查显示，目前陕西历史博物馆淘宝旗舰店文创产品主要分为家居日用、书籍日历、服装配饰、创意文具、时尚美食等多个类型，其中"花舞大唐"和"唐妞"文创系列主题的书签、摆件和丝巾销量最佳；秦始皇帝陵博物院依托秦文化，全年共开发167件新产品，其中"跪射俑""兵马俑纪念券"等文创产品深受游客青睐；西安碑林博物馆与陕文投集团、陕西华夏文化创意有限责任公司合作，新研发三个系列260款新品，推出"流行中国""开成石经""法蓝瓷""我爱你中国"等四大系列的文创产品；汉景帝阳陵博物院以馆藏文物、银杏林、月季园等资源为依托，开发出8种56款文创产品；西安博物院以馆藏唐代文物"侍女俑"为设计原型，打造官方卡通形象——"唐小西"，开发出8个系列35种文创产品，并以藏品唐鎏金走龙和金凤为创意原型，与张裕、秦汉新丝路跨界合作推出冰心玉壶——冰酒产品及其他文创产品共25个系列198种。

而且，陕西博物馆文创产品屡获国内大奖。2019中国特色旅游商品大赛中，陕西选送64件（套）文创产品，其中陕历博皇后玉玺公交卡、秦花蜜泉等8个产品获得金奖，茯茶眼贴、妙笔生花文具系列等13个产品获得银奖，艾灸座团、吉祥猪系等10个商品获得铜奖，获得金奖数量和奖项总数量均位居全国第一。[1] 在省内，陕西文物系统第二届（2019）优秀文创产品评选活动中，陕西华夏文化创意有限责任公司的坐潮问道系列获得特等奖；陕西历史博

---

[1] 《获奖数量全国第一！陕西文创原来如此多娇》，澎湃新闻，https://www.thepaper.cn/newsDetail_forward_4384399。

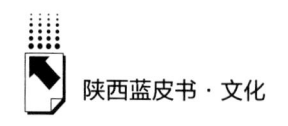

物馆的"花舞大唐"系列和汉景帝阳陵博物院的银杏系列获得一等奖；秦始皇帝陵博物院的秦风演绎系列手办套盒、西安碑林博物馆的福禄攸同系列和宝鸡青铜器博物院的紫砂何尊获得二等奖；西安博物院的关中八景年货礼盒、陕西历史博物馆的金銮衔绶系列、秦砖汉瓦博物馆的御砖茶、西安新昆信息科技有限公司的文物刺绣耳机以及大唐西市博物馆的莲花茶具套装获得三等奖。

（二）陕西博物馆文创产品设计存在的问题

尽管近年来陕西博物馆文创产品开发已取得不错的成绩，但我们也应该清醒地认识到自身存在的问题。一是博物馆研发文化创意产品的设计思路不清，缺乏系统的策划，文创产品虽然种类繁多，但成系列化的主题产品不多。二是各家博物馆文化创意产品设计同质化现象严重，面对文物藏品不知道如何提取文化元素，或提取文化元素流于表象。比如陕西历史博物馆的"唐妞"、西安博物院的"唐小西"、汉景帝阳陵博物院的"姗姗"这几个人物主题形象非常相似，缺乏鲜明的独家特色。三是博物馆文创产品开发的频次和亮点尚显不足，比如秦始皇帝陵博物院的文创产品开发始于2010年，截至2018年共研发文创产品2394件，尽管开发了不少的文创产品，但与兵马俑这个超级IP相比，产品开发的种类以及爆款数量还不匹配。四是陕西博物馆文创产品设计的"故事性"不足。一个成熟的产品体系，不仅需要有不同层次的品类，更需要植入博物馆的文化和故事，使产品形象更加丰满有内涵。整体来看，目前陕西博物馆文创产品设计开发主要以形象设计为主，缺少相应的文化内涵和生动的故事来打动游客。

三 陕西博物馆文创产品设计理念

（一）独特性

馆藏资源是博物馆进行文创产品开发的基础。应立足于馆内独具特色的藏品，"从藏品中获得灵感"，开发标志性元素，提升产品符号辨识度。据调查，博物馆文创产品是否受欢迎，主要取决于这件文物的知名度高不高，是否带有博物馆自己独特的个性。例如陕西历史博物馆的"唐妞"、秦始皇帝陵博物院的陶俑系列等，它们都具备博物馆最显著的特征。

（二）知识性

博物馆文创产品不仅要兼具创意与实用性，还要学会"讲故事"。挖掘藏品背后的故事和文化内涵，即公众通过购买产品读懂这些历史文物背后更深层次的文化和发生过的故事。在欧美，很多博物馆开发的文创商品内都附有一张小卡，讲述该产品的文化渊源、背后的故事等，让游客在购买商品的同时也将文化带回家。

（三）工艺性

博物馆文创产品应该与博物馆高雅的文化品位相匹配，培育"工匠精神"。所谓"工匠精神"就是对自己的产品精雕细琢、精益求精、追求完美的精神理念。在欧美国家，一些博物馆的文创产品之所以受顾客青睐，关键在于重视产品设计，不管是值得收藏的名贵物品还是普通生活用品，都经过设计师精心雕琢。大英博物馆负责创意产品开发的工作人员约翰·罗伯特表示，"我们遵循的原则是，避免因为新潮设计而使衍生品带有廉价的消费质感、丧失文化的本性品格"。[①]

（四）实用性

"让博物馆文化产品贴近生活"的设计理念，是传统文化活态传承的最佳方式。要实现文化遗产与当代生活无缝衔接，使传统元素以全新的方式融入公众的日常生活中，使生活艺术化、艺术生活化，成为人们生活的一种方式，同时这种传统文化资源的创意开发，开创了文化产业创新范式。目前，

---

① 《大英博物馆的文创产品是如何开发设计的》，搜狐网，http://www.sohu.com/a/128056990_555194。

采用传统文化元素的博物馆文创日用品越来越受到大众的青睐和市场的欢迎，比如陕西历史博物馆推出的"玉玺"公交卡，以及各家推出的书签、摆件、冰箱贴、文具等反响销量俱佳。

（五）趣味性

博物馆文创产品不仅要好看、好用，还要"好玩"。通过活泼有趣的设计，将博物馆文物和文化知识趣味性生动地表现出来，使博物馆的形象不再那么严肃沉闷，吸引更多消费者尤其是年轻人对博物馆的关注和喜爱。比如西安博物院推出的卡通人物形象"唐小西"、陕西历史博物馆的"唐妞"，都是最先通过"卖萌"吸引消费者，将博物馆从一个高冷的形象转变为一个温情的身份，不仅俘获了大众的眼球，更赢得足够的经济效益。

（六）体验性

在数字化时代，博物馆文创产品需要少一点呆板说教，多一点互动体验，博物馆展览也应从传统的陈列模式迈向交互式和沉浸式的数字化方向。以用户体验为中心，通过触摸界面、模拟系统或运动检测系统等与观众互动，带来更具交互性、沉浸式和个性化的用户体验，达到趣味性与科技性的完美结合。比如汉景帝阳陵博物院采用影视成像技术还原真实历史事件，通过数字化技术展现西汉宫廷的故事场景，为游客带来身临其境的感官体验。

（七）主题性

一套成功的博物馆文创产品，主题的选择和运用至关重要，这是文创产品得以持续开发的关键。文物主题的选择需要有特色、有爆点或是有故事，继而围绕主题开发系列文创产品。这些主题产品可以帮助公众了解展览内容，加深对文物展品的认识，以及对展览内涵的理解，还能为博物馆带来丰厚的利润。博物馆也可以配合节庆、节日、特展等开发与主题相配套的文创产品。

（八）差异性

博物馆文创产品需要满足不同消费层次游客的多元化需求，形成差异化、多种类、多档次的博物馆衍生文化产品体系。既有物美价廉的创意类商品，也有做工讲究的高档礼品，以及具有收藏价值的高仿品。基本来看，当前最受广大消费者欢迎的当属具有博物馆和文物元素，价格合理、设计新颖、制作精美的实用型文创产品。

（九）系统性

注重对博物馆经典藏品进行系列化开发，将单独的文化元素形成多个衍生品系列，或将同一类文化元素形成多个品类系列，形成博物馆文创产品的规模效应。比如陕西历史博物馆的"花舞大唐""唐妞"系列。国外很多博物馆都曾对经典藏品进行深层的系统开发，比如大英博物馆以罗塞塔石碑为原型，开发出文具、杯子，以及充电宝、U盘等60多种不同的衍生产品。

（十）更迭性

博物馆文创产品要保持长久的生命力，需要不断推陈出新，丰富产品体系，让大众始终保持对博物馆文化的新鲜感与期待。比如陕西历史博物馆的"花舞大唐"系列即是"唐妞"系列后新推出的文创产品。据统计，2016年，故宫文创产品达到9000多种，到2017年底突破1万种。故宫文创产品年销售收入也从2012年的1.5亿元，增长到2017年的15亿元。[①]

四 陕西博物馆文创产品设计方法

（一）博物馆文创产品设计方法

1. 文物表层符号提取

博物馆文创产品重要的是挖掘博物馆的经典"文化符号"，极具代表性

[①] 《一年文创收入15亿元，收入超1500家上市公司，故宫是如何做到的?》，搜狐网，https://m.sohu.com/a/317425236_100116800/。

的符号是一切设计开发的基础。提取文物表面元素，即将文物表层的纹理、图形、形态、色彩、文字、材质等要素通过整体形状或局部截取或整体形状与截取部分重组的方式"附着"在新产品中，甚至是博物馆的场馆建筑或经典标识系统也可以。这些具有鲜明符号标识的博物馆文创产品，具有明显的文化传递性，使博物馆文物及其文化得以广泛传播和识别，同时也为博物馆文创产品开发提供较好的素材。

2. 文物相关知识的嵌入

文物的文化知识嵌入，主要分为三部分，一是文物和文物元素的本体知识，包括名称、年份、用途等，主要是历史和文物学家的专业范畴；二是文物符号背后的象征意义，运用符号学的方法挖掘、整理、解读文物符号及其背后的历史、文化、民俗、艺术等含义，使内含的隐形语义得以显性传递；三是文物及文物元素背后的故事，通过演绎或是陈述的方式，赋予文物及文化符号一定的故事情节，将高冷艰涩的学术资源通俗化，变得活泼可亲又不失专业性，使其更具灵魂和感染力。博物馆文化知识的嵌入在一定程度上提升了原产品的文化附加值，增强了文创产品的文化效用和文化内涵。

3. 博物馆文物符号与文化的解构与重组

文物中的文化元素构成比较复杂，基于不同的设计理念和文化消费需求，可以采用解构、组合、打散、联想、发散、重构等手段，[1] 对文化符号和文化知识进行解构或重组，构建新的文化形态并融入产品设计中，寻求一种富有美感的新秩序。当然，实现文物元素再造创意设计，需要结合新工艺、新材料、新需求、当代审美、文物特征、变现可能性而创作。

4. 博物馆文化与现代科技的融合

新技术与博物馆文创产品的结合丰富了游客感官体验。借助三维虚拟展览、VR/AR、人工智能、传感感应技术、文化类 App 等数字化技术，博物馆展览已经从传统的陈列模式迈向交互式和沉浸式的数字化方向，丰富了博

---

[1] 朱上上、罗仕鉴：《产品设计中基于设计符号学的文物元素再造》，《浙江大学学报》（工学版）2013 年第 11 期。

物馆文化的呈现方式,为观众带来不一样的体验和感受。比如传感感应技术和 AR,采用触摸界面或运动检测系统或是通过虚拟场景叠加到现实场景等方式,加强了与观众互动,加深了公众对文物内涵的解读和文化信息的传播。

(二)博物馆文创产品设计种类

1. 精品复仿制品

复仿制品一般选取具有博物馆特色的文物作为开发对象,主要用作观赏、收藏和赠品。很多博物馆都从事过文物复制品开发,尽管近几年情况有所变化,大多数博物馆文创产品逐渐由文物复制品向文化创意产品转变,但是一些制作精良的精品复仿制品依然受游客喜爱,比如碑林博物馆推出的书法、字帖等精品。

2. 围绕优质馆藏 IP 开发文创产品

这类文创产品是博物馆开发的主体,大致分为生活小物、时尚服饰、家居用品、文具等。通过选取馆藏经典文物,或是文化认同度高的重点文物,开发"衣食住行"具有实用性、生活性、趣味性的文创产品。目前,这类衍生品因其独特的文化品位、平易近人的价格,以及实用的风格最受广大消费者欢迎,也是各大博物馆文创开发的重点。比如,陕西历史博物馆特色 IP "唐妞",现已开发出 30 余种诸如手机壳、唐妞摆件、钥匙扣、丝巾、团扇、抱枕等相关文创产品。明星藏品衍生出的文创产品,不仅体现了博物馆自身文化特色,也让传统文化元素变成日常用品,进入百姓生活,使文物"活"了起来,是对文物内涵的提升和拓展,也带动了周边产品,创造更大商业价值。

3. 特色 IP 与馆藏 IP 混搭融合

一般来说,如果仅以单一的博物馆资源和文化去开发市场,其影响力、传播力和市场潜力是有限的。只有通过优势资源强强联合,才能打造博物馆文创精品,产生溢出效应。这种双 IP 融合方式主要有三种。一是地方特色 IP 与博物馆 IP 相融合。不同的文化地理环境孕育出不同的风土人情,形成独特的地域文化，选取个性鲜明的地域文化融入博物馆产品的设计元素中，打造具有地域性与融合性的文创产品。二是异域特色IP与博物馆IP相融合。不歧视任何一个国家、地方的展品，甚至是当红流行元素，通过设计师融合混搭重新演绎，或许只是改变一下比例，调整一下色彩，就能达到令人耳目一新的效果。比如在品牌联合与商业授权的前提下，"唐妞"品牌的主题形象当然可以与异形、漫威、樱桃小丸子等主题一样，开发出系列手办模型。[1] 又如大英博物馆以中国明清时期的一款福建茶壶为原型，邀请英国女瓷艺家Alison Appleton将其重新设计为茶身颜色介于绿松石色和青瓷釉之间，搭配金色盖子的极具法式中国风的一款新式茶壶，令人耳目一新。三是博物馆馆际的文化IP相融合。不同博物馆的原位文化不同，规模实力不同，藏品的文化元素以及影响力也不同，通过馆际合作，将各个博物馆的文创资源集聚起来，融合互补，才能实现资源共享和规模效益。

4. 围绕特展主题开发文创产品

博物馆特展文创产品，是博物馆配合专题展览开发的文创产品。博物馆从特展的展品中遴选合适的藏品进行适当的文创开发，以配合展览为游客提供完整的体验。比如陕西历史博物馆馆藏铜镜特展，或者上海博物馆举行的"大英博物馆百物展：浓缩的世界史"。据统计，为了配合此次展览，上海博物馆引进和开发了160多款文创产品。文创产品的销售总额已超过300万元，创下上海博物馆有史以来特展相关文创产品的销售新纪录。[2] 当然，这种短期专题展览存在博物馆所支付的经费以及销售过程中的风险，尤其是对于藏品有限、资金有限、影响有限的中小型博物馆而言，为了降低风险，一些博物馆也会从市场里选购与特展文物形象、文化内涵相符合的文创产品，这样既加深了公众对展品的了解和认识，也减少了相应的研发资金投入。

---

[1] 李博雅：《"活化"语境下唐妞的诞生、成长与未来》，《中国博物馆》2019年第4期。
[2] 《300W+！上博"大英博物馆百物展"文创产品卖疯了》，搜狐网，https://www.sohu.com/a/158657975_160984。

B.10
陕西革命文化资源合理开发利用的调研报告

杨梦丹*

摘　要： 陕西拥有众多知名度高的革命物质资源和精神遗存。近年来，围绕革命文化的合理开发利用，陕西以延安、铜川、渭南等地为主，取得一系列成就。采取多种形式，发挥革命文化资源的精神教育价值；一批革命文化纪念馆、旧址不断挖掘、修复、修建与扩建；革命旅游景区蓬勃发展。当前，围绕合理开发利用革命文化资源的相关工作不断推进，但仍存在思想认识不高、开发利用方式相对落后、创新性不足等问题。本报告针对其不足提出端正认识，发挥革命文化的育人功能；整合革命文化资源，大力发展红色旅游业；创新宣传方式，扩大知名度；加大保护开发利用力度，培育和打造革命资源品牌的对策建议。

关键词： 陕西地区　革命文化物质资源　革命文化精神遗存　开发利用

习近平总书记来陕考察时指出："要弘扬中华优秀传统文化、革命文化、社会主义先进文化，培育社会主义核心价值观。"陕西是革命的圣地，

---

* 杨梦丹，陕西省社会科学院文化与历史研究所助理研究员，研究方向为历史文化。

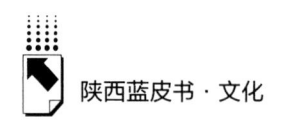

革命文化的物质资源和精神遗存丰富且知名度高。近年来,陕西合理地开发利用革命文化资源,充分实现了革命文化资源的精神教育价值和经济价值。

一 陕西革命文化资源开发利用的现状及案例

近年来,围绕革命文化资源的合理开发利用,陕西以延安、铜川、渭南等地为主,积极探索,持续创新,取得一系列成就。

(一)采取多种形式,发挥革命文化资源的精神教育价值

陕西革命文化资源数量多、分布广、影响大、内涵丰富。全省有革命遗址2051个,国家级、省级、市级爱国主义教育基地分别为19个、30个、49个。陕西以纪念馆为爱国主义教育基地的主要场所,对革命文化资源的开发重点放在对民众进行精神教育上,形成了特色的做法。以照金纪念馆为例,2015年开始实施"照金精神走出去"战略,走近观众,把教育送上门。五年来,"照金精神"巡展走进全国25个省区市的39座城市,举办50场展览,实现了省内各市全覆盖,约300万人参观展览。照金纪念馆开展的"照金精神"巡展,成为同行纪念馆学习共享的"照金模式"。同时,开展"照金精神"进校园活动,积极贯彻总书记回信精神,培养了一支支"小红星"志愿者讲解员队伍。通过快板、红色故事、情景剧等方式,讲好照金故事;利用文物体验、有奖问答等活动,充分调动青少年学习党史的浓厚兴趣,体验战争年代的艰辛不易。开展"照金精神"进网络活动。照金纪念馆建立官网,并制作、发布了四期微课堂,以及《照金精神之初心·使命·担当——习近平视察照金五年来照金纪念馆工作巡礼》视频。开展讲解服务大练兵,特别是注重加强对外携手共建,先后与81家单位结成红色教育共建单位,使照金纪念馆在爱国主义教育、党性教育、革命历史教育作用发挥上不断提升和超越。

渭华起义纪念馆在开展红色文化进机关活动中,一是编撰《渭华起义小故事选编》,让各党支部在开展渭华起义红色革命教育工作中学有所依、

学有所用。二是收集渭华起义影视作品，组织镇村干部群众集中观看。同时建立了 12 个党史村史馆，打造以渭华精神为主题的具有华州特色的党的历史文化。围绕"渭华精神"弘扬，渭南市华州区成立渭华起义研究会，结合本地英雄故事，先后编排了《大将郭子仪》《渭华星火》等多部文艺精品。创作《向信仰敬礼》歌曲，编撰出版关于渭华起义及英烈谱书籍 10 余种，制作高质量党员教育片《感怀渭华起义》系列党课，开设红色教育课堂，让红色教育跟上时代步伐，深入人心。

围绕马栏革命精神的弘扬，旬邑则组织创作歌曲《马栏精神代代传》、诗歌《马栏颂》、情景剧《八一剧团》《革命烈士崔景岳》《马栏街上的"德记店"》《鱼水情深》、舞蹈《战火中的陕北公学》《拥军支前》，讲好历史故事《从群众中走出来的群众领袖》《习仲勋的马栏情结》，在有效传播红色文化的同时，充分发挥了红色文化资源的精神教育价值。

（二）一批革命文化纪念馆建立，旧址、遗址不断挖掘、修复、修建与扩建

以关中地区的革命纪念馆为例，照金纪念馆 2013 年 8 月建成，同年 9 月重新开放运行。建筑面积 6500 平方米，展厅共有两层。围绕打造全国一流爱国主义教育主阵地，照金纪念馆不断完善基础设施建设。2015 年底，照金纪念馆建成了"红色书屋"，面积 130 平方米，现有藏书 9000 余册，按照馆藏书籍、红色书籍、党史资料、陕甘边革命根据地相关书籍、铜川籍作家作品分类分区，免费向驻镇单位提供借阅服务，供游客阅读、查阅、收藏等。这些藏书极大地丰富了红色书屋书籍类别及数量，使红色资源得到更好的利用。同时自 2015 年来，先后充实革命文物 23 件，展柜中陈列革命历史文物达到 600 余件，收集整理红色故事 18 个。此外，照金纪念馆采用声、光、电等现代化技术手段，不断对展厅进行改造完善，提升展厅品位。通过设施的完善，照金纪念馆服务观众的能力进一步加强。

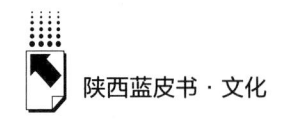

1988年渭华起义纪念馆、纪念塔始建，2016年5月，修建了新的渭华起义纪念碑。2017年设立渭华起义教育基地。渭南市华州区依托渭华起义红色资源，打造渭华干部学院，与渭华起义纪念馆、纪念碑，构成"一院一馆一碑"三位一体的渭华精神传承教育体系。渭华起义纪念馆着力打造陕西东部最大的红色教育基地。"馆藏展品1400余件，有陈列展室7个，起义领导旧居4处。同时馆内保留了当年起义时具有重要意义的革命遗址5处，馆内收藏文物157件，各类照片1200余幅，文献资料75件（原件32件）。"① 建立了渭华起义指挥部旧址、现代化陈列大厅、园林式的中心广场、烈士纪念塔四位一体的红色旅游景区。2018年以来，华州区在保护西北工农革命军司令部旧址等革命遗址的基础上，新建了渭华起义纪念群雕和刘志丹雕像，修缮了药王洞、郭家庄小庙、钟师统故居、陈述善故居等现场教学点，实现教育基地的空间扩增。

马栏革命纪念馆2007年开始建设，2011年7月对外开放。马栏革命旧址已经成为全国爱国主义教育基地、国家AAAA级景区、全国100个红色旅游经典景区之一、陕西省重点文物保护单位。馆内展出革命历史文物600余件，历史照片800多幅，陈列采用图片、实物、人物雕塑、硅胶人物、幻影成像等声光电子科技手段展示。门厅内设有多媒体电脑系统的电子触摸屏，便利供游客自由查询。近年来，旬邑县委、县政府编制完善了《马栏革命旧址开发保护总体规划》，修复了中共陕西省委、关中地委旧址、马家堡关中特区旧址、看花宫陕北公学旧址、红26军军部旧址、雷庄阳坡头革命旧址。修复保护中共陕西省委、关中地委旧址马栏镇马栏村窑洞56孔。相继完成了红26军战史陈列馆、阳坡头关中分区展馆、阳坡头新正县展馆、关中分区践行群众路线展览馆4个展馆的布展任务，并全部对外免费开放。

（三）革命旅游景区蓬勃发展

陕西已被开发的红色旅游景区达150多个，其中有13个景区被列入全

---

① 《渭华起义纪念馆》，中国旅游网，http：//www.51yala.com，最后访问日期：2020年11月12日。

国红色旅游经典景区，已经初步形成以陕北的延安、关中的西安、陕南的汉中一线为主体，渭南和咸阳为两翼，7个不同主题的重点红色旅游区。打造陕北的"革命圣地、黄土风情"、关中"革命前哨、汉唐盛世"、陕南"红军踪迹、青山绿水"三大品牌。

以陕北延安为例，全市境内445处革命纪念地，红色旅游资源数量占陕西省红色资源总量的72%，被誉为中国保存最完整、面积最大的革命遗址群。近年来，延安坚持"创新驱动、转型升级、全产业链发展"战略，利用红色文化资源丰富和潜在的旅游产业发展空间广大的优势，在延安建设形成了以圣地河谷文化旅游产业园区为核心，包括《延安保育院》、文安驿古镇、壶口瀑布文化景区在内的大型文化旅游板块。梁家河、文安驿知青文化旅游品牌已有了一定的影响，鲁艺桥儿沟文化产业园区等重点旅游项目建设有序推进。整合北线旅游带中的景区景观、文化演出、休闲娱乐、旅游消费、住宿餐饮等项目，打造一条全新的集红色文化、黄土文化、黄河文化、民俗文化于一体的短途两日旅游线路，推动陕北"全域旅游"快速发展，以此带动陕北文化旅游产业的转型升级。加大红色文化的挖掘力度，打造具有国际影响力的红色文化旅游品牌，先后推出了《延安保育院》《延安记忆》《穿越道情》《黄河大合唱》《红色娘子军》等六部红色实景演出，实现了社会效益和经济效益的双赢。尤其是《延安保育院》和文化综合体圣地河谷·金延安将延安革命文化历史从"静态展览"转向"活态传承"，将红色文化资源和历史文化与现代科技、新型运营模式相结合，提升游客参与度，加深观众对圣地延安的印象。陕旅集团依托项目，以延安红色革命文化和黄土民俗文化为主题，以"延安记忆"为理念，复兴和再现老延安城的历史风貌，积极创建红色旅游国际合作示范区，将项目打造成中国革命红色文化体验式朝圣地和黄土民俗文化世界级展示窗口，联动"黄河国家公园"——黄河旅游资源带，构建以圣地河谷·金延安为核心的大陕北国际旅游集散中心。提升革命旧址内部文化和外部环境整治工程，新增旅游标识，继续增加红色旅游专线车辆，落实按统一标准建立城市、县（区）旅游咨询服务中心。经过一系列的措施实施，红色旅游持续升温。2018年，延安共接待游客6343.98万人次,旅游综合收入410.7亿元;2019年上半年延安市接待游客3432.76万人次,旅游综合收入233.19亿元,同比分别增长15.17%和21.32%。

以关中的照金为例,照金镇按照"全域化、生态化、主题化"的建设理念,以"国内一流的红色文化休闲名镇、全国革命老区综合发展示范区"为战略目标,一跃成为全国百家红色旅游景点景区之一、全国爱国主义教育基地、国防教育基地、全国青少年教育基地。照金红色旅游名镇始终坚持"无伤痕开发""红色即民生""景镇融合发展"的开发理念,保护了照金原有生态和红色文化。近年来,照金成为全国红色旅游的样本,创造了小城镇化建设的"照金模式"。整合形成了有名的纪念馆、薛家寨、照金滑雪场、照金牧场等一系列旅游产品,完善了吃、穿、行、游、购、娱的服务体系,已成为关中地区红色旅游热地。近年来,照金镇依靠红色旅游的资源优势,创新发展模式,走出了一条统筹城乡、富裕群众的新路子,城镇化迅速发展。照金积极探索产业转型与旅游业态的突破发展,使农民实现了离土不离乡、就业不离家、就地市民化,"股份收入+土地流转收入+商铺租金收入+工资收入+创业收入"五大收入保障,系统化解决了城镇化后的生活。2019年,照金景区接待游客401.56万人次,实现旅游综合收入26.58亿元。目前照金镇正按照"红色、运动、康养"的产业定位,加快释放产业动能,以旅游促发展,巧借"景"势,使群众富裕起来。

二 陕西革命文化资源开发利用的不足

当前,围绕合理开发利用革命文化资源的相关工作不断推进,但仍存在思想认识不高、开发利用方式相对落后、创新性不足等问题。

一是一些地方和部门重经济增长,对革命文化教育效应认识不足,没有充分发挥革命文化育人的价值功能,出现弘扬革命文化口号多、落实少的现象。

二是在革命文化资源开发利用上偏重于延安时期的革命文化资源,对中国共产党成立和大革命时期的关中和陕南的革命文化资源开发缓慢,对陕西省的革命文化资源缺少整体开发的规划和思路,出现"北热南冷"现象。

三是在革命文化资源的开发利用中,往往只注重其历史文化价值,没有从发展先进文化、提供精神动力等方面下功夫,宣传方式单一,营销策划薄弱,开发利用深度不够。

四是目前陕西省只有延安的革命文化资源开发利用成熟,而关中地区和陕南地区只有单一的红色景区,没有形成集群效应,难以形成出名的红色文化品牌。

三 陕西革命文化资源开发利用的对策建议

为贯彻落实习近平总书记来陕视察重要讲话精神,针对陕西当前开发利用革命文化资源的不足提出如下建议。

(一)端正认识,发挥革命文化的育人功能

一些地方和部门要破除重经济增长的观念,针对革命文化教育效应认识不足的现象,必须提高政治站位,坚定革命文化的理想信念,把传承与弘扬革命文化的工作纳入地方党委政府政绩考核范围,摒除弘扬革命文化口号多、落实少的现象。利用革命文化资源,注重开展场景式、浸入式教育。为后备人才的培养划拨专项资金,在高校建立革命文化传承与弘扬基地,成立相应的学生社团。聚集社会力量,鼓励有实力的民间企业或个体,在当地办革命文化展览馆、收藏馆。将博物馆、文化馆、图书馆等向群众免费开放,开展丰富的革命文化艺术活动,提供满足群众需求的各类文化服务;各基层单位、各社区组织要把革命文化的精神扎根于群众的心灵,举办接地气的道德实践活动和群众性创建活动。发挥高校和科研人才的智库作用,当地政府部门要为对革命文化有研究兴趣的优秀毕业生制定和完善引才引智机制。划拨专项资金,聘请国内革命文化研究领域的资深专家,让他们为弘扬革命文化出谋划策。为扎根偏远的陕南革命老区的科研人才提供更多的优惠政策,对该地的革命文化进行长期系统的研究与弘扬。

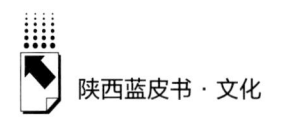

（二）整合革命文化资源，大力发展红色旅游业

整合省与省之间的革命文化资源，将陕甘边和陕北根据地、鄂豫陕根据地、川陕根据地的革命文化资源能连成片则连成片，能串成线则串成线，共建跨省合作的革命文化项目，达到共赢共享良好态势。省内应加大对已开发或未开发的革命文化资源的整合力度，重点是关中和陕南地区。整合开发各种文化资源，关中地区在开发革命主题文化资源的同时，也要结合古迹、山水风情和民俗文化资源的开发，如渭华起义纪念馆的红色旅游应和华山风景游、临潼古迹游等相结合。加强同类型革命资源的区域协作力度，渭北革命根据地可与邻近的马栏革命根据地、照金革命根据地组成精品旅游线路；杨虎城公馆可与张学良公馆、杨虎城指挥部旧址、八路军办事处、临潼的华清池和兵谏亭组建跨区域的西安事变旅游线路；统筹开发省三师习仲勋母校旧址、习仲勋故居、习仲勋陵园，打造习仲勋革命生涯游览线路。通过区域联合开发，产生联动效应和整体效应，扩大革命景观的社会知名度和影响力。陕南依靠政策的红利，将革命文化融入特色小镇建设顶层设计中，按照陕西省出台的《加快发展特色小镇的实施意见》，提出小镇"最红、最美、最文艺"的规划定位，做好小镇的整体规划，充分运用革命资源的嵌入模式，让特色小镇增加旅游的新动能，推进特色小镇智慧化发展。例如陕南成熟的特色小镇青木川、武侯镇可以将汉中宁强县、勉县的苏区历史纳入小镇建设；商洛的漫川关镇可以以革命文化为主打，锻造红色小镇，聚集周边革命资源。

（三）创新宣传方式，扩大知名度

举办红色文化节，举行红歌比赛，建设小区革命主题公园和城市革命广场，开设革命主题餐厅等，丰富和改进革命博物馆与纪念馆的陈列方式。将"请进来""走出去"两者相结合，提高去省外甚至国外展览、演出的质量与频率。照金纪念馆开展的"照金精神"巡展，成为同行纪念馆学习共享的"照金模式"。确定宣传对象，对老人、年轻人、学生进行分类，结合对象的不同喜好，选择恰当的宣传方式。改进宣传语言，将革命时期使用的革命话语体系与当下人们日常用语体系相结合,缩短现实与历史的距离。综合运用多种文化传播载体,在传统媒体的基础上,积极利用互联网,设立革命文化资源网站,构建革命文化资源网络文化,通过虚拟现实技术、电子VR眼镜等技术使大众轻松地获取不同地方革命文化信息。目前,关中地区有名气的马栏革命纪念馆和渭华起义纪念馆应加快建立自己的网站。发挥微信、微博、博客等自媒体的能量,创建红色文化公众号,设置专业的负责人管理公众号,由专人负责定时定点推送相关革命文化资料,设置与当地革命文化相关的链接模块,供人们查阅。搭建"革命文化微课堂"。发挥影视文化的传播优势,将革命文化融入文学艺术、广播影视等行业中,延伸革命文化产业链,为革命文化的传播提供较好的蓝本。延安革命的影视剧、舞台剧已经在全国引起了强烈反响,而关中革命和陕南革命的影视文化几乎空白,应加快对革命影视文化的制作投入。

(四)加大保护开发利用力度,培育和打造革命文化资源品牌

陕北延安基本上实现了革命文化资源的品牌化效应,但关中地区中国共产党成立初期和大革命时期的革命文化资源基本上没有得到开发。陕南苏区的革命文化资源,包括汉中市、安康市、商洛市的革命文化资源处于搁浅的状态,有些地区的革命文化资源甚至遭到不同程度的破坏。为此,要对各种潜在的和现有革命文化资源进行组合规划,构建政府与社会相结合的保护体系,按照保护为主、抢救第一的方针,参照文化遗产地的保护办法,对一些重大遗址、遗迹、文献、建筑及时做好修缮和保护。陕西地方政府要摒弃"等、要、靠"的发展观念,建立"民办公助"和"公办民营"投入机制,调动社会力量办文化,整合革命文化资源,吸引社会资金大力发展经营性革命文化项目,延伸产业链。发挥延安革命文化资源的优势,将延安树立为国家级革命文化产业示范园区的典范,从而带动陕西革命文化资源产业化开发;以渭华起义纪念馆、照金纪念馆、川陕革命根据地纪念馆、马栏革命纪念馆、扶眉战役纪念馆为基础,建立革命文化产业园区,发展集约经营,形成规模优势。将陕北的延安,关中的照金、渭华、马栏,陕南的川陕革命根据地纪念馆打造为骨干品牌。

B.11
基于文化及相关产业分类的陕西文化批发和零售业发展研究

颜鹏 吕胜*

> **摘 要：** 本报告阐述了文化批发和零售业内涵、分类及特征，阐明发展文化批发和零售业的意义，分析国内文化批发和零售业的发展态势，提出陕西文化批发和零售业发展态势和存在的不足，为推进陕西文化批发和零售业的发展，提升文化产业发展水平提供积极的借鉴。
>
> **关键词：** 文化批发和零售业 文化消费 文化贸易

一 文化批发和零售业的内涵和特征

（一）文化批发和零售业的内涵及分类

文化批发和零售业是以《国民经济行业分类》为基础，根据文化及相关单位文化服务的特点类型，将文化批发和零售业分类中相关的类别重新组合，涵盖图书批发、报刊批发、音像制品、电子和数字出版物批发等行业。在最新修订的《文化及相关产业分类（2018）》中，为保持已有统计数据的

---

* 颜鹏，陕西省社会科学院文化与历史研究所助理研究员，研究方向为文化经济与文化产业管理；吕胜，中国石油天然气股份有限公司西北销售陕西分公司财务部主任、会计师、审计师、经济师，研究方向为财务管理、产业经济。

连贯性,依旧延续《文化及相关产业分类(2012)》中文化制造业、文化批发和零售业、文化服务业三大产业类别的划分,从产业链条的生产、流通和服务等环节反映我国文化建设和文化体制改革的基本情况。按照《文化及相关产业分类(2018)》划分,文化批发和零售业主要包含文化相关产业分类的文化传播渠道、文化辅助生产和中介服务、文化装备生产和文化消费终端生产 4 个大类,出版物发行、工艺美术品销售、艺术品拍卖及代理、文化经纪代理服务、广播电视电影设备制造及销售、摄录设备制造及销售、乐器制造及销售、文具制造及销售、信息服务终端制造及销售 9 个中类,图书批发,报刊批发,音像制品、电子和数字出版物批发,图书、报刊零售,广播影视设备批发,照相器材零售,舞台照明设备批发,乐器批发,乐器零售等22 个小类。文化批发和零售业行业范畴和所属类别见表1。

表 1 文化批发和零售业行业范畴和所属类别

所属大类	所属中类	所属小类	所属小类对应的国民经济行业分类代码
文化传播渠道	出版物发行	图书批发,报刊批发,音像制品、电子和数字出版物批发,图书、报刊零售,音像制品、电子和数字出版零售	5143、5144、5145、5243、5244
	工艺美术品销售	首饰、工艺品及收藏品批发,珠宝首饰零售,工艺美术品及收藏品零售	5146、5245、5246
	艺术品拍卖及代理	艺术品、收藏品拍卖,艺术品代理	5183、5184
文化辅助生产和中介服务	文化经纪代理服务	文化贸易代理服务	5181
文化装备生产	广播电视电影设备制造及销售	广播影视设备批发	5178
	摄录设备制造及销售	照相器材零售、舞台照明设备批发	5248、5175
	乐器制造及销售	乐器批发、乐器零售	5147、5247
文化消费终端生产	文具制造及销售	文具用品批发、文具用品零售	5141、5241
	信息服务终端制造及销售	家用视听设备批发、家用视听设备零售、其他文化用品批发、其他文化用品零售	5137、5271、5149、5249

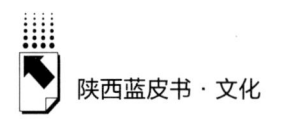

（二）文化批发和零售业的产业特征

文化批发和零售业作为文化生产过程中的重要环节，为生产者和消费者提供文化生产资料和生活资料，是文化市场经济中最活跃的环节，对文化经济运行的质量和效益起着至关重要的作用。文化批发和零售业面对的是最广大的文化消费群体，不但可以增强文化市场的消费活力，还能够增强产业发展信心，提升文化产业核心竞争力。由于国家对出版物批发、零售依法实行许可制度，出版物的批发、零售须按照《出版管理条例》《出版物市场管理规定》等国家法律法规，经省、自治区、直辖市人民政府出版行政主管部门审核许可，取得出版物经营许可证后才有资格进行相关活动。从事出版物批发、零售活动的单位和个人也需要凭借出版物经营许可证开展出版物批发、零售活动。

从文化批发和零售业行业范畴来看，文化批发业是购进文化产品后，再向其他批发或零售单位（含个体经营者）及其他企事业单位、机关团体等批量销售图书、报刊、影视、音像制品等文化产品，并从事进出口文化贸易和贸易经纪与代理的活动。文化批发业不与消费者直接交易，其销售对象是其他文化产品批发者和零售者。而文化零售业是将文化产品和服务在特定销售场所（书店、商场、超级市场、专门零售商店、品牌专卖店）等主要面向直接消费者的销售活动，包括个人消费者和团体消费者。文化零售业受消费者的消费需求和购买行为影响比较大，需要激发消费者更多的文化需求，不断提供消费者日益增长的具有较高层次的精神追求和具有情感体验的发展型文化消费品，通过市场机制实现供需双方在总量和结构上的均衡。

从文化批发和零售业所属行业种类来看，与文化及相关产业分类其他两大类别文化制造业和文化服务业相比，文化批发和零售业行业所占比重最小，种类类别最少。文化制造业涵盖50个小类，涉及4个大类、15个中类；文化服务业涵盖74个小类，涉及7个大类、26个中类，而文化批发和零售业仅涵盖22个小类，涉及4个大类、9个中类。从大类划分来讲，文化服务业大多数行业属于文化核心领域，而文化批发和零售业、文化制造业大多数行业属于与文化相关的领域。文化批发和零售业注重文化产品的终端销售，是最能够展示区域文化消费水平、文化贸易发展状况的重要指标，其发展程度的高低能够在一定层面反映区域文化产业的发展水平。

从文化批发零售业产业的规模来看，限额以上文化批发和零售业企业是在《文化及相关产业分类（2018）》规定行业范围内，年主营业务收入在2000万元及以上的批发业企业法人和年主营业务收入在500万元及以上的零售业企业法人。而规模以上文化制造业企业是在《文化及相关产业分类（2018）》所规定行业范围内，年主营业务收入在2000万元及以上的工业企业法人。规模以上文化服务业企业是在《文化及相关产业分类（2018）》所规定行业范围内，从业人员在50人及以上或年营业收入在1000万元及以上的服务业企业法人，其中文化和娱乐业的年营业收入在500万元及以上。

二 国内文化批发和零售业发展态势分析

从宏观经济走势来看，随着城乡居民收入水平的整体上升，我国居民文化消费无论是从总量还是从结构上都有相当大的提升空间，这为我国文化批发和零售行业的发展提供了良好的宏观环境和消费保障。

（一）文化产业平稳增长，产业结构持续优化

2019年，在国内国际复杂严峻背景下，我国文化产业依旧保持着平稳较快的发展速度，营业收入平稳增长，文化产业结构持续优化，文化消费需求持续提振。2019年文化及相关产业企业实现营业收入按可比口径计算比2018年增长7.0%，保持平稳较快增长。从三大产业分类来看，2019年，全国规模以上文化制造业企业营业收入达到36739亿元，占比42.2%，比上一年增长3.2%；全国规模以上文化批发和零售业企业营业收入达到14726亿元，占比17%，比上一年增长4.4%；全国规模以上文化服务业企业营业收入达到35159亿元，占比40.6%，比上一年增长12.4%。2018年，全国规模以上文化制造业企业营业收入达到38074亿元，占比42.7%，比

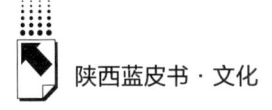

上一年增长4.0%；全国规模以上文化批发和零售业企业营业收入达到16728亿元，占比18.7%，比上一年增长4.5%；全国规模以上文化服务业企业营业收入达到34454亿元，占比38.6%，比上一年增长15.4%。2018年、2019年按三大行业分类全国规模以上文化及相关产业企业营业收入情况见图1。①

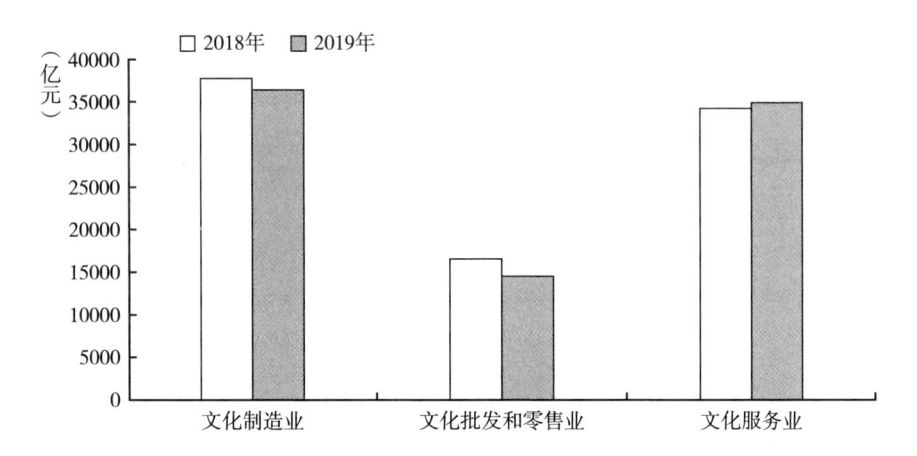

图1　按三大行业分类全国规模以上文化及相关产业企业营业收入情况

资料来源：国家统计局网站。

（二）文化批发和零售业稳步增长，经济效益日益向好

2018年，限额以上文化批发和零售业企业全国共有10528家，年末从业人员数达到590402人，资产总计127466253万元，营业收入达到205379431万元，其中主营业务收入达到203829006万元。根据文化批发和零售业企业不同的类型，按登记注册类型来看，内资企业10202家（占比达到96.90%），港澳台商投资企业174家（占比1.65%），外商投资企业152家（占比1.44%）；再按照企业控股情况来看，国有控股企业有1221家

---

① 《2019年全国规模以上文化及相关产业企业营业收入增长7.0%》，中华人民共和国中央人民政府网站，http://www.gov.cn/xinwen/2020-02/15/content_5479165.htm。

（占比11.6%），集体控股企业127家（占比1.21%），私人控股企业达到8317家（占比79.0%），港澳台商控股企业174家（占比1.65%），外商控股企业134家（占比1.27%），其他企业555家（占比5.27%）。从年末从业人员来看，国有控股企业年末从业人员138749人（占比23.50%），集体控股企业年末从业人员12073人（占比2.04%），私人控股企业年末从业人员312868人（占比52.99%），港澳台商控股企业年末从业人员33851人（占比5.73%），外商控股企业年末从业人员34665人（占比5.87%），其他企业年末从业人员58197人（占比9.86%）。从资产总计来看，国有控股企业资产总计40058175万元（占比31.43%），集体控股企业资产总计4457469万元（占比3.50%），私人控股企业资产总计46383248万元（占比36.39%），港澳台商控股企业资产总计8171842万元（占比6.41%），外商控股企业资产总计12661159万元（占比9.93%），其他企业资产总计15734361万元（占比12.34%）。从营业收入来看，国有控股企业营业收入40723041万元（占比19.83%），集体控股企业营业收入8830949万元（占比4.30%），私人控股企业营业收入86788678万元（占比42.26%），港澳台商控股企业营业收入9475898万元（占比4.61%），外商控股企业营业收入35773006万元（占比17.42%），其他企业营业收入23787859万元（占比11.58%）。2018年，全国文化批发和零售业企业数量和年末从业人员数量分布见图2，全国文化批发和零售业资产总计及营业收入分布见图3。

（三）区域发展不均衡，产业布局差异鲜明

从区域分布来看，我国文化批发和零售业发展不均衡，东南沿海发达地区产业发展较为迅速。中西部地区文化批发和零售业的增速较快，发展潜力较大。从具体区域分布来说，东部地区文化批发和零售业的企业单位数量占全国文化批发和零售业企业单位数的59.71%，营业收入占全国文化批发和零售业企业营业收入的78.35%，营业利润占全国文化批发和零售业企业营业利润的70.67%；中部地区文化批发和零售业企业单位数占全国文化批发和零售业企业单位数的23.16%，营业收入占全国文化批发和零售业营业收

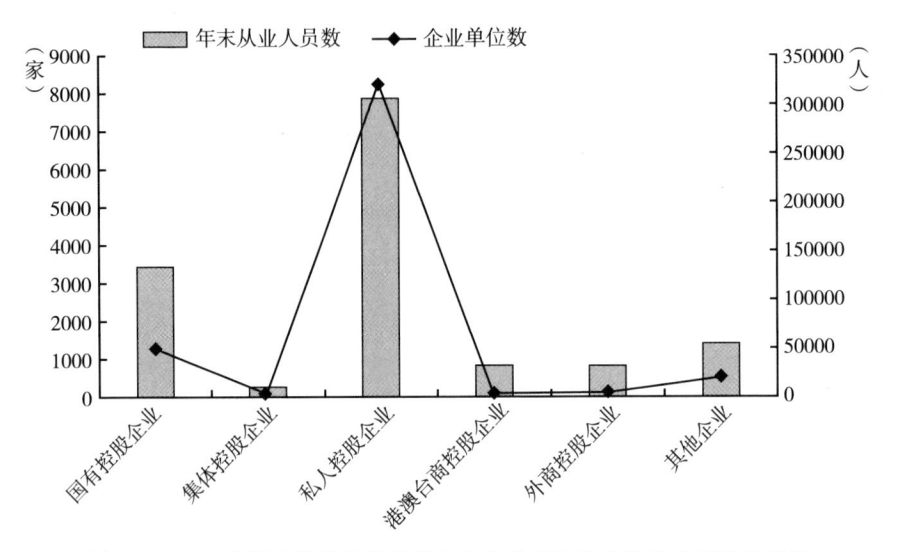

图2 2018年全国文化批发和零售业企业数量和年末从业人员数量分布

资料来源:《文化及相关产业年鉴2019》。

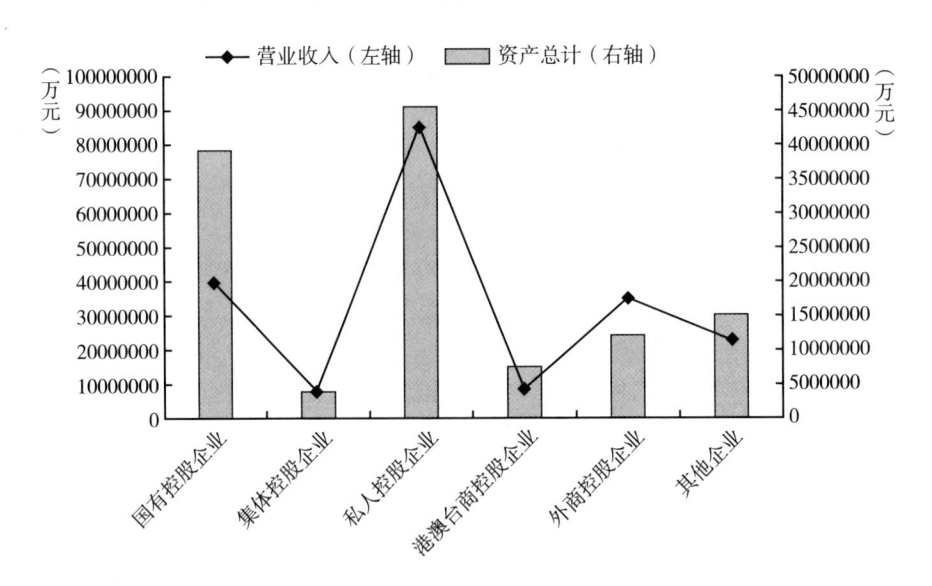

图3 2018年全国文化批发和零售业资产总计及营业收入分布

资料来源:《文化及相关产业年鉴2019》。

入的10.67%,营业利润占全国文化批发和零售业营业利润的17.47%;西部地区文化批发和零售业企业单位数占全国文化批发和零售业企业单位数的

13.88%，营业收入占全国文化批发和零售业营业收入的9.79%，营业利润占全国文化批发和零售业营业利润的11.17%；东北地区文化批发和零售业企业单位数占全国文化批发和零售业企业单位数的3.26%，营业收入占全国文化批发和零售业营业收入的1.19%，营业利润占全国文化批发和零售业利润总额的0.69%（见图4）。东部地区在文化批发和零售业企业数量、规模以上文化批发和零售业企业营业收入及利润总额中都占有重要份额，而中西部地区数据占比不大，但其发展速度较快，有望成为未来文化批发和零售业发展的重要支撑力量。

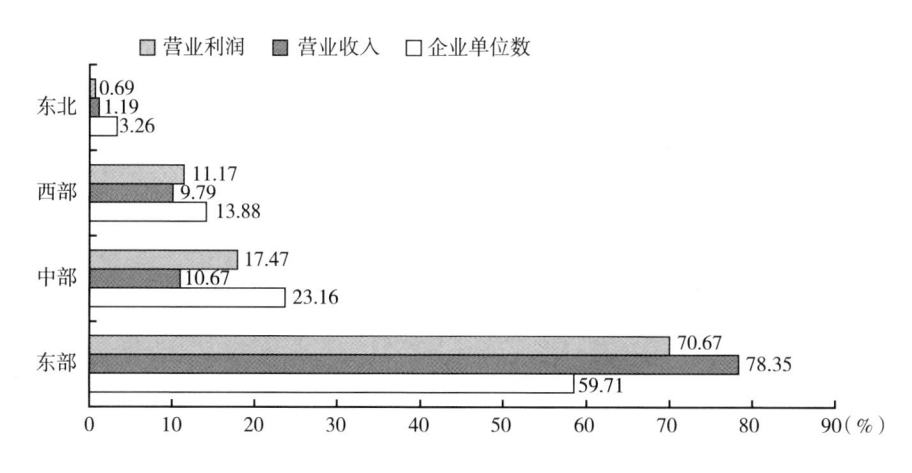

图4 2018年不同区域文化批发和零售业主要经济指标对比分析

资料来源：《中国文化及相关产业年鉴2019》。

（四）文化需求增长迅速，消费质量和效益显著提升

扩大文化消费是我国扩大内需的重要内容，文化消费已经成为我国经济增长的主要拉动力量。2009~2018年，我国社会消费品零售总额从2009年的13.3万亿元增长至2018年的超36万亿元，年均增速达到10.8%。2018年，我国消费占GDP的总量达到55%以上，对GDP增速的贡献达到76.2%。提升文化消费总量、提高文化消费水平使群众精神文化需求增长强劲，能够有力推动文化消费市场繁荣，使我国文化产业进入快速发展的新时

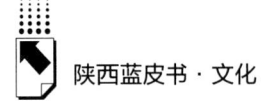

期。伴随着改革开放的不断推进,我国城乡居民文化消费需求不断提升,人民群众对多样化的文化产品和服务更为期待,为我国文化消费的改善提供了巨大的空间。居民教育文化娱乐支出已经成为居住、食品烟酒、交通通信后的第四大支出。2018年,全国居民用于文化娱乐的人均消费支出为827元,较2017年稍有减少。2017年,全国居民用于文化娱乐的人均消费支出从2013年的576.7元增长至850元,增速比同期全部人均消费支出高1.7个百分点。其中,全国城镇人均文化娱乐消费支出1339元,比2013年增长41.5%。农村居民人均文化娱乐消费支出261元,比2013年增长49.1%。①

三 基于文化及相关产业分类的陕西文化批发和零售业发展态势分析

2018年,陕西省实现社会消费品零售总额8938.27亿元,同比增长10.2%,居全国第9位。限额以上单位实现消费品零售额5440.76亿元,增长10.3%。② 居民消费结构持续升级,新兴商品的消费保持两位数的快速增长,陕西文化批发和零售业获得了较好的发展环境。

(一)经济效益稳步提升,产业占比较低

近年来,陕西文化批发和零售业具有缓慢发展态势,但其在文化及相关产业分类中的占比较低,与其他两大类别的差距较大。从企业单位数来看,2018年,陕西规模以上文化批发和零售企业达到224个,同比增长18.5%;从企业营业收入来看,陕西规模以上文化批发和零售业实现营业收入248.4亿元,同比增长14.8%;从营业利润来看,陕西规模以上文化批发和零售

---

① 《文化事业建设不断加强 文化产业发展成绩显著》,中国政府网,http://www.gov.cn/xinwen/2018-09/14/content_5321864.htm,最后访问日期:2020年9月4日。
② 《2018年陕西实现社会消费品零售总额8938.27亿元增速居全国第9》,人民网,http://sn.people.com.cn/n2/2019/0222/c378288-32672274.html,最后访问日期:2020年9月11日。

业实现营业利润 7.9 亿元，同比增长 30.6%。再从年末从业人员数来看，2018 年末，陕西规模以上文化批发和零售业从业人员 10104 人，略有减少，同比增速为 -1.2%。可以看出，陕西文化批发和零售业在文化产业中的比重不高，增速不快，但作为文化产业发展的重要组成部分，有望在一定领域形成陕西文化产业发展特色。

（二）与其他省份相比还存在一定差距，发展较为滞后

2018 年，从各省份限额以上文化批发和零售业企业数来看，陕西限额以上企业单位数 264 家，在全国排第 14 位，仅是广东的 1/6，江苏的 1/6，排前三位的省份是广东、江苏和浙江。从各省份限额以上文化批发和零售业年末从业人员数来看，陕西限额以上企业年末从业人员数为 10243 人，在全国排第 16 位，仅为广东的 1/10，江苏的 1/6，排前三位的省份是广东、江苏和北京。从各省份限额以上文化批发和零售业资产总计来看，陕西限额以上企业资产总计 1056138 万元，在全国排第 20 位，仅为广东的 1/19，北京的 1/18，排前三位的省份是广东、北京和上海。上述经济指标的差异凸显了中国经济发展地区不平衡的状况。上海、北京、广州等经济发达的地区，人均 GDP 达到较高水平，是文化消费的主要地区，在文化批发和零售业相关数据上得到了充足的体现。随着中西部省份经济水平的发展，文化新兴业态能够得到进一步扩张，经济欠发达地区的文化批发和零售业也将会出现提升的趋势。

再从副省级城市限额以上文化批发和零售业主要经济指标对比分析可以看出：从企业单位数来看，2018 年，西安文化批发和零售业企业单位数是 71 家，和济南、沈阳、成都数量相当，列全国副省级城市第 9 位，前三位是深圳、广州和南京。从企业单位数绝对数量来看，西安文化批发和零售业企业单位数仅为深圳的 1/8，广州的 1/6，南京的 1/4。从年末从业人员数来看，2018 年，西安文化批发和零售业年末从业人员数是 4743 人，和沈阳数量相当，列全国副省级城市第 11 位，前三位是深圳、南京和广州。从年末从业人员数绝对数量来看，西安文化批发和零售业年末从业人员数仅为深

圳的1/8，南京的1/7，广州的1/7。再从资产总计情况来看，2018年，西安文化批发和零售业资产总计664110万元，列全国副省级城市第11位，前三位是深圳、南京和青岛。从资产总计绝对量来说，西安文化批发和零售业资产总计仅为深圳的1/17，南京的1/12，青岛的1/9。可以看出西安文化批发和零售业与国内其他副省级城市的差距还比较大，尤其是东部沿海地区的深圳、广州、南京等城市。

（三）地市发展差异明显，省会聚集效应凸显

陕西每年都会对出版物发行单位进行核验，通过核验的单位能够继续从事出版物经营活动。2018年，陕西出版物发行（批发）单位共有322家。其中，西安市碑林区28家、新城区150家、莲湖区25家、雁塔区73家、未央区32家、灞桥区8家、长安区1家、鄠邑区1家，咸阳市秦都区1家，渭南市临渭区1家，杨凌示范区1家，榆林市榆阳区1家。陕西出版物发行（零售）单位共有2098家。其中西安市有978家，宝鸡市189家，咸阳市118家，铜川市42家，渭南市97家（包括韩城市17家），延安市152家，榆林市214家，汉中市88家，安康市140家，商洛市54家，杨凌示范区26家。从上述数据可以看出，西安作为省会城市，在出版物批发和零售业的企业单位数上都具有极大的优势，其他地市最多占到西安的1/4。这说明西安文化批发和零售业具有较大优势，能够从物流、消费市场和文化贸易方面形成绝对优势。陕西各地市出版物发行（零售）单位统计见图5。

从各市（区）文化批发和零售业整体经营情况来看，2017年，陕西省文化批发和零售业法人单位数是210家，法人单位数目居前三位的市（区）是西安58家、渭南37家、汉中25家；陕西省文化批发和零售业年末从业人员数为10533人，年末从业人员数居前三位的市（区）是西安6132人、渭南972人、汉中894人；陕西省文化批发和零售业资产总额1003625万元，资产总额居前三位的市（区）是西安678445.6万元、渭南62492.3万元、汉中53486.3万元；陕西省文化批发和零售业营业收入2102462.9万元，营业收入居前三位的市（区）是西安1539891.9万元、渭南199487.1

基于文化及相关产业分类的陕西文化批发和零售业发展研究

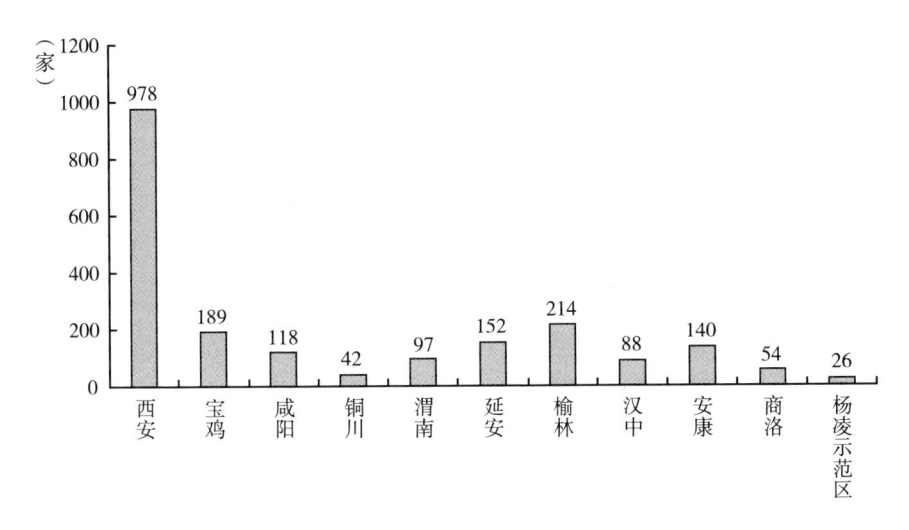

图中数据：西安 978、宝鸡 189、咸阳 118、铜川 42、渭南 97、延安 152、榆林 214、汉中 88、安康 140、商洛 54、杨凌示范区 26（单位：家）

图5　陕西各地市出版物发行（零售）单位统计

资料来源：陕西省广播电视局。

万元、汉中135148.9万元。由此可知，西安、渭南、汉中是陕西省文化批发和零售业发展相对较好的城市，仅西安文化批发和零售业的营业收入就占陕西全省的73.24%，西安文化批发和零售业年末从业人员数占全省的27.62%，西安文化批发和零售业资产总额占全省的67.60%。渭南和汉中尽管在全省的排名较为靠前，但与省会西安的优势依旧不可相比，与西安的差距还相当大，其他市（区）就更不能够相提并论。这也进一步说明，陕西省内文化批发和零售业的区域分布较为分散，产业规模主要集中在省会城市。2017年陕西各地市文化批发和零售业整体经营情况见图6。

（四）文化贸易规模逐步扩大，文化产品出口收益偏低

作为文化批发和零售业所属行业的文化贸易，一直备受关注。国际上的贸易研究机构和专家通常把文化贸易分为硬件文化贸易和软件文化贸易。具体来说，硬件文化贸易是用来生产、储存、传播文化内容的工具和物态载体（包括摄影器材、视听设备、影视器材、舞美设备、游戏和娱乐器材、艺术创造和表达的工具等），软件文化贸易指文化内容和文化服务（包括广播电

179

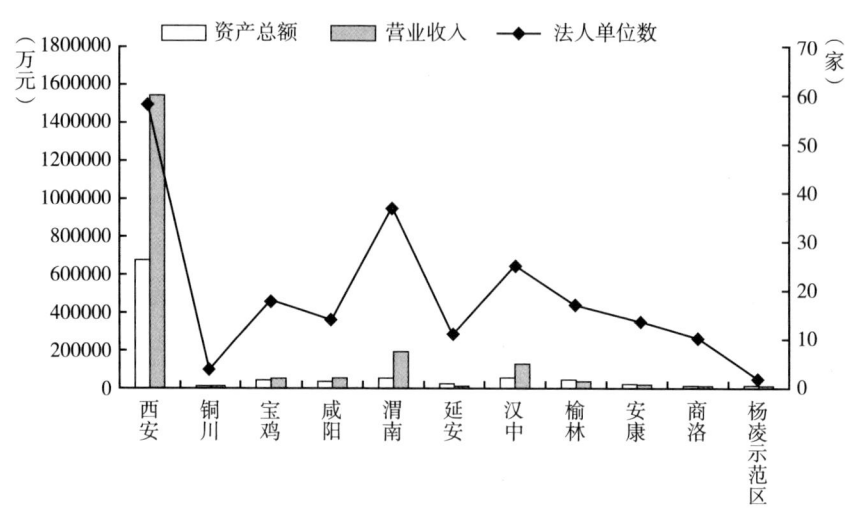

图6 2017年陕西各地市文化批发和零售业整体经营情况

资料来源：《2018年陕西文化统计年鉴》。

视节目、电影动画片和故事片、印刷品、出版物、视听艺术、表演艺术、载有文化艺术内容的光盘、视盘和多媒体、娱乐、会展等内容）。陕西非常重视文化贸易的发展，随着我国对外开放的深入推进和国际交流合作的有序拓展，陕西文化贸易规模逐步扩大，文化产品出口日益活跃。2014年，陕西印发《关于加快发展对外文化贸易的实施意见》，要求加快发展传统文化产业和新兴文化产业，扩大文化产品和服务出口，加大文化领域对外投资，力争到2020年，培育一批具有国际竞争力的外向型文化企业，形成一批具有核心竞争力的文化产品，打造一批具有国际影响力的文化贸易品牌，建设一批具有较强辐射力的对外文化贸易园区，搭建一批有利于发展和促进陕西省文化产业国际化的公共服务平台，对外文化贸易额在全省对外贸易总额中的比重大幅提高，陕西省文化产品和服务在国际市场的份额进一步扩大，陕西省文化整体实力和竞争力显著提升。[①] 从2014年起，陕西致力于打造国家级对外文化贸易基地，并以开展文化产品跨境电子商务为核心，全力推进陕

---

① 《陕西省人民政府关于加快发展对外文化贸易的实施意见》，陕西省人民政府网站，http://knews.shaanxi.gov.cn/0/103/10574.htm。

西对外文化贸易基地建设。2015年，西安对外文化贸易基地正式成立，这是陕西首家专门从事文化产品跨境交易及服务的贸易基地。西安对外文化贸易基地涉及文化产品交易、文化产业发展咨询、文化资金管理等业务，以线上电商和线下体验平台为载体，主要进行文化艺术品拍卖、文物复仿制品交易等业务，积极开展文化贸易跨境电子商务领域的制度创新、管理创新和服务创新，先行先试文化贸易跨境电子商务的交易模式、技术标准、监管制度、业务流程等，致力于建成完整的文化贸易跨境电子商务生态链和产业链。尽管陕西的文化"走出去"项目逐年增加，但通过文化贸易把文化产品和服务输送到国际文化市场上的产品和服务依旧较少，文化贸易出口份额过低，且绝大多数项目是政府主导的非营利性的文化交流项目，导致陕西在文化贸易中并未获得足够多的经济效益和社会效益，造成了对外文化贸易实体总体少而弱的困局。再加上信息渠道、开发成本、境外法制政策的差异以及不确定的政治风险，陕西文化贸易出口经营的风险较大，文化贸易企业开拓国际文化市场、出口经营的积极性普遍不高。在文化产品跨境电子商务平台建设方面，陕西拥有我国唯一的文化产品跨境电子商务平台——丝路汇，该平台具备文化产品跨境贸易服务、国际文化交流展示服务、文化产业大数据服务、文化创意产品孵化服务及文化产品跨境物流服务等五项核心业务，拥有良好的发展前景，能够满足众多文化企业、艺术家及消费者的文化服务需求。

（五）优质文化产品和服务供需两旺，文化消费明显升级

陕西高品质的文化产品和文化服务相继涌现，优质文化产品和服务供需两旺，不断满足着人民群众日益增长的文化需求，使陕西省文化消费层次升级明显。陕西新华出版传媒集团积极打造"线上+线下"融合发展新模式，取得了初步成效。2017年，延安市新华书店官方网店正式上线运营，成为陕西省新华书店系统首家开通线上销售的公司。截至目前，延安市公司本部线上平台上架商品6000余种，销售码洋已突破55万元。陕西人民教育出版社也已与京东、当当、博库、文轩等电商平台进行合作，并在天猫开设旗舰店以及图书专营店，还在微信平台开设了微店，取得了线上销售图书1000

多种的成绩。截至2019年9月底,线上图书销售码洋已达到3500万元。全省城镇常住居民家庭人均消费支出由2008年的9772.1元增长至2017年的20388元,年均增长速度为8.51%。同时城镇居民家庭文化娱乐支出由2008年的584.3元增长至2017年的1134元,年均增长速度为7.65%。再从全省农村常住居民来看,全省农村常住居民家庭人均消费支出已由2008年的2979.4元增长至2017年的9306元,年均增长速度为13.49%;农村常住居民家庭文化娱乐支出由2008年的85.7元增长至2017年的197元,年均增长速度为9.69%(见图7、图8)。从以上数据可以看出,尽管农村常住居民家庭人均消费和文化娱乐支出在绝对数量上比不上城镇居民的数据,但其年均增长速度较快,农村居民家庭文化娱乐消费已成为陕西文化消费增长的重要来源。陕西省统计局调查显示,2018年,全省规模以上电影放映企业实现营业收入13.35亿元,同比增长20.5%;文艺创作与表演企业实现营业收入11.1亿元,同比增长76.2%;动漫、游戏数字内容服务企业实现营业收入2.5亿元,同比增长78.6%;各类游乐园实现营业收入3.3亿元,同比增长23%;休闲观光行业实现营业收入1.4亿元,同比增长115%。[①]

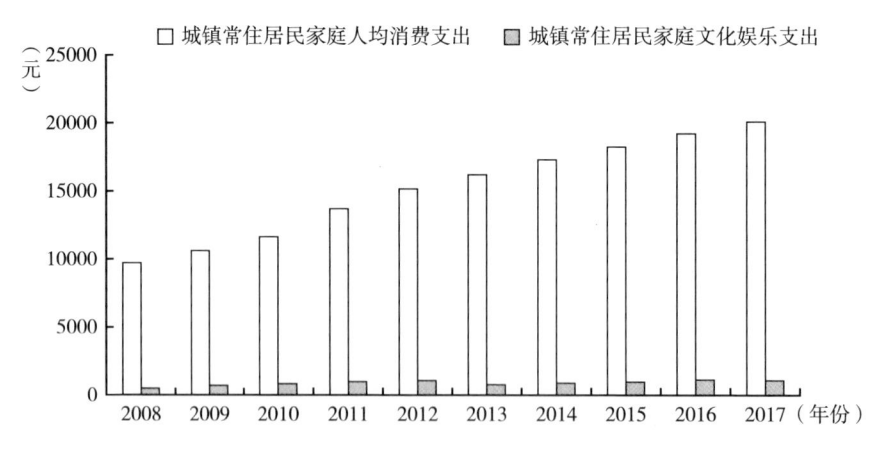

图7 2008~2017年陕西城镇居民文化娱乐支出对比

① 《2018年陕西文化产业运行情况分析》,陕西省人民政府网站,http://www.shaanxi.gov.cn/sj/cxfb/135788.htm,最后访问日期:2020年9月7日。

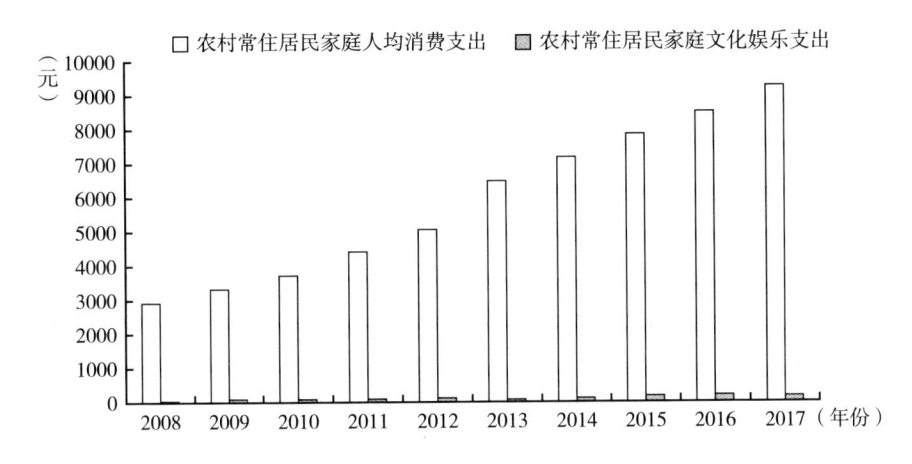

图8　2008~2017年陕西农村居民文化娱乐支出对比

四　陕西文化批发和零售业发展趋势及对策分析

伴随着陕西文化产业的稳步发展，陕西文化批发和零售业也迎来了发展的新空间。在文化产品和服务的产业链，陕西文化生产、交换、销售各个环节紧密相连，文化生产和服务的销售环节也必定能得到稳步增长。以文化出版行业为例，近年来，陕西出版行业以主题出版为抓手，围绕陕西重大文化活动、会议、事件、节庆等主题，进行形式多样的选题策划和出版活动，推出能够增强陕西道路自信、理论自信、制度自信、文化自信，能够反映陕西当代中国核心价值观、宣传中华民族伟大复兴中国梦以及陕西经济社会、科学技术、文化艺术等方面最新成果的优秀出版物，极大地促进了陕西文化产业的发展。当前，陕西批发和零售业发展依旧面临诸多困难，但由于其对文化产业具有不可忽视的作用，其未来发展趋势还是比较乐观，需要从以下几个方面着重发展。

（一）加快推动文化批发和零售业实现高质量发展

在国际国内环境多变、文化产业形态日益更新的新时期，陕西需要提高政治站位，创新发展文化批发和零售业，进一步优化升级陕西文化产业结构，推动陕西文化产业的高质量发展。陕西文化产品的批发和零售实现了由计划经济体制下行业管理向市场经济体制下行业治理的深刻转变，实现了由单一的新华书店渠道向多渠道、多媒介供给的深刻转变，实现了由供给短缺向产品和服务极大丰富的深刻转变，实现了由传统的图书批发零售业态向文化、商业、科技、文化互动体验融合发展的新兴业态的深刻转变。陕西可以继续深化认识文化批发和零售业在推进全民阅读、建设书香社会、促进陕西文化消费水平的提升以及扩大陕西文化贸易等方面的突出贡献，为传承中华优秀传统文化、建设陕西文化强省凝聚强大力量。

（二）大力推进农村文化批发和零售业网络体系建设，着力解决区域不平衡不充分发展问题

城乡发展不平衡是陕西文化批发和零售业发展不平衡不充分问题的突出体现。2018年10月，中宣部办公厅下发了《关于加强新华书店农村发行网点建设的通知》，提出针对不同地区实际情况的分类建设措施，要求各地加强组织领导和扶持引导。陕西应结合农村乡镇网点建设工作实际，积极争取专项资金，加大给予农村发行网点建设支持，从资源整合、资金投入、试点运营、模式推广等方面着手，尽快提出切实可行的实施办法，彰显新华书店等国有文化企业的公益属性和社会担当。同时，鼓励广大民营文化批发和零售企业积极投身农村文化事业和文化产业发展，为建立全覆盖、多层次、多样态、可持续的农村文化批发和零售业网络体系、更好满足农村群众精神文化需求做出应有的贡献。

（三）深入推动实体书店可持续发展，塑造独具特色的书店品牌

全国已有28个省份出台支持实体书店发展的意见和政策措施，图书批发零售免征增值税政策也再次得到延续，实体书店获得了前所未有的关注。购物中心、商业街区、公共设施、市民社区、旅游景区等场所都在积极引进优质实体书店入驻。陕西实体书店还需要找准市场定位，塑造独具特色的书店品牌，继续丰富产品线，打造更多的爆款产品，充分运用信息技术、互联网技术，提升实体书店竞争力。在做好自身图书产品开发的基础上创新商业模式，拓宽图书行业经营管理理念，为陕西文化批发和零售行业发展提供更多宝贵经验。

（四）激活文化消费信心，打造"线上+线下"融合发展新模式

消费结构升级带动居民消费结构的优化和改善，使消费成为拉动经济增长的主要动力。陕西文化批发和零售业需要提升对线上线下融合发展的认识，有针对性地选择线上营销平台和产品。陕西传统发行企业需要着力发挥网点和服务优势，建立"线上+线下"融合发展的新模式，同时，立足大数据应用，打造全省文化批发和零售业数据节点和服务中心，实现线上线下立体化经营。对于传统批发和零售企业，需要加快实体门店和传统销售渠道的数字化改造，建立高效的读者跟踪体系和客户良性互动机制，实现购买主体的用户化、会员化、数字化、社群化，进一步深耕陕西文化消费市场，赢得区域文化消费优势。

公共文化篇
Public Culture Reports

B.12 陕西现代公共文化服务体系建设发展报告

曹 云*

摘 要： 本报告全面回顾了2020年陕西构建现代公共文化服务体系的各项进展，指出陕西省深入贯彻习近平总书记在黄河流域生态保护和高质量发展座谈会上的重要讲话精神及总书记来陕重要讲话精神，面对疫情防控压力采取积极措施确保公共文化产品有效供给，为如期实现"十三五"末陕西省"基本建成现代公共文化服务体系"的战略目标奠定了坚实的基础。在总结2020年主要工作的基础上，报告从陕西落实习近平总书记来陕考察重要讲话精神的重要举措、"十三五"期间陕西省公共文化体系建设成效、疫情期间公共文化产品供给、非物质文化遗产保护、发挥国家项目带动作用等方面，分析了2020年陕西现代公共文化服务体系建设的重要成效，最后对2021年的发展趋势进行了展望。

---

* 曹云，陕西省社会科学院文化与历史研究所副研究员，主要研究方向为公共文化。

关键词： 公共文化服务体系　非遗保护　陕西

2020年是陕西省公共文化建设进程中不平凡的一年。面对新冠肺炎疫情，陕西省认真贯彻落实习近平总书记重要指示、来陕考察重要讲话精神，按照党中央、国务院决策部署，全力做好常态化防控工作，采取积极措施确保全省公共文化产品的有效供给，为如期实现"十三五"末陕西省"基本建成现代公共文化服务体系"的战略目标奠定了坚实的基础。

一　2020年陕西现代公共文化服务体系建设的主要工作

2020年，陕西省进一步加大公共文化体系建设力度。继续坚持以人民为中心、以精品奉献人民，打造了一批集思想性、艺术性、群众性于一体的精品力作，推动基本公务文化服务标准化、均等化，全面提升公共服务的覆盖面和可及性，满足人民群众多层次、多样化的文化需求。

（一）深入贯彻习近平总书记在黄河流域生态保护和高质量发展座谈会上的重要讲话精神及总书记来陕重要讲话精神

印发实施《陕西省推动黄河流域生态保护和高质量发展2020年工作要点》，明确了五大领域的22项重点任务，提出4项重点任务旨在"保护传承弘扬黄河文化"。组织编写《陕西省黄河文化保护传承弘扬规划》《陕西省黄河流域非物质文化遗产保护传承弘扬专项规划》，深入挖掘黄河文化内涵，将相关重大工程、重点项目纳入各级"十四五"发展规划，进一步夯实发展基础，形成合力推动落实。

为贯彻落实习近平总书记关于秦岭生态保护的批示，陕西省于2019年首次开展秦岭文化遗产资源调查，初步发现秦岭区域内的文化遗产1.5万余处，相关研究成果吸纳进入新修订的《陕西省秦岭生态环境保护条例》，部分成果于2020年向公众公开，本次调研为全面了解、掌握秦岭陕西境内文化遗产资源、科学决策保护秦岭生态环境提供了基础性依据。为进一步提高文化遗产保护利用水平，陕西举办了2020"文化和自然遗产日"暨"非遗购物节"，截至目前共有西安鼓乐、中国剪纸、中国皮影戏3个项目列入联合国教科文组织"人类非物质文化遗产代表作名录"，秦腔等74个项目列入国家级非遗名录。

（二）加快推进公共文化服务体系建设

贯彻落实《陕西省公共文化服务保障条例》，加快了陕西省图书馆新馆、陕西省文化馆新馆建设步伐，举办了第八届陕西省阅读文化节、2020陕西省群众文化节等品牌文化活动，开展第四批国家公共文化服务体系示范区（项目）创建验收工作，以及第五次全国文化馆评估定级工作等，积极参与2020年全国公共文化和旅游产品云上采购大会，组织省内国家公共文化服务体系示范区创建城市、文化和旅游公共服务机构功能融合试点单位、获得中国民间文化艺术之乡称号的县（区、市），投入不同板块的主题活动中，宣传推介本地公共服务发展成果、创新经验及特色文化和旅游资源。

为贯彻落实习近平总书记来陕西考察重要讲话重要指示精神，陕西省统筹整合资金1.5亿元，帮助加快补齐市县公共文化服务体系建设的短板，推动实现基本公共文化服务的标准化及均等性。针对陕西省现代公共文化服务体系建设的薄弱环节，紧扣重点向人口聚集区域的公共文化体育场馆、综合性文化服务中心、新时代文明实践中心以及全民健身设施等改造建设项目倾斜，着力打造省、市、县、乡、村五级公共文化服务体系升级版，实现公共文化设施来到群众"家门口"以及"县县有图书馆、文化馆""乡乡有综合文化站"等。

（三）大力繁荣发展艺术创作

现实题材创作力度持续加强，推出一批兼具思想性、艺术性的文艺作品。2020年共有9项作品入选文化和旅游部"百年百部"创作计划，其中入选创作计划重点扶持作品4项、传统精品复排计划重点扶持作品3项、小型作品创作计划重点扶持作品2项,为"庆祝中国共产党成立100周年舞台艺术精品创作工程"贡献了陕西力量;举办第九届陕西省艺术节、首届全省戏曲武戏大赛、全省民族器乐大赛等活动,推动全省艺术创作再繁荣;加大政府购买公共演出力度,不断丰富广大群众精神文化生活。

二 2020年陕西现代公共文化服务体系建设的重要成效

(一)以全面学习落实习近平总书记来陕重要讲话为引领推进陕西公共文化服务体系建设

习近平总书记来陕考察重要讲话,从党和国家的全局与战略高度,深刻阐述了陕西发展中的根本性、方向性、全局性问题,提出了陕西新时代追赶超越的总体目标和五项要求。在公共文化建设方面,总书记指出:"要弘扬中华优秀传统文化、革命文化、社会主义先进文化,培育社会主义核心价值观,加强公共文化产品和服务供给,更好满足人民群众精神文化生活需要。"

为贯彻落实习近平总书记来陕重要讲话的目标和要求,2020年7月中共陕西省第十三届委员会第七次全体会议审议通过《中共陕西省委关于学习贯彻习近平总书记来陕考察重要讲话精神奋力谱写陕西新时代追赶超越新篇章的决定》(简称《决定》)。《决定》从守护精神标识和文化遗产、深耕厚植社会主义核心价值观、加强公共文化供给等多个方面出发,推出一系列重要举措,为全面贯彻落实总书记来陕重要讲话要求奠定了坚实的基础。

(二)"十三五"期间陕西公共文化服务体系建设成效显著

截至2020年陕西省公共文化服务网络建设取得显著成效,文化馆总分馆制建设基本完成,《陕西省公共图书馆条例》立法工作稳步推进,各项文化惠民活动有序展开。至前三季度,陕西省已建成文化先进县56个、民间文化艺术乡30个,共4批国家公共文化服务体系示范区和8个国家公共文化服务示

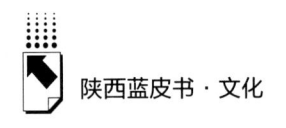

范项目。共建成使用公共图书馆113家（三级以上馆89家）、文化馆119家（三级以上馆98家），建成乡镇（街道）综合文化站1323个，任务完成率达98.44%，村（社区）综合文化服务中心18661个，任务完成率达96.94%，延安、榆林、安康多项新建公共文化设施已陆续投入使用。全省各地综合性博物馆向社会免费开放，图书馆、文化馆（站）基本服务项目免费供应，组织演出团体深入基层免费演出，每月向行政村免费放映一场电影，定期或不定期为城市居民和学生免费放映电影，为基层综合文化站和农家书屋配送更新图书报刊和电子出版物，为县级演艺团体配送流动舞台车及灯光、音响设备，为乡镇、村综合文化站配送文化活动器材、卫星数字接收设备。

2020年5月，陕西省文化和旅游厅公布了全省各地市公共文化设施服务效能抽查评价结果。此次调查采用抽查和暗访的形式，以陕西省各地市的五级公共文化服务网络体系所涉单位为调查对象，内容涉及公共文化服务类场馆的设施功能、数字化程度、免费开放、"两法一条例"[①]的宣传、公共文化服务设施及活动的知晓度和使用率、群众满意度等，共收集有效问卷101份。正在创建国家公共文化服务体系示范区的安康市公共文化设施服务效能和群众满意度各项指标远超陕西省平均水平，以72.9分的总成绩排名全省第一，充分体现陕西省切实发挥国家公共文化服务体系示范区（示范项目）的带动作用，公共文化服务水平不断提升。

（三）多措并举保障公共文化产品的有效供给

新冠肺炎疫情发生后，陕西省迅速转变工作方式，着力提升公共文化数字化服务水平，全面加强线上服务能力，将公共文化相关服务搬到"云"上，多渠道、多举措提供公共文化产品。

一是借助网络科技，实现美术馆、文化馆、旅游景区360°云端全景虚拟游览。例如疫情期间，陕西省文化馆开发的陕西360°全景线上非遗陈列

---

① 《中华人民共和国公共文化服务保障法》、《中华人民共和国公共图书馆法》和《陕西省公共文化服务保障条例》，简称"两法一条例"。

馆将皮影、泥塑等17个展区的非遗珍品进行线上展示，陕西省图书馆引领省内各级图书馆，依托微信公众号、官方网站、微博、抖音等平台，开展防疫知识和健康理念宣传以及数字图书馆线上活动。二是与国内专业的在线音频平台喜马拉雅合作，为陕西用户提供无限量的会员账号，疫情居家期间也可以收听10000+的精选好书好课。陕西省图书馆也与海恒小海鸥图书平台、喜马拉雅听书合作，向陕西省图书馆会员用户免费赠送15天的VIP听书礼包。三是鼓励"抗疫"文艺作品创作。全省文化工作者创作生产了6000余件抗"疫"题材的优秀文学作品，通过文学、书法、曲艺、诗歌朗诵、音乐短视频等多种艺术形式宣传防疫知识，为打赢抗击疫情阻击战凝聚文化力量。四是印发《关于应对疫情影响扶持全省文艺院团发展的通知》，提出2020年省级艺术创作资助用于文艺院团的资助资金不少于80%，确保广大群众在疫情结束后能欣赏到优质作品。五是依托陕西文旅惠民平台，陆续推出文旅惠民卡、"1元游景区"、文旅惠民券等多重文旅惠民福利，进一步加大文旅惠民卡、文旅惠民券发放力度，扩大使用范围，除进剧场欣赏演出之外，还可用于景区门票消费、观看旅游演出等，让广大群众特别是中低收入群体更好地享受到高质量文艺作品。

（四）非物质文化遗产保护取得丰硕成果

2020年陕西非遗保护取得一系列成果。2020年5月，陕西非遗"华州皮影"①在法国成功注册国际商标，成为中国首个皮影国际商标。"华州皮影"国际商标的成功注册，扩大了"华州皮影"的国际知名度，对传承和弘扬中华优秀传统文化、坚定文化自信起到了积极作用。同时也进一步拓宽"华州皮影"的销售渠道，扩大了市场份额，进而加强了对地方传统特色产业的保护。6月，陕西省文化和旅游厅、陕西省安康市政府主办了2020年

---

① "华州皮影"诞生于秦汉，2006年入选国家首批非物质文化遗产名录，2011年被联合国教科文组织列入《人类非物质文化遗产代表作名录》，2018年获批国家地理标志保护产品和地理标志证明商标。"华州皮影"出访过亚、非、欧、美等34个国家和地区，成为陕西乃至中国的一张闪亮文化名片。

陕西省"文化和自然遗产日"暨"非遗购物节",通过线上与线下结合的方式将"非遗购物节"、"非遗战疫"网络演出、陕西省"非遗战疫"主题展览等呈现给观众。9月,陕西省启动了"九曲黄河·魅力非遗——2020陕西省非遗进景区暨'黄河记忆'非遗展",对于深入挖掘黄河文化内涵、强化非物质文化遗产的活态保护产生积极作用。10月,省文化和旅游厅和省扶贫开发办公室联合下发《关于支持设立省级非遗扶贫就业工坊的通知》(陕文旅发〔2020〕8号),支持在全省设立省级非遗扶贫就业工坊,未来将成为陕西"非遗+扶贫"的重点工作之一,首批公布了52家省级非遗扶贫就业工坊;陕西的洛南静板书《包公揽桑》、眉户曲子《刺目劝学》等9部国家级非遗曲艺代表性项目亮相2020全国非遗曲艺周,通过文化和旅游部官方网站、中国非物质文化遗产网、光明网、优酷、快手、宁聚等线上平台集中展播;安塞腰鼓、华阴老腔与绥米唢呐等多个非遗项目参加第六届中国非物质文化遗产博览会,"陕西礼泉:袁家村——关中非遗文化传承地"、延安市安塞腰鼓进校园,分别入选第六届中国非物质文化遗产博览会的非遗与旅游融合发展优秀案例及第二届"非遗进校园"十大优秀实践案例,对于展示陕西非遗家底、讲好陕西非遗故事产生积极作用。

得益于长期对非物质文化遗产的重视和保护,陕西的非遗保护取得了较为丰硕的成果。一是建立起较为成熟的非物质文化遗产保护机制,为陕西非遗保护提供了坚实的组织保障。建立了由分管副省长任召集人的非物质文化遗产保护工作联席会议制度,在省、市、县(区)等不同层面成立了非物质文化遗产保护中心和保护工作专家委员会,在建立名录体系、传承人命名、遗产普查、重点项目保护和重大活动等方面做了大量工作。二是形成了四级梯次〔国家、省、市、县(区)〕结构非遗代表作名录体系,成为非物质文化遗产保护的重要手段,陕西目前分别有国家级、省级、市级、县(区)级等不同层级非遗项目74项、600项、1714项、4150项。三是以保护代表性传承人为核心,建立了国家、省、市、县(区)不同梯度的代表性传承人队伍。截至2020年,陕西省国家级、省级、市级、县(区)级的非遗项目代表性传承人分别为60人、438人、1281人、3977人,为全省非物质文化遗产保护工作起到了关键作用。四是结合当地资源,在实践过程中先后探索形成多种非遗扶贫模式,① 进而通过搭建平台、开展广泛的技能培训,推进当地的脱贫工作。五是不断加强相关非遗成果的整理出版工作。近年来先后编辑出版几十部著作,包括《陕西省非物质文化遗产名录图典》《陕西省非物质文化遗产项目代表性传承人图典》《陕西省非物质文化遗产保护高峰论坛论文集》等,发行录制音像制品《西安鼓乐》《阿宫腔》等,为陕西的非遗保护提供了详尽的资料和工作参考。

(五)国家公共文化服务体系示范区(项目)创建成绩斐然

陕西省以示范区(项目)、文化先进县创建等为抓手,在充分总结创建经验基础上,因地制宜在全省推开公共文化服务创新性做法。目前,陕西省共有宝鸡、渭南、铜川、安康等4批国家公共文化服务体系示范区,以及高陵区公共文化服务"110"、韩城市"欢乐送基层"等8个示范项目,创建了铜川市老城区"一心多点"公共文化服务新模式、安康市阅读起跑线等一大批公共文化服务品牌。通过示范区(项目)的带动,在各地推广"订单式""菜单式"等服务方式,优化供给结构、提升产品供给质量。在对2019年陕西省各地市公共文化设施服务效能抽查评价中,正在创建国家公共文化服务体系示范区的安康市公共文化设施服务效能和群众满意度各项指标远超陕西省平均水平,充分体现了国家公共文化服务体系示范区(项目)的带动作用。

三 2021年陕西构建现代公共文化服务体系展望

(一)科学制定"十四五"公共文化服务体系的建设目标及重点任务

"十三五"以来,陕西省加快推进基本公共文化服务标准化、均等化、

---

① 主要包括:"非遗+旅游""非遗+企业+传承人+贫困户""非遗+传承人+合作社+贫困户"等。

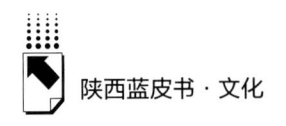

初步构建了覆盖城乡的公共文化服务体系，但同时也面临各地发展不均、质量参差不齐、人才储备不足等问题。建议未来陕西"十四五"时期公共文化服务体系建设规划应坚持以习近平总书记来陕重要讲话为引领，按照《中共中央关于制定国民经济和社会发展第十四个五年规划和二〇三五年远景目标的建议》中公共文化服务体系的建设目标和重点领域，围绕陕西奋力谱写新时代追赶超越新篇章，推进建设城乡一体的公共文化服务体系，实施文化惠民创新工程，进一步丰富群众性文化活动，推动公共文化数字化、智能化，补齐陕西公共文化服务体系建设"短板"；立足陕西文物大省的优势，加大文物保护、非遗传承，深入挖掘、研究文化遗产的时代价值，高质量建设黄河文化公园、长征国家文化公园；加强现实题材创作生产，以人民为中心，推出一批思想性艺术性俱佳的精品力作；繁荣发展新闻出版、广播影视、文学艺术、哲学社会科学事业；持续加强社会主义核心价值观教育，提倡艰苦奋斗、勤俭节约，推动社会文明程度不断提高；在社会公共文化活动中加强爱国主义、集体主义、社会主义教育，着力弘扬党和人民在中国不同历史时期的奋斗中形成的伟大精神，全面推进公民道德建设。

（二）持续推进公共文化服务体系法制化建设

继续加大"两法一条例"的宣传贯彻，推动《陕西省图书馆条例》立法工作，认真学习国务院办公厅印发的《公共文化领域中央与地方财政事权和支出责任划分改革方案的通知》（国办发〔2020〕14号，简称《改革方案》）。一是扎实做好"两法一条例"的学习、宣传、落实工作。各地市应认真对照"两法一条例"查漏补缺、对标达标，检查自身业务短板、提出改进方法，做好群众公共文化服务保障，推进公共文化服务的规范化、标准化，确保"两法一条例"全面落地、稳健实施。二是加快推进《陕西省公共图书馆条例》立法工作。《陕西省公共图书馆条例》是贯彻落实《中华人民共和国公共图书馆法》、促进陕西公共文化法制化进程的又一举措，该条例的起草工作于2018年12月启动，2020年6月完成了对安康等部分市县的调研及意见征集工作。应加快完成该条例的拟定工作，按照程序上报省政府、省人大常委会，力争尽快进入立法程序，促使《陕西省公共图书馆条例》在陕西省公共图书馆事业发展中发挥基本保障作用。三是按照《改革方案》要求，合理划分省以下公共文化领域财政事权和支出责任。未来陕西省所在的第一档省份，地方文化文物系统①免费开放所需经费由中央与地方财政按照8∶2的比例分担，陕西应尽快制定自身公共文化领域省与市县财政事权和支出责任划分改革方案，推动公共文化领域省与市县财政事权和支出责任划分改革。

（三）加大力度实施黄河文化系统性保护工程

全面落实《陕西省推动黄河流域生态保护和高质量发展2020年工作要点》，力争将"完善黄河流域公共文化服务体系"作为"十四五"时期陕西省公共文化服务体系建设的重要工作，优先支持完成黄河流域所在市、县、乡镇（街道）基层公共文化设施网络的全覆盖，推动相关市县两馆（公共图书馆、文化馆）服务效能提档升级、总分馆制及数字化建设；实施黄河文化遗产系统保护工程，抓好"黄河文化记忆"文献资源的收集、整理和开发；开展黄河流域非遗普查工作，摸清"家底"，建立黄河流域非遗名录数据库；加强黄河文化艺术创作，资助一批优秀的文艺创作产品，鼓励民间力量自发地保护和传承非遗文化，汇聚更多力量讲好"黄河故事"。

（四）进一步加强秦岭遗产保护工作

党的十八大以来，习近平总书记多次就加强秦岭生态保护作出重要批示，2020年习近平总书记来陕重要讲话再次强调："陕西生态环境保护，不仅关系自身发展质量，而且关系全国生态环境大局。"陕西省委、省政府对此高度重视，近年来两次修订《陕西省秦岭生态环境保护条例》。该条例2008年正式实施，是我国首部针对一条山脉进行立法保护的省级地方性法

---

① 包括地方文化文物系统所属的博物馆、纪念馆、公共图书馆、美术馆、文化馆（站）、全国爱国主义教育示范基地。

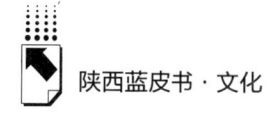

规，2017年经陕西省第十二届人民代表大会常务委员会第三十二次会议第一次修订，2019年经陕西省第十三届人民代表大会常务委员会第十三次会议第二次修订。新修订的条例对政府职责、管理体制和执法机制及"核心保护区、重点保护区和一般保护区"范围等进行了完善。2020年4月底习近平总书记来陕考察结束后，陕西省公布了秦岭文化遗产资源调查的部分阶段性成果。这是陕西首次调查秦岭文化遗产资源，未来将发布《秦岭文化遗产调查保护研究报告》。陕西应以此基线调研成果为基础性资料，科学决策并实施秦岭生态保护工作，以坚持不懈的实际行动回应总书记的关切。

B.13 陕西段长城、长征国家文化公园建设研究报告*

马燕云**

摘　要： 党的十八大以来，中央多次就"建立国家公园体制"这一国家战略做出相关部署安排。2016年，"十三五"规划将国家公园建设列入其中。2019年12月，中办、国办印发《长城、大运河、长征国家文化公园建设方案》。探索、设计和建设长城、长征国家文化公园，是增强中华文化软实力，加强文化资源保护、利用的重大创新举措。要充分挖掘陕西段长城、长征国家文化公园建设的精神内涵和特色优势，在合理创新长城、长征文化资源的基础上，着重于建设以文脉传承、文物保护和文化旅游发展为核心的新时代公共文化空间。

关键词： 国家文化公园　长城　长征　陕西

建设国家文化公园，是全面贯彻习近平总书记关于发掘好、利用好文物和文化资源的重要讲话的落实途径之一，也是积极助推文物和文化资源进行创造性转化和创新性发展的重要举措之一。党的十八大以来，中央作出

---

* 本文系2020年度陕西省社会科学院重点课题"陕西段长城长征国家文化公园建设的理论与实践"（立项号：20ZD08）成果。
** 马燕云，博士，陕西省社会科学院文学艺术研究所助理研究员，研究方向为城市文化发展史。

"建立国家公园体制"的文化决策,旨在从国家战略层面出发做好对重要自然和文化遗产区域的保护利用与文化传承工作。2017年3月5日,政府工作报告中首次明确提出建设国家公园体制。《长城、大运河、长征国家文化公园建设方案(讨论稿)》中,将河北省、江苏省和贵州省分别作为长城国家文化公园建设试点、大运河国家文化公园建设试点和长征国家文化公园建设试点。2019年7月,《长城、大运河、长征国家文化公园方案》在中央全面深化改革委员会第九次会议上审议并通过,明确重点打造长城、大运河、长征三个主题国家文化公园,旨在打造中华文化的重要标志,充分展示中华民族的传统文化和革命文化的强大生命力,并以科学规划国土空间为保障,秉持"保护第一、传承优先"原则,严格保护管控各种文物本体和环境,使传统文脉和文化生态得以良好保存并适度发展。根据《长城、大运河、长征国家文化公园方案》,在建设范围上,长城国家文化公园和长征国家文化公园均有明确划分细则,如表1和表2所示。

表1 长城国家文化公园建设范围说明

时段构成	涉及区域
①战国、秦、汉长城; ②北魏、北齐、隋、唐、五代、宋、西夏、辽具备长城特征的防御体系; ③金界壕; ④明长城	北京、天津、河北、山西、内蒙古、辽宁、吉林、黑龙江、山东、河南、陕西、甘肃、青海、宁夏、新疆

资料来源:根据《长城、大运河、长征国家文化公园建设方案》相关资料绘制。

表2 长征国家文化公园建设范围说明

长征线路	涉及区域
①主要线路:中国工农红军一方面军(中央红军)长征线路; ②兼顾线路:红二、四方面军和红二十五军长征线路	福建、江西、河南、湖北、湖南、广东、广西、重庆、四川、贵州、云南、陕西、甘肃、青海、宁夏

资料来源:根据《长城、大运河、长征国家文化公园建设方案》相关资料绘制。

推进长城、长征国家文化公园的建设工作，是贯彻落实习近平总书记重要指示精神的具体行动，对凝聚民族精神、坚定文化自信、推进民族复兴大业具有深远的战略意义。陕西省是同时具备长城文化资源和长征文化资源的重点省份之一，正处于两大国家文化公园的建设交叠区域，地位独特，特色鲜明，是国家文化公园建设线路上极其重要的文化区段。

一 "国家公园"和"国家文化公园"

（一）国家公园

从广义上讲，"国家公园"是指自然区。从国家的角度来看，是为一个或多个具有典型生态系统的区域提供特殊保护措施和科研教育，以确保该自然区内生态环境的完整性和连续性。美国于1872年建立了"黄石国家公园"，它也是"国家公园"概念的最早起源。此后，美国逐步建立了国家公园和保护区体系，国家公园的发展模式逐渐演变为自然保护和利用的新形式，并在其他国家迅速发展。在世界各地推进的过程中，相较于早期的"国家公园"概念，其内涵也有所补充，更指向由政府所拥有的自然生态的保留区域。美国是目前世界上主要国家公园最为集中的国家。此外，巴西、阿根廷、瑞士、加拿大、新西兰、意大利、英国、日本、韩国、坦桑尼亚等也是国家公园相对集中的地方。1969年，世界自然保护联盟在印度新德里第十届大会上通过了一项决议，阐明了国家公园的三个基本特征[①]，第一，该地区的生态系统并没有因人类开垦、采矿和定居而发生根本性变化，且该区域内的动植物、自然景观和生态环境兼具独特的教育和娱乐意义；第二，政府当局已采取相应有效措施，全力防止或消除该地区的开垦、采矿和定居活动，并充分展现该区域内生态自然景观和美学特征；第三，在以精神、教育、文化和娱乐为目

---

① 季玉蓉：《城市森林公园评价体系的建立与合肥森林公园的研究》，安徽农业大学硕士学位论文，2015。

的的前提下，允许在该区域内进行有限的参观游览活动。

2013年，党的十八届三中全会提出了"建立国家公园体制"的建议。2017年7月，国家批复了将青海三江源、湖北神农架、福建武夷山、浙江钱江源、湖南南山、北京长城、云南普达措、东北虎豹、大熊猫、青海祁连山等10处区域作为国家公园体制试点区的实施方案。①其中，与陕西密切相关的是在中央深改组第三十次会议通过的大熊猫国家公园，"其总体空间布局为'一园四区'，即四川境内的岷山、邛崃山—大相岭2个片区，陕西境内的秦岭片区，甘肃境内的白水江片区"。②与世界上其他国家公园不同的是，中国面临相当数量的保护地空间交叉重叠、一地多牌、管理机构权责不清的现实背景，③并以已经广泛建设的各类保护地为国家公园体制建设的硬件基础，依靠国家公园体制建设工作正向引导完善自然区域体系，具备保护性、公益性和全民性，但不具备国家文化战略意义。

（二）国家文化公园

国家文化公园是国家公园新的发展趋势，其文化理论的核心内涵是国家公园理论的延伸与扩展。国家文化公园的核心内容主要是保护、传承、弘扬具有国家或国际意义的文化资源、文化精神和价值观，同时能够发挥特殊文化功能，例如爱国主义教育、科学研究实践、娱乐休憩和国际交流等，是国家性、至高性、公益性和文化性的融合交叠。国家文化公园建设工作是一项重大的国家文化工程，既有历史价值更具现实意义。第一，它是保护文化遗产的公共文化区域。换句话讲，从国家战略层面来看，国家文化公园就是运用国家力量创建的文化区域；从生态和美学价值上来看，国家文化公园是能够有效保护自然资源、人文景观及非物质文化遗产的文化区域；从以人民为

---

① 李俊生、蔚东英、朱彦鹏：《建立健全国家公园体制推进生态文明建设——代国家公园制度创新专栏序》，《环境与可持续发展》2017年第2期。
② 曹伟超、古晓东、刘江、李亮、李建勇：《大熊猫国家公园建设测绘地理信息保障服务初探》，《科技创新与应用》2018年第33期。
③ 靳松、金聪、张福良：《中美国家公园不同管理体制对矿业权管理的影响》，《现代矿业》2018年第12期。

中心的发展导向来看，是能够提高公众意识、增强国家意识、凝聚文化认同的文化区域，可以满足人民日益增长的精神文化需求的文化区域。第二，国家文化公园是可以继承中华优秀传统文化、发展新时代先进文化的物质空间载体。即可以理解为，国家文化公园始终以发展和创新为现实定位，以国家精神和民族精神为象征和标识，延续传承和广泛传播中华民族的优秀文化，是最大限度满足老百姓精神文化需求的重要载体。从文化意义上讲，国家文化公园比国家公园内涵更具文化特性也更为多元。因此，通过清晰理解国家文化公园的主题意义和内涵特质，精准把握国家文化公园与国家公园之间的异同，才能多途径发挥国家文化公园的文化功能。可以说，文化遗产和文化故事是国家文化公园建设的资源基础，通过在各种景观上的多样展示，从区域具体实践出发，始终贯彻以"文化"为主体的设计理念，阐释传递、传播地域文化元素和区域文化特色，推动建设集文脉传承、文化传播、文化引领于一体的、具备国家性质的公共文化空间。

二 陕西段长城、长征文化资源保护利用现状及存在的问题

（一）陕西段长城文化资源保护利用现状

根据长城资源调查成果及国家文物局《关于陕西省长城认定的批复》（文物保函〔2012〕946号），按照历史时期划分，陕西段长城文化资源可分为两类，即早期长城资源和明长城资源。陕西段长城总长度约1838公里，共计2919处，2003座单体建筑，736段墙体（堑壕），178座关堡等，分布在陕西榆林、延安、渭南3市16县（区）。陕西段早期长城资源包括战国时期的秦长城、魏长城、汉"故塞"和隋长城等。[①] 其

---

① 陕西省考古研究院、西北大学文化遗产学院：《陕西省早期长城资源调查报告》（上册），文物出版社，2015，第49页。

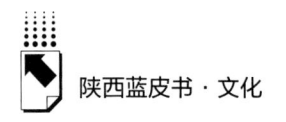

中，战国秦长城资源分布在今神木市、榆阳区、横山区、靖边县和延安市志丹县、吴起县等地①；战国魏长城资源分布在今延安市、铜川市和渭南市等地②；隋长城资源主要分布在今神木市、靖边县和横山区③。陕西段早期长城资源分布环境包括毛乌素沙漠区、黄土高原区和关中平原区三类④。陕西段明长城是明代九边之一延绥镇（榆林镇）的边防军事工事，是为防御蒙古骑兵南下而建，其自东向西经过府谷县、神木市、榆阳区、横山区、靖边县、吴起县和定边县，位于毛乌素沙漠东南边缘和白于山地。⑤ 陕西段长城沿线资源可分为自然山水资源、物质文化资源、非物质文化资源和其他资源。自然山水资源类型包括山岳型、森林公园型、河流湿地型、沙漠风光型等，如华山、洽川风景区、红碱淖湿地、榆林沙漠国家森林公园等。长城所经过市（区、县）现有各级自然保护区15个、国家级森林公园6个、国家级风景名胜区3个、省级风景名胜区4个、国家级湿地公园5个、国家重点生态功能区3个、国家生态文明先行示范区4个。物质文化资源包括历史文化名城名镇名村及历史文化街区、传统村落、文物保护单位、博物馆、红色革命资源等。有16项国家级非物质文化遗产和72项省级非物质文化遗产，非物质文化资源类别包括民间音乐、传统手工技艺、传统戏剧、曲艺、民间美术、民间舞蹈等。其他文化资源包括陕西段长城周边的韩城市芝川镇、合阳县洽川镇为沿黄地市重点培育的特色镇。此外，还有各地市若干已经发展成熟的产业园区和主题园区，例如，神木市以"杨家将故里"为主题打造的杨家城文化产业园；榆林市榆阳区以农业观光、体验、研发

---

① 陕西省考古研究院、西北大学文化遗产学院：《陕西省早期长城资源调查报告》（上册），文物出版社，2015，第51页。
② 陕西省考古研究院、西北大学文化遗产学院：《陕西省早期长城资源调查报告》（下册），文物出版社，2015，第605页。
③ 陕西省考古研究院、西北大学文化遗产学院：《陕西省早期长城资源调查报告》（下册），文物出版社，2015，第659页。
④ 陕西省考古研究院、西北大学文化遗产学院：《陕西省早期长城资源调查报告》（上册），文物出版社，2015，第47页。
⑤ 陕西省考古研究院：《陕西省明长城资源调查报告》，文物出版社，2015，第1页。

为主的"榆林现代农业科技示范园",镇北台以煤炭化工产业为主题的"神府煤海工业园",横山区的波罗古堡影视基地、榆横工业园区等。

(二)陕西段长征文化资源保护利用现状

中国工农红军长征是中华民族最深刻的群体记忆之一,是20世纪最能影响世界前途的重要事件之一。1934年10月至1936年10月,中国共产党领导中国工农红军进行了举世闻名的万里长征,并最终胜利到达延安。陕西省是长征胜利标志和中国革命落脚点、出发点的所在省份,延安市文物资源丰富、革命文物资源得天独厚,是中国革命圣地,延安宝塔是中国革命精神标识。同时,延安是中央红军长征胜利的落脚点,留下了大量长征文物遗迹,是红军在中国共产党领导下艰苦卓绝光辉历程的见证,集中凝聚了红军长征胜利的伟大意义和宝贵经验,在中国革命历史上地位重要,是开展爱国主义教育和革命传统教育、弘扬伟大长征精神和民族精神的重要资源。

陕西段长征文化资源主要包括西安、安康、商洛、汉中、榆林、延安、宝鸡等7市43县(区),所涉国土面积达12.6万平方公里。以红二十五军长征入陕和红一方面军西征实现红军三大主力会师为基准,时间跨度为1934年12月至1936年10月,范围包括红二十五军、红一方面军、红四方面军和红二方面军。陕西省境内目前已经确定的长征遗迹有151处,其中全国重点文物保护单位3处,省级文物保护单位42处,市县级文物保护单位25处,一般不可移动文物81处。同时,各地还陆续建成了一批以长征为主题的纪念园、纪念馆和其他设施,收集长征珍贵文物进行保护和展示,文物、党史、地方志、档案等部门征集长征文物、文献和长征人物口述资料。陕西省部分高校和社科单位持续开展对长征的研究工作,出版发行了一批图书资料。以长征为特色的红色旅游也在一些县市逐步兴起,一些长征文化景区景点的通达条件有所改善,带动红色旅游不断升温。例如,2019年,吴起县红军长征胜利纪念园的年度旅游人数达到34.2万人,进入3A级旅游景区行列;蓝田县葛牌镇利用苏区和红军长征

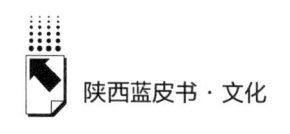

文化资源发展红色旅游,已经成为西安市"红色文化体验+避暑"的旅游热点。

(三)陕西段长城、长征文化资源保护利用存在的问题

近年来,陕西省十分重视长城、长征文化资源的保护和利用,相关部门和市县做了大量工作,对长城、长征资源多次勘察梳理,对文物文献资源进行挖掘整理,出版发行图书资料,持续加大力度改善文保设施和交通条件,陆续建成了一批以长城、长征为主题的纪念园、纪念馆,采取多种形式展示和传承长城、长征文化,人文旅游、红色旅游不断升温,均为建设陕西段长城、长征国家文化公园奠定了良好基础。

在长城、长征文化资源的保护利用工作中,还存在以下三方面的问题。第一,长城、长征文化资源所存数量较多、涵盖面积较广、所涉线路较长,缺乏有效的科学保护手段,对相关文物历史资料的收集存在发掘研究不够全面、不够深入的问题,导致相关文化资源在保护传承中呈现发展不平衡的局面,以及衍生文创产品或作品不具广泛影响力的现象。第二,文物资源保护、管理和利用制度不健全,多重管理、重复管理等问题比较突出。文化文物基层工作基础较为薄弱,管理体系整体不够完备,管理能力亟待加强。第三,长城和长征沿线地域或区域大多属于贫困县,单一的产业结构、薄弱的内生发展动力,以及不能同步于时代发展的基础设施,都使沿线地域或区域得不到相应适度的发展,独特的文化资源和文化价值不能充分利用和发挥,特色文化不能借助旅游这一动态载体实现多角度融合与多元化拓展。

三 陕西段长城、长征国家文化公园建设的对策建议

长城、长征国家文化公园是新时代增强陕西文化竞争力的又一新型空间载体,是以保护优先为指导原则,以传承保护与合理创新相关文物资源和文化资源为重要基础,以促进区域内文化产业协调发展、区域间文化齿轮啮合发展为目标指向的具备国家文化战略意义的公共文化空间。

（一）建议深挖陕西段长城、长征国家文化公园建设的内涵特质

应该有针对性地选择陕西段长城、长征文化资源。这些文化资源应当是集文化价值突出和文化特征显著于一体，且在国内外的文化影响力广、文化认同度高，能够充分体现陕西段长城、长征国家文化公园建设的独特性、连续性和创新性。在绵延万里、点段交织、遗存各异的客观资源条件下，陕西段长城、长征国家文化公园建设应当呈现和展示怎样的面貌？多年来，陕西省对长城、长征文化资源做了大量保护与开发利用工作，但因缺乏整体规划和系统打造，文物资源浪费和不合理开发问题同时存在。文物展示比较粗糙，精神内涵挖掘不深，文化主题不够突出，"让文物活起来""让文物说话"远远不够，文物内在具有的历史认知和教育功能均未充分发挥出来。根据中央要求，陕西段长城、长征国家文化公园建设工作计划历时4年左右的时间，到2023年底基本完成，沿线文物和文化资源保护传承利用体系将规范成型，主体功能区基本建成。文化旅游融合发展取得显著成效，对区域经济高质量发展推动作用明显。国家文化公园建设的最终目标，是建成中华文明的精神标识核心区、文化旅游深度融合样板区、中华民族精神的传承教育基地、国际国内重要文化旅游目的地。鉴于国家文化公园的性质和要求，鉴于陕西段长城、长征文化资源的线型特点，应深挖陕西段两大国家文化公园建设的内涵特质，统筹资源，突出重点，分区呈现。第一，在长城、长征资源密集、地位重要、保存良好的重点区域，可以以本体线路为主轴，辐射沿线两侧人文与自然景观资源，形成鱼骨形网状公园结构。统筹考虑资源基础、生态环境、人文风情、基础设施等因素，以文物本体为中心，建设四组主体功能区域，即管控保护区、主题展示区、文旅融合区、传统文化利用区。第二，在文物相对分散的区域，发掘文物内涵，提炼文化主题，结合当地自然、人文景观与美丽乡村建设，发挥长城、长征文化的教育教化等功能。第三，在单个文物点或资源相对少的区域，设立永久性标志，运用碑石、界桩、图文等多种方式细化相关资源展示内容。

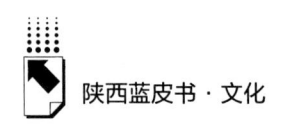

（二）建议打造陕西段长城、长征国家文化公园的典型性地标

深入辨析国家文化公园与国家公园之间的异同，需要充分吸收借鉴世界各地国家公园的实践经验，坚持"以人民为中心"的创新发展导向，拓展思路，精准定位，建立机制，全景展示中华民族深刻的群体记忆，弘扬民族精神和时代精神，为新时代陕西文化强省注入精神动力。重点打造国家长城核心文化公园和长征胜利示范公园：在中国万里长城的心脏地带——榆林明长城段，以丰富而独具特色的长城资源为依托，建设以镇北台和榆林卫城为中心的国家长城核心文化公园，在镇北台两侧修复易马城、款贡城，完善四大功能区建设，重现"九边重镇"蒙汉人民止戈息战、融合相生、开发边塞的昔日盛景。建议以丰富的长征遗存为依托，打造以吴起、志丹、子长为中心的中国工农红军长征胜利核心（示范）公园。

（三）建议发挥陕西段长城、长征国家文化公园的文化功能

国家文化公园的优势就是"文化"，应紧紧围绕文化主题谋篇布局，将相关文化元素通过文化景观、民间故事等载体充分展示和讲述，构建以"长城""长征"为主题元素的新型公共文化空间，形成寓教于乐的讲述长城、长征故事的传播新途径。结合长城、长征沿线的文化资源，进行综合考虑，形成内容丰富的旅游园区。对文物资源相对集中的区域，可整合打造内涵独具的文化街区和特色小镇。其内容要明确，产品要精细，环境风貌与文化氛围要和谐，防止出现"大而全"、同质化、杂乱无章的现象。沿长城部分地段建设必要的步道、自行车道及无障碍设施。同时，鉴于游览需要，园区应做到有景观、有看点、有标识、有故事、有体验，始终切实突出文化主题。国家文化公园的核心就是"文化"，必须重视对长城、长征文化内涵和文化主题的挖掘与提炼，注意征集民间实物资料，深度整理沿线文物和文化资源。讲好长城、长征故事，突出精神传承主题，做强传统历史文化体系与红色文化体系交织联结的担当支撑。为充分发挥文化公园的传承教化和文旅休憩功能，需要突破固化僵硬的展示模式，因地制宜采取多种手段和形式展

示园区历史文化，如可运用互联网建设"线上公园"数据库，利用AR、VR等线上线下交互方式阐释传播公园内容与人文精神。同时，运用老百姓熟悉熟知的多种传统文艺形式（如曲艺、戏剧、影视等）重现国家文化公园承载的风云历史和民族精神。

长城、长征国家文化公园建设是党中央关于在新时代促进文化和文物资源保护、传承和利用的战略决策，在增强文化自信方面发挥着不可替代的作用。我们应紧抓时代机遇，透彻理解《长城、大运河、长征国家文化公园方案》的精神内涵，加强保护文化遗产，挖掘地域特色特质，最大范围地让陕西段"长城故事"和"长征故事"讲得有趣、讲得有益，为长城、长征国家文化公园的整体建设工作贡献出独具特色的陕西智慧。

B.14
陕西扶持文艺创作机制研究报告*

韩红艳 张艳茜**

> **摘　要：** 陕西的文艺品牌为陕西赢得了声誉。为了更好地发挥陕西文艺的影响力，近几年陕西对文艺创作进行扶持，出台了一系列政策方案，实行了多项扶持计划，投入资金扶持重大文艺精品，对陕西文艺发展起到了一定作用。同时，陕西在扶持文艺创作方面也存在一些问题，针对这些问题，建议进一步加强顶层设计，加强文化管理机构之间的协作；吸引和留住优秀文艺人才；完善人才管理的考核奖励制度，加大扶持力度；加快文艺园区建设，加快文艺作品的转化；制定文艺创作特殊人才引进和管理制度；提升文艺期刊的活力，提高编辑的能力；不断创新，切实促进精品创作。
>
> **关键词：** 陕西文艺　扶持机制　人才

一　陕西扶持文艺创作的现状调查

自新中国成立以来，陕西作家艺术家以"文学陕军""西部影视""长安画派""陕北民歌"等具有地域特色的文艺作品，在全国赢得了声誉，造

---

* 本文是张艳茜主持的陕西省社会科学院重大项目"新时代推动陕西文学繁荣发展的思路和政策举措研究"（20SXZD14）的阶段性研究成果。
** 韩红艳，陕西省社会科学院文学艺术研究所助理研究员，研究方向为文学评论与影视评论；张艳茜，陕西省社会科学院文学艺术研究所研究员，研究方向为文学评论。

就了陕西文艺的辉煌时期。但是随着社会的发展，陕西中青年文艺人才发展不足，一些文艺门类缺乏优秀人才，现象级的文艺作品也不多。针对这种现状，陕西制定了一系列扶持文艺创作的举措。

（一）出台一系列政策方案，扶持与发展陕西文艺

出台了《陕西省"十三五"时期文化发展改革规划》，为陕西不断深化文化体制的改革做出了切实的规划；出台了《陕西省深化文化体制实施方案》，落实了陕西进行文化体制改革的建议和对策；在《关于进一步加快陕西文化产业发展若干政策措施》中，提出了发展文化产业的创新措施和给予的优惠政策；出台了《关于推动国有文化企业把社会效益放在首位、实现社会效益和经济效益相统一的实施意见》，为深化文化体制改革、促进文化产业的发展指明了方向；出台了《中共陕西省委关于繁荣发展社会主义文艺的实施意见》，为繁荣发展陕西文艺作了重要的制度安排。这些文件的出台，为陕西文艺的进一步发展奠定了良好的基础。

同时，为了促进文艺精品生产，出台了一系列改革的方案和办法，如《全省性文艺评奖改革方案》《陕西省艺术创作专项资金管理暂行办法》《陕西省剧作者签约管理制度及资助奖励办法》《陕西省舞台艺术精品工程实施方案》《重点文艺创作资助办法》《优秀文艺作品奖励办法》等，用来扶持和资助优秀文艺作品创作，形成了激励机制与奖励机制，对推动文艺创作产生了积极作用。

（二）实施多项文艺创作扶持计划

1. 实施"作家签约制"，设立"柳青文学奖"，重视网络文学

"文学陕军"是陕西文艺的重头戏。20世纪90年代"文学陕军东征"成为中国文坛上重要的文学现象。但陕西文学的"断代"问题和可持续发展问题，一度是陕西文学界担忧的问题。2004年，马平川发表了《陕西文学：寻找40岁以下的青年作家》，引发了文学界对陕西作家"断代"问题的一系列思考。随后，《陕西日报》刊发了陕西评论家和作家对"陕西作家

是否面临断代"的讨论文章。同时,陕西文学界针对优秀中青年作家缺乏的现状,提出了加大对中青年作家的培养扶持。

第一,2007年,陕西文学院成立,正式实施"作家签约制"。陕西文学院是省作协的创作管理机构,负责对签约作家进行管理、督促作家创作、为作家做好服务等。从2007年至2017年,已经有四届签约作家签约。作家与陕西文学院进行签约,要在规定时间完成规定创作任务。

第二,2008年,省作协设立了"柳青文学奖",截至目前已经举办了五届。其设立的原因是为了弘扬作家柳青深入基层生活、为民众写作的品格和精神,发掘优秀的中青年作家,促进陕西文学创作的繁荣和发展。"柳青文学奖"每3年进行评选,设立了长中短篇小说奖、诗歌奖、散文奖、文学理论奖、文学评论奖、文学新人奖等八个奖项,从第四届开始增加了网络文学和儿童文学奖项。获奖者都是陕西本土颇有实力的中青年作家,获奖的作品也产生了一定的社会影响力。

第三,2020年8月,"陕西省网络作家协会"成立,这将进一步促进陕西网络文学的发展。陕西网络作家风圣大鹏与乱世狂刀在第三届"橙瓜网络文学奖"中入选了"百强大神",乱世狂刀凭借《圣武星辰》获得"百强作品奖"。楚清、何自清、白夜、玩偶等一批有实力的陕西网络作家,与各大文学网站进行了签约。据统计,陕西网络作家一共注册了33000多人,5100余人为签约作家。2020年7月23日,"丝绸之路文学创作基地"专题会在西咸新区沣东新城召开,网络文学创作基地落户在此。

2."双百计划"与"百人计划"

第一,2014年,"百名青年文学艺术家扶持计划"(简称"百青计划")开始执行,扶持计划涵盖各个文学艺术门类,采取自下而上推荐的方式产生。首批有82人入选扶持计划,计划用5年或者更长的时间培养青年文艺人才,政府每年拨款500万元用于扶持。陕西省作协聘请陈忠实、贾平凹、白烨、刘庆邦、莫伸、叶广芩、霍俊明七人为入选的24名青年作家担任导师。2016年,"百青计划"合并进入了"百优计划"。

第二,2016年,出台了"陕西百名优秀中青年作家艺术家资助计划"

（简称"百优计划"），由当时的省委书记娄勤俭提议设立。"百优计划"在以后的五年当中，每年拿出1000万元对入选人员进行资金或项目资助。152人成为"百优人才"，其中作家类74人，艺术创作类78人。选聘了知名作家、评论家、编剧、编辑共25名作为"百优计划"作家类导师。同时，"'百优计划'将对入选人员实行动态管理。一方面对已入选人员进行跟踪和考评，实行退出机制。另一方面，还将增补一些确实优秀的拔尖人才，打造一批有智慧、有才情、敢担当、敢创新、可信赖、可依靠的陕西文艺家队伍，推动陕西文艺繁荣发展。"①

省作协制定了《陕西百名优秀中青年作家资助计划管理办法》，安排导师对作家进行辅导，每年组织对作家考评，组织作家采风活动，邀请国内知名人士进行授课，将作品推荐到文学期刊发表和出版社出版。陕西的《延河》《小说评论》《延安文学》等刊物为作家们提供了展示和交流的平台。"百优计划"的成效初步显现，"仅2017年，'百优作家'出版重点个人作品单行本68部，在国家及省级以上文学刊物发表作品800余篇（首），有100余篇（首）转载、收入年度选本等，获国家级、省级以及刊物专项奖励30余项。"② 同时，形成了以周瑄璞、王妹英和杜文娟等为代表的"60后""70后"作家，以周子湘、杨则纬等为代表的"80后"作家，以范墩子、王闷闷为代表的"90后"作家，中青年文学梯队建设初步形成。

第三，2016年，省文化厅主办的"陕西文学艺术创作人才百人计划"（简称"百人计划"）启动。"百人计划"用3年以上或者更长时间，扶持资助文学艺术创作人才。首期的100名作家艺术家先由单位推荐，到省文化厅初审，再到专家推荐和评审，逐层进行选拔，确保有实力的人才得到扶持。

3."青年拔尖人才计划"到"六个一批"人才等

2016年，陕西出台了《陕西省文化艺术青年拔尖人才扶持计划实施方

---

① 高山：《陕西"百优计划"每年千万元资助"百优人才"》，《陕西日报》2016年12月22日。
② 陈黎、廉晶：《"文学陕军"新梯队初具规模》，《西安日报》2018年7月25日。

案》，每次扶持10人左右，扶持的对象和经费不能重复，不与"百青计划"和"百人计划"等重复。"陕西省高层次人才特殊支持计划"计划用5年左右时间，在全省选拔1500名左右人才，对"自然科学、工程技术和哲学社会科学领域的杰出人才、领军人才、青年拔尖人才和区域发展人才"给予支持。此外，还有"陕西省'三秦学者'创新团队支持计划"等。

2018年，陕西省在理论、新闻、出版、文艺"四个一批"人才基础上，增加"经营管理"和"专门技术"两个门类人才。因此从第九批起，"四个一批"人才改称为"六个一批"人才。一共有76名中青年人才入选省级的"六个一批"人才，5人入选国家级"四个一批"人才。

（三）扶持重大文艺精品，扶持文艺院团

陕西省财政厅、省委宣传部出台了《陕西省重大文化精品项目专项资金管理暂行办法》，对文艺精品进行奖励。比如省戏曲研究院秦腔现代戏《大树西迁》获评2008~2009年度国家"十大精品剧目"，剧组获得百万元奖励。2019年，陕西省拿出1.6亿元资金，扶持文艺精品创作。其中包括："百优计划"的专项资金1000万元；对全省挑选的60余部重点创作题材进行扶持的5000万元专项资金；对获奖的影视以及在央视黄金时段播出的剧目给予奖励的专项资金1亿元。

2020年，陕西省文化和旅游厅出台了《关于应对疫情影响扶持全省文艺院团发展的通知》，积极扶持文艺院团，要求相关部门："积极研究对受疫情影响文艺院团的扶持举措；要增强服务意识，主动深入文艺院团，帮助解决目前发展中存在的困难；要国有民营一视同仁，对重点文艺院团，可采取'一团一策'，做到精准帮扶。"①

（四）文艺理论研究情况

文艺创作与文艺理论密切相关，文艺理论会促进文艺创作的繁荣。为了

---

① 杨明：《陕西将"一团一策"扶持重点文艺院团》，《西安晚报》2020年2月28日。

促进文艺评论的发展,陕西省设立了"陕西文艺评论奖",每两年举办一届。截至2019年,评论奖已经举办了六届,评选出一些本土优秀的著作。陕西文艺评论的成果和发展情况如下:"2006年以来,全国共出版评论著作517部、论文2623篇。其中,陕西文艺批评家共出版著作96部、发表论文302篇,分别占全国的18%和11%,树立了陕西文艺评论界坚守文艺立场、理论扎实、笔耕不辍的良好形象,取得了积极的社会反响。2015年,中国文联'中国文艺评论基地'落户西北大学,为加强和改进我省文艺评论提供了有力的学术支撑、信息支撑和人才支撑。"①

(五)文艺的成就与获奖情况

近年来,陕西文艺创作获得了一系列国家级大奖。作家陈彦的长篇小说《主角》获得茅盾文学奖,弋舟的《出警》获鲁迅文学奖短篇小说奖。电影《塬上》在第39届莫斯科国际电影节上获得圣乔治金奖最佳影片,《大漠雄心》在第50届休斯敦国际电影节获得最佳故事片白金雷米大奖,《半个月亮爬上来》在2020年世界民族电影节上获得最佳故事片奖。电影《周恩来回延安》、电视剧《黄土高天》、话剧《平凡的世界》《麻醉师》、歌曲《一路走来》、歌剧《大汉苏武》等作品荣获全国"五个一工程"奖。电视剧《大秦帝国之崛起》《平凡的世界》获得第30届飞天奖,《那年花开月正圆》《白鹿原》获得第31届飞天奖。陕西爱乐乐团演奏的交响乐《大秦岭》登上国家大剧院舞台。

二 陕西扶持文艺创作中存在的问题

(一)扶持计划没有落实到位,各机构之间协作不足

陕西制定了繁荣文学艺术的政策,出台了一系列的规划与方案,力图繁

---

① 杨小玲:《坚定文化自信谱写陕西文艺事业文化产业发展新篇章》,《陕西日报》2018年4月27日。

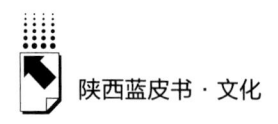

荣陕西文艺。通过各方面的努力，扶持计划取得了成效，文艺界取得了一些成就。但是，也存在一些问题。在扶持计划的实施当中，各个管理机构没有把一系列政策切实落实到位，也没有能够做大做强。

陕西省作协、省文联、省文化厅等单位承担着陕西文艺繁荣发展的任务，各自分工明确，但是彼此协作不够深入，没有发挥资源共享的合力优势。这导致了陕西扶持文艺创作"各自为政"，欠缺统一与长期规划，陕西的历史文化资源得不到很好的挖掘与表现。文艺的生产缺乏在充分调研基础上的反复论证，往往造成了内容重复，题材相对单一，形式雷同，大多集中在历史、农村和红色题材方面，在投资及制作方面造成极大浪费。文学、电影、电视剧、广播剧、纪录片的创作往往集中于相似甚至相同题材，缺乏多样性。

（二）文艺创作优秀人才缺乏

以"文学陕军"为例，可以看到中青年作家群体的力量相对薄弱。与"文学陕军"的前辈相比，当下的陕西中青年作家还没有出现像路遥、陈忠实、贾平凹那样具有时代影响力的作家，也没有高建群、叶广芩、王蓬、和谷、陈彦、杨争光等在全国有竞争实力的作家。陕西中青年作家对乡土中国并不熟悉，对都市文学的把握也不及北京、上海等大都市的作家。再加上中青年作家的文学修养和生命体验不足，其作品缺乏思想深度和艺术独特审美。陕西网络作家与上海、浙江等地网络作家相比，整体实力悬殊，精品很少，个体创作缺乏交流平台。

同样，陕西对影视人才没有形成良好的激励机制，留不住人才。"西部影视"人才外流情况比较严峻，纷纷流失到北京、上海、浙江等地。陕西影视现有的人才，在数量和质量上，都难以做大做强影视产业。陕西尤其缺乏既懂得专业又懂得市场的人才，比如项目策划、投资融资、营销发行等方面的高端人才。如著名导演张艺谋、顾长卫、王全安，陕籍演员张嘉益（张嘉译）、闫妮，作家兼编剧杨争光等人都曾在陕西工作过，但是现已离开陕西。这导致影视队伍在导演、编剧、演员方面缺乏领军人物，人才储备不足。

（三）扶持管理机制有待完善，扶持力度不够

近几年来，陕西先后实施了多项文艺人才扶持计划。比如签约作家制度、"百青计划"、"百优计划"等扶持举措，目的在于选拔优秀人才，建立文艺人才的梯队，让中青年作家艺术家潜心创作，打造文艺陕西的品牌。但是，在具体的实施过程中，由于扶持计划的入选门槛和考核标准低，有些入选者年龄偏大，且存在"名不副实"的现象，因而人才扶持管理不够完善。"百青计划""百优计划"等人才政策实施已近五年，虽然也出现了一些人才，但是缺乏有广泛影响力的优秀作家艺术家，离扶持的目标还有距离。

以"百优计划"为例，其对作家的资助方式主要以现金进行，每人每年4万~5万元；对其他门类艺术家的资助主要以"项目"方式进行，资助艺术家学习进修，以及资助其作品展示。"百优计划"对文学创作的扶持力度和影视、话剧等的扶持相比，扶持的资金相对较少。而且，陕西签约作家的奖励金也在不断地减少。陕西影视的生产位于全国第一方阵，位于西部第一，但是对影视的扶持力度和浙江、湖南等外省相比，依然是投入不足。

（四）文艺基地建设欠缺，文艺作品相互转化不足

文学艺术相关园区、场馆、人才培养基地建设不到位，无法形成集聚效应，限制了陕西文艺发展和文化产业的规模化发展，也导致影视、话剧、音乐等与文学的对接程度不高，尤其与当代优秀文学作品缺乏及时有效的深度融合。《白鹿原》《平凡的世界》等陕西文化名片是在出版多年后才被改编为影视作品，但是大多陕西当代优秀文学作品缺乏有效的影视制作转化。以电视剧为例，2015~2019年，陕西电视剧在央视一套黄金时间播出了9部，在央视八套黄金时间播出了13部，共有22部电视剧登上央视舞台，共有14部作品19次荣获国家级电视剧奖项。文学改编电视剧以作家陈彦《西京故事》、吴克敬《初婚》、莫伸《一号文件》等作品改编为代表，其他作家作品的影视转化率很低。

陕西网络文学成立了协会，提出了落户沣东新城的基地建设规划。相比

较而言,杭州滨江白马湖畔的"中国网络作家村"已经占尽了天时地利人和。浙江网络文坛的《甄嬛传》《步步惊心》《欢乐颂》《盗墓笔记》等经典网络文学作品被改编成影视剧后大热,让网络文学的发展更上一层楼。此外,南派三叔、流潋紫、天蚕土豆、烽火戏诸侯等人齐聚在"中国网络作家村"。"中国网络作家村成立一年来,已与网易文学、华数传媒、掌阅、咪咕数媒等一批网文平台达成战略合作,成立政府引导基金,投资相关企业或作家,全力打造多元素的泛娱乐产业链,使作家村成为网络文学优质IP的资源热岛。"①

(五)用人机制对文艺人才流通的阻碍和制约

文学艺术人才具有特殊性,往往与学历、文凭、职称、身份等没有必然关系,有些人才是从民间和基层脱颖而出的。目前,文艺特殊人才受到了体制身份的限制和阻碍,人才引进缺乏相对合理的政策和制度。比如省作协要招聘人才,往往会受到学历限制,要进行考试等,作协很难招聘到作家,很难招聘到自己想要的人才。

以作家弋舟为例,其从甘肃回到陕西后,凭借小说《出警》荣获第七届"鲁迅文学奖"。但是,由于陕西省没有相应的特殊人才引进政策,弋舟至今仍是一名临时聘用人员,正式身份没有解决,那么职称、待遇等会受到限制。弋舟的影响力已经突破了地域的限制,如果陕西流失了弋舟,将会是很大的损失。西安市文学艺术创作创研室主任吴文莉介绍,文创室想招聘人才,却招不到想要的作家。事业单位对年龄、学历等有要求,而且需要经过考试,想要招聘的作家不能进来。她认为文学艺术人才是特殊人才,需要有特殊人才政策扶持。

(六)文艺期刊专业编辑人才匮乏

文艺期刊与文艺发展之间有着不可分割的相互影响。文艺期刊编辑要对

---

① 张璐:《网络文学的"浙江奇迹"》,《中国艺术报》2018年12月20日。

稿件反复地挑选、评价、校对等，好的编辑对作家艺术家有"知遇之恩"。这要求期刊编辑要具有扎实的专业知识，业务水准要高。但是，当下的文艺期刊缺乏专业水准高的编辑人才，尤其是懂得策划、专业知识丰富、懂得经营的人才。

以文学期刊为例，目前全省公开刊号的文学期刊有4份，分别为《延河》《小说评论》《延安文学》《美文》，各地市文联文化馆也有内部文学刊物。编辑大多是文联或是作协的管理者或是没有编辑资质、从未受过编辑训练的人员。其中有些人不仅对文学创作了解有限，也缺乏专业的文学编辑功底。文学编辑环节缺失，这导致作家写作水平提高的力度减弱。

（七）现象级精品力作不多

陕西的文学作品《平凡的世界》《白鹿原》不断地再版，不停地被改编为电视剧、电影、话剧等，这也反映出陕西文学原创太少、精品力作不多的现状。以电影为例，近些年，除了《白鹿原》电影票房收入过亿，成为"现象级大片"之外，陕西本土电影都没有能超过它的，而且票房都不佳。西影集团、陕文投集团、曲江影视等这几年在影视生产方面产量虽高，但是产值都不高。2019年，陕西电影产量78部，陕西的电影票房收入是12.47亿元，但是本土电影贡献的票房不足1亿元。陕西电影获奖数量多，但影片的商业价值不高。因此，要考虑文艺的思想性、艺术性与市场之间的关系，要尊重艺术规律与市场效应，文艺创作要多考虑市场欢迎不欢迎。

三　陕西扶持文艺创作的对策建议

针对以上扶持文艺创作中存在的问题，为了有效推动陕西省文艺事业的繁荣发展，建议从以下七个方面开展工作。

（一）加强顶层设计，加强文化管理机构之间的协作

繁荣文艺是个长期的、需要共同协作的任务，因而要注重顶层设计，进

行大布局，投入大资金，让各文化管理机构有效配合，打破壁垒，进行资源共享，才能形成合力，切实落实陕西省出台的《关于繁荣发展社会主义文艺的实施意见》等文件，以及实现做大做强文化品牌的目标任务。文艺创作是非常个性化的审美创造，但各个文化部门的协同努力，将有利于激发陕西文艺的整体活跃度，促进作家艺术家个体能力的提升，尤其是影视、话剧等需要协力完成的作品。各文化主管部门在相互沟通和协作中，要有选题规划和创作规划，有效避免出现选题撞车、盲目投入、重复生产等问题，提高文艺创作的质量。

（二）吸引和留住优秀文艺人才

第一，建立和完善人才引进制度，通过人才计划、员工持股、项目聚集人才等激励方式，吸引知名作家、导演、音乐家、编剧、演员等成为陕西文艺的领军人物。

第二，建立起青年人才梯队，发挥老一辈作家和艺术家的"导师"作用，培养中青年人才，使他们迅速成长。利用陕西省现有教育资源，通过联合培养、社会结构培训等方式，加强人才培养，推动知识融通。同时，发挥市、县、行业作协的作用，在基层中寻找人才，扶持基层艺术家，发展基层文艺人才。"网络文学陕军"是陕西文学新的增长点，应该完善网络作家扶持机制，发掘网络作家人才。

第三，营造健康浓厚的文艺氛围，这需要两个方面的协同努力。一方面，省文联、省作协等有关方面加强对中青年作家艺术家的专业培训，注重引导中青年作家艺术家树立正确的价值取向，使他们坚定追求文艺理想的信念，在浮躁的社会环境中保持定力与独立。同时，增强文艺评论效能，评论界既要关注已成名的文艺家，更要关注正在成长的文艺家，帮助他们深入生活，解决创作与现实严重脱节的困境。另一方面，中青年作家艺术家自身要加强思想和文艺修养，在生活与创作中追求进步，深入思考，写出具有历史感和现实感的精品力作。

（三）完善人才管理的考核奖励制度，加大扶持力度

在新一轮"双百计划""百人计划"以及签约作家等扶持计划实施之前，相关的管理机构要认真做好调研工作，摸清创作者和作品真实情况，逐层选拔上报优秀人才，审批中要严把质量关，坚持"宁缺毋滥"原则。制定有效的人才考核奖励机制，将目前的扶持中的"平均主义"现象改为分层级的奖励制度，做到精准扶持和精准奖励，确保陕西文艺人才队伍健康发展。

完善对文艺作品扶持的资助条件，加大对文艺精品的扶持力度，完善文艺创作的奖励与激励机制。陕西文艺获奖的精品较多，但是能实现商业价值的作品不多，因此要多考虑在社会效益和经济效益合一的情况下，解决作品的市场性问题。陕西每年都有精品力作的扶持计划，要多关注内容和艺术形式创新、具有市场性的精品，对此类的创作题材投入资金，集中力量办好精品创作，实现作品的社会效益和经济效益。

（四）加快文艺园区建设，加快文艺作品转化

加快文学艺术场馆基础设施建设，尤其是"陕西文学馆""影视基地""文化艺术大厦"等相关园区、场馆、人才培养基地的建设，鼓励文学、影视、网络文学、网剧、话剧等全方位创作、发展与转换，为陕西文艺的后续发展积蓄力量。在课题组的调研中，省作协建议，陕西是文学大省，需要相应的场馆来展示陕西文学的成就，但是陕西目前没有相应的馆区建设，因而对"陕西文学馆"公益项目应该尽快落实建设。对"陕西文学馆"的建设要进行准确的定位，建成后的场馆将推动陕西文学创作和国内外文学的交流。同时，省作协的院子要在保护的基础上进行修葺，恢复以前三个四合院的格局，形成公益开放的小四合院、管理服务的小四合院以及作家创作基地的小四合院的格局。

同时，建立并扶持文学与影视、话剧、音乐等的交流对接平台，尤其要在全国范围内推进与陕西相关的优秀文学作品的转化，提高陕西文学作品的

影响力。推进影视、话剧、广播等与陕西优秀文学作品的创造性转化,做好剧本孵化工作,每年定期定量推出几部优质剧本并进行研讨,为陕西文艺的后续发展积蓄力量。加快落实建设"丝绸之路艺术区",给陕西网络作家创造良好环境。在具体的实施上,可以参照网络文学发展中的"浙江模式",比如为网络作家营造良好创作环境,出台相对完善的扶持政策,在房租补贴、相关企业落户上给予优惠政策,让网络文学更好地发展。

(五)制定文艺创作特殊人才引进和管理制度

对文艺人才的引进需要特殊政策,不能让身份成为人才流动的障碍,也不能让编制成为绊脚石。因此,要打破体制身份的限制和阻碍,可以通过直接引进人才、竞争选拔和公开招聘等办法,畅通人才进入体制内的渠道。以文学人才引入为例,让那些创作成绩突出的人,尤其是获得中国作协的四大奖项——鲁迅文学奖、茅盾文学奖、全国优秀儿童文学奖和全国少数民族文学创作骏马奖的作家,在引进、调动、职称评定,以及职务调整和晋升等方面得到特殊政策支持。保护好文艺人才的创作积极性,为他们提供好的创作条件,这样才能吸引和防止人才外流。例如目前出台了《陕西省文学创作专业职称评审条件(试行)》,重新启动了作家职称评定。对作家而言,是给了他们身份认证,让他们有了归属感,也为作家能够脱颖而出搭建了平台。

(六)提升文艺期刊活力,提高编辑能力

期刊在推出新人、推出新作品方面发挥着重要作用,陕西很多作家艺术家都是通过文艺期刊刊登其作品,才被广大读者所熟知。《小说评论》《延河》《美文》《音乐天地》《当代戏剧》等应发挥文艺期刊在人才建设中的应有作用,提高编辑的业务能力,提升期刊的活力。要加强文艺期刊编辑队伍的建设,针对非编辑资质的人员,要像培训青年作家艺术家一样,定期开展专业技术培训。期刊可以选派有一定培养和发展前途的编辑人才进入高等院校学习,脱产进修或者进行短期培训,去学习相应的专业和课程,也可以定期邀请编辑行业的各类专家、学者进行讲学。期刊编辑只有不断加强对外

交流，才能提升编辑的业务素质、学术视野，才能推出好作品，推出新人，办出刊物特色，为推动陕西文艺发展提供良好的平台。

（七）不断创新，切实促进精品创作

《白鹿原》《平凡的世界》《秦腔》《大秦岭》等文艺精品成为陕西的文化品牌，成为"高峰"之作。要推进文艺精品创作，各文化主管部门首先需要从源头抓起，从两个方面入手：一方面，以历史、农村、红色等主旋律题材为核心，这是陕西文艺的立根基础，但同时要在工业、城市、青春等题材创作方面进行突破，提倡创作题材的多元化，鼓励作品百花齐放；另一方面，立足陕西，放眼全国，积极对外交流，从全国范围内寻找好题材，既要有反映国家发展方面的大题材创作，又要有能反映百姓生活的小题材创作。其次，文艺人才要深入生活，书写时代的精神气质，以工匠精神不断打磨作品，在文艺创作的观念与手法、内容与形式上下功夫，力求创新，创作出思想性、艺术性与市场性统一的作品，实现社会效益与经济效益的最佳结合。

B.15 当代陕西红色基因传承的现状与愿景分析[*]

——以陕西大学生群体为例

杜 睿[**]

摘　要： 红色基因是中国共产党人在伟大革命和建设实践中形成的文化成果，是中国革命文化和优良传统的凝练表达与集中体现，充分反映了时代的先进要求与发展方向，从根本上说，陕西的红色基因就是延安精神，也是中国共产党人的精神主旨。延安是中国革命圣地。延安时期，老一辈革命家和老一代共产党人用自己的模范行为诠释了初心和使命，形成了我们党宝贵的精神财富——延安精神，其核心内容是"坚定正确的政治方向，解放思想、实事求是的思想路线，全心全意为人民服务的根本宗旨，自力更生、艰苦奋斗的创业精神"。大学生群体，是中国未来的中坚力量，传承好红色基因最重要的就是要在大学生群体中传承好红色资源，利用好红色文化，弘扬好红色革命价值，让大学生能够从中获得宝贵的精神价值，从而内化为自身动力，为实现中国梦贡献自己的一分力量。

关键词： 陕西红色基因　延安精神　大学生　传承

---

[*] 本文为陕西省社会科学院重点项目"延安文艺对陕西当代文学的在地性影响"（立项号：20ZD07）阶段性成果。

[**] 杜睿，陕西省社会科学院助理研究员，陕西师范大学博士研究生。

2014年4月29日,习近平在参观新疆军区某红军师师史馆时叮嘱部队领导,要把红色基因融入官兵血脉,让红色基因代代相传。其中所展示的实物和图片,也让红色基因再次纳入当代人民的价值体系中。习近平总书记指出:"延安精神是中华民族优良传统的继承和发展,是我们党的性质和宗旨的集中体现。"党的十八大以来,习近平总书记高度重视并深刻论述了红色基因的传承和教育,指出要把红色资源利用好、把红色传统发扬好、把红色基因传承好。

一 陕西红色基因的历史沿革

陕西的革命活动从刘志丹、谢子长的闹红就已开始。1926年初,李象九、谢子长首先建立了中共宜川军队第一、第二特别支部,之后中共延安特别支部在陕西省立第四中学建立。20世纪30年代初,刘志丹等人在延安境内开展武装斗争,范围涉及陕北、陇东等地,在各地开展游击活动,最终在汲取经验教训的基础上取得了胜利,并在陇东建立了南梁革命根据地,陕北最初的星星之火便是以刘志丹、谢子长、习仲勋为领导的、以"只见公仆不见官"为党群关系的实践,取得了群众的信任之后逐渐形成了燎原之势,建立了以南梁为核心的陕甘边根据地。中央红军自1934年10月以来一直想找一个落脚点,建立新的革命根据地,红军一路前行,到达甘肃后,在报纸上得来消息,确定了陕北红军和根据地的存在。于是,当即决定落脚陕北。这一决定依据的是当时陕北取得了群众的信任,在土地革命中让穷困百姓翻身的历史事实。1935年10月19日中共中央和中央红军到达陕北吴起镇。延安自此成为中国革命的中心和圣地,以延安为核心的陕甘宁边区和敌后抗日根据地正式形成。自1935年中共选址延安,直至1949年新中国成立,中共让红色基因的星星之火燃烧到全国各地,不仅建立了19个敌后抗日根据地,还实践了以人民群众为根本的宗旨。

陕西红色基因是中国共产党在延安时期带领群众发起的革命活动中形成

的,这一时期,中共中央的许多方针政策在这里开展并实行,比如"三三制"原则,"三三制"原则是民主联合政府的一种形式,实质是工人阶级领导的以工农联盟为基础的新民主主义政权的雏形。新中国成立之后,中共中央一再强调共产党必须和各民主党派"长期共存,互相监督"。从这一点来看,中国共产党领导的多党合作和政治协商制度,与延安时期实行的"三三制"政策是一脉相承的,其核心思想都是把马克思主义关于国家政权的普遍原理同中国革命与建设的具体实际相结合;"精兵简政"原则,同样也是一个十分重要的政策,1942年9月,毛泽东就曾谈道:"党中央提出的精兵简政的政策,是一个极其重要的政策。"陕甘宁边区政府进行了三次精兵简政,基本上达到精简、统一、效能、节约和反对官僚主义五个方面的目的;"自力更生,艰苦奋斗"的作风,1938年开始,当时经济困难已经有所显现,各机关和部队已经开始倡导大生产运动,到1943年不仅实现了自给自足,而且各机关、部队的生活条件甚至超过了1938年之前的水平。边区主席林伯渠谈道:"五年以来,我们经过了几个阶段。最大的一次困难是在1940年和1941年,国民党的两次反共摩擦,都在这一时期。我们曾经弄到几乎没有衣穿,没有油吃,没有纸,没有菜,战士没有鞋袜,工作人员在冬天没有被盖。国民党用停发经费和经济封锁来对待我们,企图把我们困死……但我们渡过了困难,这不但是由于边区人民给了我们粮食吃,尤其是由于我们下决心自己动手,建立了自己的公营经济。边区政府办了许多的自给工业,军队进行了大规模的生产运动,发展了以自己为目标的农工商业,几万机关学校人员,也发展了同样的自给经济。"[1] 实事求是的精神也是从延安时期生发出来并成为延安精神的一个重要组成部分,延安精神的一个根本思想就是实事求是。在延安整风运动期间,毛泽东的"实事求是"原则主要是指将马克思主义普遍原理同中国革命与建设的实际相结合的思想原则;延安精神的另一个重要方面是全心全意为人民服务的宗旨,这也是我党

---

[1] 陕甘宁边区财政经济史编写组、陕西省档案馆:《抗日战争时期陕甘宁边区财政经济史料摘编》,陕西人民出版社,1981,第3页。

的根本宗旨。全心全意为人民服务的根本宗旨,是延安时期我党为张思德同志[①]开追悼会时毛泽东在讲话中首次提出的,同时,中共七大将此写入了党章。全心全意为人民服务的宗旨是始终伴随我党发展壮大的根本宗旨,毛泽东在张思德追悼会的讲话中说:"人总是要死的,但死的意义有不同。为人民利益而死,就比泰山还重;替法西斯卖力,替剥削人民和压迫人民的人去死,就比鸿毛还轻。张思德同志是为人民利益而死的,他的死是比泰山还要重的。因为我们是为人民服务的,所以,我们如果有缺点,就不怕别人批评指出。不管是什么人,谁向我们指出都行。只要你说得对,我们就改正。你说的办法对人民有好处,我们就照你的办。"[②] 在《论联合政府》一文中,他再一次强调:"紧紧地和中国人民站在一起,全心全意为中国人民服务,就是这个军队的唯一宗旨。"从毛泽东当时所提出的要求来看,应当说,这是一个高标准的要求,这个要求不仅是对革命军队新四军和八路军的要求,同时也是对广大革命工作者的要求。全心全意为人民服务,不仅是衡量每一个党员干部的行为准则,也是我党的行为宗旨,在当代社会具有特殊重要的意义,而对于红色基因的价值弘扬而言,全心全意为人民服务更是渗透到每一个人身上,特别是当代大学生身上。坚定正确的政治方向,解放思想、实事求是的思想路线,全心全意为人民服务的根本宗旨,自力更生、艰苦奋斗的延安精神,成为陕西红色基因的源泉所在。

二 新时代弘扬红色基因的重要意义

党的十九大报告指出:"实现伟大梦想,必须建设伟大工程。这个伟大工程就是我们党正在深入推进的党的建设新的伟大工程。我们党要始终成为

---

① 张思德,出生在四川省仪陇县一个穷苦农民家庭。1933 年 12 月参加红军,不久加入共青团。1937 年 10 月,加入中国共产党。曾经担任过中央警备团警备班长和毛泽东的卫士。在 1944 年 9 月 5 日,他带领战士们在陕北安塞县执行烧炭任务时,即将挖成的窑洞突然塌方,他奋力把战友推出洞去,自己却被埋在窑洞,牺牲时年仅 29 岁。
② 毛泽东:《为人民服务》,《解放日报》1944 年 9 月 21 日。

时代先锋、民族脊梁,始终成为马克思主义执政党,自身必须始终过硬。要不断增强党的政治领导力、思想引领力、群众组织力、社会号召力,确保我党永葆旺盛生命力和强大战斗力。"[1]"红色基因"成为习近平总书记许多重要讲话中的核心词和关键词。红色基因作为中国共产党人进行伟大革命和建设实践的精髓,同时也是中国共产党浴血奋战的集中体现,充分反映了时代的先进要求与发展方向,蕴含了深刻的逻辑与主旨,其包含了一心为民、廉洁自律、实事求是、艰苦奋斗以及自力更生、牺牲奉献、无私无畏等基本的精神内核。因此,传承红色基因对于开展中国特色社会主义教育、中国梦宣传教育、优秀传统文化的传承和社会主义核心价值观教育具有重要意义。从根本上说,陕西的红色基因就是延安精神,也是中国共产党人的精神主旨。延安是从20世纪30年代开始就已经有了红色革命的星星之火,而到了1935年10月中共中央到达吴起镇之后延安成为当时全国文化的中心,在看似一个非常偏远、荒凉、落后、封闭的地方却吸引了4万多名知识分子,并在当时创造出了许多优秀的民族文化成果,同时在艰苦的环境下产生了"延安精神"。而延安精神的核心内容是"坚定正确的政治方向,解放思想、实事求是的思想路线,全心全意为人民服务的根本宗旨,自力更生、艰苦奋斗的创业精神"。即使到如今,一代又一代共产党人依然是要以"延安精神"约束自己,同时"延安精神"又为党的事业不断前行提供了强大精神动力。习近平总书记在陕西调研时多次提到延安精神,2009年在陕西调研时指出:"伟大的延安精神滋养了几代中国共产党人,始终是凝聚人心、战胜困难、开拓前进的强大精神力量……是党的性质和宗旨的集中体现。"2020年4月总书记来陕考察时又一次谈到"延安精神",他强调"延安精神培育了一代代中国共产党人,是我们党的宝贵精神财富。要坚持不懈用延安精神教育广大党员、干部,用以滋养初心、淬炼灵魂,从中汲取信仰的力量、查找党性的差距、校准前进的方向"。延安——曾是西北地区一座偏远的黄土高原之城,也是培育了一代具有延安精神的"圣地"之城,还是许

---

[1] 习近平:《中国共产党第十九次全国代表大会上的报告》,党建读物出版社,2017,第13页。

多有志青年和知识分子不畏险阻坚持向往的"歌咏之城""自由之城",老一辈革命家和共产党人在延安留下的优良传统和作风,培育形成的延安精神,是我们党的宝贵精神财富。以"坚定正确的政治方向,解放思想、实事求是的思想路线,全心全意为人民服务的根本宗旨,自力更生、艰苦奋斗的创业精神"为核心内容的延安精神是贯穿中国共产党领导中国人民进行革命、建设和改革近百年历史的精神谱系的重要组成部分,同时也是中国共产党人在未来奋斗中取之不竭、用之不尽的强大精神支柱。在陕西,我们要传承好红色基因,其实就是要弘扬和践行好延安精神。延安精神是承载中华民族的根脉,延安精神是我们党和中华民族的宝贵精神财富,同时延安精神也是中华民族实现伟大复兴的精神支持和动力源泉。红色基因的传承主体是当代陕西的大学生群体,只有牢牢抓住大学生群体才能把红色基因坚实地传承下去。

传承好陕西红色基因,就是要把延安精神渗入大学生的教育中,在校学生,特别是有了一定的知识储备和认知能力的大学生是传承红色基因的主体,要在陕西的高校中开展一系列的红色教育课程,并与思想政治教育联系在一起,为陕西高校学生传承好红色基因,树立良好的心理并运用到实践中打下基础,并用"坚定正确的政治方向,解放思想、实事求是的思想路线,全心全意为人民服务的根本宗旨,自力更生、艰苦奋斗"的精神来给当代陕西大学生讲好延安故事。"延安精神是新时代全面从严治党的源头,延安整风运动是全面从严治党的教育形式范本,全面从严治党是新时代延安精神的当代版,要高举延安精神,弘扬延安精神与新时代延安精神。"① 我们党的思想路线是解放思想、实事求是。马克思主义中国化就是将马克思主义的基本原理同中国的具体实际相结合来解决目前我们存在的问题,延安精神就是让解放思想、实事求是的精神通过当下发扬,以"认识—实践—再认识—再实践"这样一套科学的实践论,完善和武装自我。在新时代下,延安精神是社会主义核心价值体系中不可或缺的内容支柱,延安精神更是陕西不断向

---

① 石钟泉:《延安精神与新时代全面从严治党》,《中国延安干部学院学报》2018年第3期。

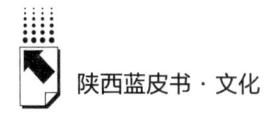

前的动力，是指引我们发展的灯塔，也是照亮当代大学生前行方向的明灯。

高校作为社会主义先进文化的集散地和维护国家意识形态安全的前沿阵地，肩负着新时代传承和弘扬红色基因的光荣使命。忠实履行这一光荣使命具有非凡意义。"通过红色基因的传承与弘扬可以使高校师生坚持马克思主义指导地位，坚定中国特色社会主义道路自信、理论自信、制度自信、文化自信，做好新时代红色江山守护人和传承人。"[1]

三 陕西红色基因在大学生群体中的传承现状

（一）陕西当前红色基因情况

陕西红色基因，既包括红色文化遗址，也包括延安时期大量的历史文献、理论论著和文艺作品等"红色经典"。

红色文化遗址。陕西现存革命文化遗址2051个，国家级爱国主义教育基地19个，省级爱国主义教育基地30个，市级爱国主义教育基地49个，县级爱国主义教育基地128个。延安地区的革命遗址超过440处，历史文物藏品超过3万件，更有党政军驻地旧址100多处，重要会议旧址20多处，重要战役旧址20多处，医疗机构旧址20处，院校旧址将近60处。这些重要的红色文化遗址是当代陕西大学生群体传承的重要载体。

红色经典。"红色经典"是红色资源的重要组成部分，之所以成为经典，在于它的典型性和权威性，是经过历史大潮的"冲刷"选择后，最有价值，同时最具代表性、最完美的作品。通过改编"红色经典"，"能够有效地扩大红色资源教育的覆盖面、能够丰富教育的内容、活跃教育的形式，促进红色教育的大众化、广泛化。在改编过程中，我们要注意尊重原著精神内涵，把握好改编尺度，要注重观众需求，凸显红色精神的引领育人功

---

[1] 刘力波、张凌寒：《红色基因的传承与弘扬：新时代高校的光荣使命》，光明网，https：//theory.gmw.cn/2018-05/08/content_28689172.htm。

能。"红色经典是与延安精神息息相关的,既能在一定基础上通过这些经典(包括著作、影像资料、领导人讲话、重要会议、报刊等)了解延安时期的历史,同时也能够通过这些经典渗入大学生教育中。比如,在延安时期,毛泽东的讲话(《为人民服务》《愚公移山》《改造我们的学习》《在延安座谈会上的讲话》《论持久战》《新民主主义论》等经典论断,形成了延安精神的精髓),同时延安时期形成的著作、影像等也成为"红色经典"的一部分,比如至今仍传唱不衰的《东方红》《南泥湾》《生产大合唱》《延安颂》《黄河大合唱》《兄妹开荒》等,以及获得斯大林文学奖的《太阳照在桑干河上》《暴风骤雨》《白毛女》等也是红色经典的一部分。

习近平总书记指出,"文艺要反映好人民心声,就要坚持为人民服务、为社会主义服务这个根本方向"。延安文艺的生动实践告诉我们,人民需要文艺,文艺需要人民,人民是文艺创作的源头活水。1942年,毛泽东同志发表了著名的《在延安文艺座谈会上的讲话》,确立了新文艺发展的道路,明确提出了文艺为工农兵服务的方针,开启了红色文艺的新纪元。2014年,习近平总书记发表了《在文艺工作座谈会上的讲话》,进一步明确了新形势下繁荣发展社会主义文艺的方向和任务,对于传承红色基因主体的当代陕西大学生群体而言,阅读红色经典是对延安精神的最好注解,也是对延安时期历史的一种还原和投射。

(二)陕西高校分布情况

陕西是高校林立的省份,整个陕西高校数量达93所,西安63所,其中211院校8所(西安交通大学、西北工业大学、西安电子科技大学、西北大学、长安大学、陕西师范大学、西北农林科技大学、第四军医大学),这8所211院校都集中在西安及其周边区县(西北农林科技大学在杨凌),整体数量和学校的质量都排在全国前列。传承和利用好延安精神,就是要加强高校学生的红色基因输入,在大学生群体中实行多元的、多形式的群体感化教育。传承和利用好延安精神,就是要把延安的红色基因融入高校教育教学中。

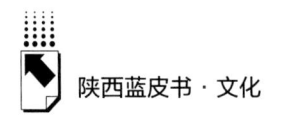

（三）陕西当代大学生群体对陕西红色基因（延安精神）认知现状

为了能够更直观、更形象地了解当代陕西大学生对陕西红色基因的了解情况，特在陕西7所高校的522人中进行了问卷调查，其调查情况如下。

调查对象：此次参与问卷的共有522人，其中男生有230人，占总人数的44%，女生有292人，占总人数的56%。大专学生有12人，本科学生有387人，研究生有123人；文史类专业的有344人，理工类的有118人，艺体类的有9人，医学类的有19人，管理类的有13人，其他专业的有19人；学生中党员（包含预备党员）308人，共青团员184人，群众30人；在西安高校的学生共388人，延安大学学生52人，涉及的学校分布在陕西师范大学、西安外国语大学、西北大学、西安交通大学、西安建筑科技大学、西安欧亚学院、延安大学等7所高校，其中211大学3所，分别是西安交通大学、西北大学、陕西师范大学，民办高校1所，为西安欧亚学院，在延安本地的大学1所，为延安大学，通过不同高校的分布，可以相对全面地掌握大学生对红色基因的认知情况。问卷调查内容见表1至表9。

表1 大学课程中有没有关于陕西红色基因（延安精神）的相关课程？

单位：人，%

选项	人数	比例
有	91	17.43
没有	431	82.57

对于问题"大学课程中有没有关于陕西红色基因（延安精神）的相关课程？"选择有的占17.43%，另外82.57%回答没有。这17.43%的问卷中又有90%回答的是以红色文化与思想政治教育结合，或延安精神与思想政治课结合。另有10%回答的是有相关的网络教育课程。这10%的问卷调查表均来自延安大学。

表2 你了解党在延安时期的历史、革命英雄事迹、延安精神和红色遗址吗？

单位：人，%

选项	人数	比例
非常了解	105	20.11
比较了解	139	26.63
了解一点	252	48.28
完全不了解	26	4.98

表3 你有没有参观过延安红色革命旧址，或者陕西其他红色革命旧址？

单位：人，%

选项	人数	比例
有	255	48.85
没有	267	51.14

表4 你知道延安精神的内涵吗？

单位：人，%

选项	人数	比例
知道	82	15.71
知道一点	309	59.20
完全不知道	131	25.10

表5 你是通过哪种方式来了解陕西的红色基因和红色文化的？

单位：人，%

选项	人数	比例
课堂学习	502	96.17
课外实践/阅读	102	19.54
红色旅游	183	35.06
红色主题教育活动	112	21.46
网络媒体	308	59.00
其他	77	14.75

表6 你有没有读过延安时期的经典著作（文献资料）？

单位：人，%

选项	人数	比例
读过	244	46.74
没读过	278	53.26

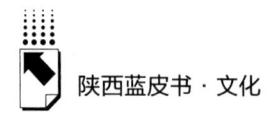

表7　学校思想政治课程（马克思主义）中，是否包含了陕西红色基因的教学内容？

单位：人，%

选项	人数	比例
有	391	74.90
没有	131	25.10

表8　你对延安精神/陕西红色文化有无更深入的了解的兴趣？

单位：人，%

选项	人数	比例
有	209	40.04
没有	313	59.96

表9　你认为陕西红色文化中哪一部分/方面最吸引你？

单位：人，%

选项	人数	比例
革命故事/革命精神	391	74.90
文学/影视	492	94.25
名人/领导讲话	287	54.98
其他历史事件	191	36.59

整理分析调查问卷，不难发现，延安大学无论是课程设计、经典著作的阅读、课外活动、课外教学还是田野调查活动、群体感化方面都优于西安各高校，而在西安6所调查的高校中，文科类的学生在课程设计和红色书籍的阅读方面要略优于理工科类，目前陕西大学生在红色基因接受方面的现状如下。

1. 大学生群体对陕西红色基因（延安精神）的认知处于上升阶段

在调查问卷中，我们可以看到大学生群体对延安精神非常了解的有105人，占总人数20.11%，比较了解的有139人，占总人数的26.63%，了解一点的有252人，占总人数的48.28%，完全不了解的有26人，占总人数的4.98%。他们学习了解延安红色文化的方式集中在课堂学习、课外实践活动、红色旅游和网络媒体等四种方式。随着网络媒体的普及、现代化交通的便捷,过去只能通过书本才了解的历史,现在主要依靠现代化媒介完成,通过网络媒体了解的人数达到59.00%,传统的教育往往受到时间和空间的限制,并且会对教师的教学提出更多要求,而网络不受时空限制,并且内容共享,还有更多影音资源让大学生群体去学习。而红色旅游,从过去的以党政干部为主,转而与大学生群体自发游平分秋色,红色旅游不再是党政干部一枝独大,大学生群体的红色旅游比例已经逐年上升,并呈现知识游、深度游的状态。特别是有着地理优势的延安大学,学生们对红色文化和延安精神的认知处于领先水平。但是从问卷调查数据来看,大学生对延安精神和陕西红色文化的认知还有很大的提升空间,特别是在上课和阅读文献等方面还需要进一步地加强和引导。

2. 大学生的课程设计中红色基因(延安精神)的输入不均衡

延安大学地处延安,在地理位置上具有天然优势,学校在红色资源方面都优于西安其他高校,在大学生课程设计中会有延安时期的历史文化的浸润,采取丰富的组织形式,通过校园广播、展示红色馆藏、欣赏红色影视、重温红色历史等方式,培育校园红色文化。另外,延安大学在对大学生的培养方面,努力通过群体感化的多种方式传承红色基因,让红色文化浸润人心。比如,组织大学生每日晨跑、开设专题讲座,设计相关课程;组织学生深入红色景区/红色遗址,或者经常去革命纪念馆接受红色现场教育,亲身感受红色基因和延安精神。

西安6所高校的在校学生获得陕西红色文化和延安精神的主要方式是课堂教学。多数学生是通过教授思想政治课程来被动输入部分红色知识,还有一部分文史类学生通过历史课程或是文化课程获取相关知识,思想政治类课程中关于红色文化的部分占比很少,老师在讲其中的内容时也是粗略而过。相比较而言,文科类的学生所获得的红色文化知识较理工类的学生多,获取的方式也比较多元,而理工类的学生获得方式更加单一,在整个课程中的占比非常少。

3. 高校的红色文化获得方式单一

对比西安交通大学、陕西师范大学、西安外国语大学、西北大学、西安建筑科技大学、西安欧亚学院等6所高校和延安大学1所高校，可以很明显地发现，延安大学在红色基因教育和传承方面要远远优于其他高校，不仅开设有红色文化的相关课程，而且具有地理优势。在课程设计上，延安大学学生不仅更倾向红色文化教育和红色基因传承，还自主研发了红色文化网络课程，红色征文大赛、知识竞赛等项目也非常丰富，在西安高校中，问卷调查显示，陕西师范大学、西北大学等两所学校，因中文学科较强，有着延安时期文学研究的根基，有较强的团队和学科建设，所以在红色文化获取方式上更多地倾向于自主学习，从书本上获得资料和历史知识，而其他学校的学生比如西安交通大学、西安邮电大学、西安建筑科技大学的学生在填写调查问卷中更多以理工类学生为主，因此获得红色文化的知识主要来自思想政治课的讲授或者自己从网络上了解。调查问卷中，红色主题教育活动占比不高，仅为21.46%，这说明红色主题教育活动并未成为大学生了解红色文化的重要途径，另外一个红色旅游，应该是最直观地了解和感受延安精神的途径，占比仅为35.06%，其中还包括身处延安本地的延安大学学生群体，如果单就其他6所高校而言，占比可能更少。

从调查问卷总体来看，学生获取红色文化知识的途径主要是课堂和书本，获得方式单一，学校重视程度不够，其中红色旅游、红色主题教育活动并未成为大学生了解延安精神的主要途径，虽然调查问卷涉及的学校少，学生数量有限，并未做到全覆盖，不能说明全部，但从其中几个有代表性的高校来看，陕西的红色文化、红色基因获得方式单一。在其他红色资源丰富的城市，比如重庆，高校中有红歌会，组织学生唱红歌；在江西，也有类似的"中国红歌会"，一度登上了江西电视台；在延安，红色歌谣传唱在大学校园中也经常回荡，红色革命电影、红色历史歌舞剧和话剧也给学生提供一种直观感受，除了延安，在陕西其他高校，通过课堂获取红色文化占比96.17%，是最主要的获取方式，而互联网等多媒体在当代大学生中占比为59%，大学生在红色旅游、课外实践/阅读获得方面分别占比35.06%和19.54%，可以看出大学生群体对于陕西的红色文化了解得还不够全面，多数学生并没有真正去延安参观过革命遗址。

4. 红色教学环境营造不足

红色教学环境可分为红色教学"硬"环境与红色教学"软"环境两种。红色教学"硬环境",包括教学点的课程设置和教学常规管理、教学设施设备配置、地理位置及周边环境等,江西师范大学校内按照日机轰炸后留下的弹坑砌岸筑成的青蓝湖、北京大学的李大钊雕像、山西大学的毛泽东雕像、湖南大学的毛泽东雕像等,就是一种硬环境的体现;"软"环境,包括教学文化、教学活动、课外活动,还有教授人员的道德文化修养与教育方法等。从这两方面来看,硬环境,在所有高校中明显不足,很少能看到明显的标志物;从软环境来看,除了延安大学红色文化氛围相对较浓厚,其他6所高校的红色教学环境无论是课程设置、教学常规管理还是教学设施设备配置均十分欠缺,教学课件准备不足,这也是影响红色基因在陕西高校传承的一个重要因素。

5. 大学生群体在学习延安红色文化上缺乏积极性和创新性

从调查问卷来看,大学生群体主要获得红色文化的方式为课堂,占比96.17%,其他获取方式占比明显不足,大学生群体在学习延安红色文化上缺乏自主创新精神,主要依靠课堂获得,课后自主学习的时间少,在西安的6所调查高校中,大学生对红色文化往往是被动地接受,当作一种不得不完成的任务,课堂上讲授红色文化占比96.17%,而其中278名(53.26%)学生没有读过相关的经典书籍,没有进行过自主学习,可以看出,大学生群体在学习延安红色文化上缺乏积极性和创新性,还没有建立浓厚的学习兴趣。

四 当代陕西大学生传承红色基因的愿景分析

红色基因融入高校教学有利于净化大学生心灵,有利于培养大学生艰苦奋斗的作风,有利于增强大学生对党和国家的热爱情感,有利于促进大学生社会主义核心价值观的养成。

（一）营造浓厚的红色校园氛围

学校是强化大学生社会主义核心价值体系教育的重要阵地，承担着把社会主义核心价值体系教育与红色资源利用相结合的责任。特别是在大学校园里，学生往往是学习和生活都在学校，对学校环境的依赖度较高，因此从学校的环境入手营造红色氛围，能够从直观上让学生有一个心理适应过程，潜移默化的情况下能够加深他们对红色基因的认知，从而更容易有历史代入感，红色文化是从延安时期而来，较之当代大学生有一定的历史距离，因此从校园氛围中入手在硬环境和软环境中加入一些红色文化的元素，更有利于学生接受，这样在接下来的课程环节学生不会有陌生感。如何进行环境的营造呢？应该从两方面入手，一是硬环境，二是软环境。硬环境的营造可以"用红色资源装点教学场所，就是运用建筑、雕塑、刻画、喷塑、涂鸦、摹仿等体现现代艺术风格的装饰手段和造型、体量、色彩、线条、符号等装饰元素把红色资源及其蕴含着的红色文化合理的融入教学场所当中去，把那些具有典型教育意义、体现特色风貌的红色资源以形象化的表现形式和多样化的艺术手法得体地融入自然景观，使之成为红色文化的传播载体，遍布于精美的园林、清澈的湖泊、悠久的馆藏、雄伟的建筑，以及学生频繁穿行的区域之间，使之成为激励他们陶冶情操、净化心灵、塑造政治素质和优秀品格的实物教材"[①]。同时，要根据高校各自历史特色，树立相关雕像和标志建筑，营造浓厚的红色文化氛围。比如在汉中、安康等学校可以根据川陕革命根据地来设置相应的红色景观；在铜川、渭南等地，可以以早期红军革命遗址为标志，进行校园景观的修饰；在关中地带，不仅可以用革命人物、革命英雄雕塑来营造环境，还可以通过历史建筑在校园的复原或者相似建筑的改造、修葺，来营造有历史感的红色文化氛围。

软环境的营造一方面可以聘请亲历革命的老红军、老战士，或者是军队

---

① 张岚岚、魏代强：《深度开发红色资源 丰赡校园红色文化》，《扬州大学学报》（高教研究版）2009年第6期。

院校的有关专家、教授，或者是延安大学、延安干部学院、泽东干部学院以及延安的档案馆、纪念馆等机构的学者来学校讲课，延安大学2017年以来曾前后走进清华大学等多所高校，对红色文化进行宣讲，交流介绍心得；另一方面，可以通过开发红色软件的形式让学生自主学习和交流。延安大学的学生已经在2018年自主开发了多个红色软件，鼓励陕西省其他高校向延安大学学习，鼓励学生自主开发红色软件，同时还要在多个学科之间进行交流和互动，打破文科、理工科之间的界限，不仅要在文史哲学生中产生影响，还要鼓励理工科的学生加强学习，理工科学生在红色软件的开发上有更大的优势，因此应当充分利用学科之间的优势进行引导，让文科和理工科学生都能够从红色文化中汲取养分，丰富自己的学习和人生。同时校风培养也至关重要，陕西红色文化有着独特的内涵价值，如果能够将其与校风建设结合起来，必然能够为大学教育的灵魂注入强烈的使命感和责任感。"在活动开展过程中，可以有意识地举办相关的活动，如展览、比赛、论坛等。通过这些活动，对参与其中的大学生党员进行有针对性的教育和培养，帮助他们树立健康正确的人生观、价值观、世界观。树立正确的理想信念，鼓舞更多学生党员努力学习，为社会、民族的发展贡献自己的力量。"[①]

（二）丰富高校的红色文化

高校课程依然是延安红色基因向大学生推广和传播的最有效、最主要的方式。通过大学生感兴趣的方式将红色基因的内涵外化在各种创意表达中，使大学生树立正确的理想、坚定的信念。课堂可以分为线上和线下两种形式，线上课程可以通过红色网站、红色网络课程等PC客户端进行开发，同时也可以充分利用微博、微信、QQ等自媒体平台传播红色文化。有条件的高校还可以开发在线开放课程（Massive Open Online Course，MOOC），在MOOC上进行免费的红色课程无限回放，可以让延安大学、延安干部学

[①] 苏江涛：《陕西红色文化视域下大学生党员理想信念教育》，西安工业大学硕士学位论文，2017，第25页。

院、泽东干部学院等延安多个学院在线上开放MOOC，让其他高校的学生进行分享和在线学习，同时还可以通过其他在线的免费平台，比如现在比较火的哔哩哔哩网站，还有超星阅读、学习强国等平台进行课件和视频的共享，还可以通过其他学习软件和App，利用一些延安时期的革命故事、历史、经典书籍进行生动的再现，让学生有兴趣去了解和学习。通过线上的高校联动，把延安本地的高校优势传递给其他高校，实现高校之间的优势互补和联动。

线下的教学课堂，主要依靠老师的讲解和灌输，这就要考验老师在其中的教授水平。革新传统的教学方式才能更有利于学生接受带有历史距离感的红色文化。单纯的填鸭式教学模式不仅起不到很好的引导作用，反而会让学生产生一种抵触心态。而当前有些网红教师实际上已经引起了学生的注意和欢迎，比如复旦大学的思修课老师陈果、中国政法大学的刑法学老师罗翔，真正的知识一定是要走出书斋的，一定能够把知识和情景结合在一起，生动、有吸引力。课堂上，老师可以通过讲故事、读经典等多种方式达到传授的目的，让学生能够接受和理解知识，并转化为内在的价值影响和提升自己。由于自身的原因及外在环境的变化，红色资源教学迫切需要跟上时代发展的脚步。老师们也可以用课件的方式，加入视频、影音和图像。在传统的黑板加粉笔的教学模式中，很难将历史的、抽象的知识具体化，而"红色课件通过动画、视频、图像等技术，不仅可以更加自然、逼真地描述出多姿多彩的红色历史世界，还可以对宏观和微观的个案进行模拟表达，对抽象和具象的事物进行生动直观的表现，化繁为简、化难为易，能够充分创造出一个有声有色、生动形象的教学情境"。[①] 利用红色课件能够更高效地对学生进行输入式教育。

红色文化还包括延安精神情景剧开发。高校为了实现延安红色文化精神更好的传承，利用相关舞台剧进行教学，能够增强大学生对红色文化精神的

[①] 朱小理：《红色资源转化为教育教学资源的方式及路径研究》，南昌大学博士学位论文，2011，第115页。

感悟。实现红色文化教育和人才培养的对接,也在潜移默化中提升大学生的思想政治教育水平。延安的红色历史歌舞剧《延安保育院》《永远的长征》,不仅影响广泛,受众较多,而且口碑很好,这种情景歌舞剧不仅有强烈的代入感,而且有直观的感官震撼,能够刺激到观众的心灵,起到事半功倍的效果。延安电影院还不定期上映4D电影,观影者只要戴上特制眼镜便可跟随电影场景近距离感受红色革命和红色历史,代入当时的历史情境中。在陕西的各个高校中,可以通过自己编演话剧、歌舞剧及观看革命电影等形式多元化地了解延安红色基因,对于当代大学生传承红色基因,不仅要结合课堂书本的知识,还要通过视觉感受还原当时的历史场景,再现当时的时代环境,体验革命的惨烈,理解红色基因的真正内涵。

(三)建立互动性质的红色教学基地

互动式红色教学基地,实际上是通过红色实践、红色体验的方式来达到感同身受的目的。"书本上的内容比较枯燥,留给学生的印象比较抽象。而通过实际参观学习,不仅可以见到历史实物,还可以看到实实在在的遗物和史料,学到很多课堂上学不到的活知识。鉴于此,学校可以与革命遗址、历史纪念馆等红色资源景点建立教育基地,组织学生集体参观游览,针对学生特点开发适合学生参与的各项活动。"[①] 应充分发挥自媒体宣传优势,引导青年人到红色景区体验参观。通过有组织的方式,引导大学生在"游中学"。"积极开展各种红色旅游主题活动,将课外社会实践与红色旅游相结合,通过暑期社会实践等方式,有组织地带领大学生到红色旅游经典景区体验参观,带着问题游,在游中受到红色精神、红色文化的感染和教育,实现寓教于游、润心无声的效果。"[②]

陕西其他高校可以和延安大学、延安干部学院、泽东干部学院以及延安

---

① 袁玉梅、安慧、王庆玲:《红色资源在大学生社会主义核心价值体系认同中的作用——基于陕西高校的调查研究》,《井冈山大学学报》2013年第5期。
② 李智慧:《大学生应做红色基因的传承者》,人民网,2018年7月24日,http://edu.people.com.cn/n1/2018/0724/c1006-30167504.html。

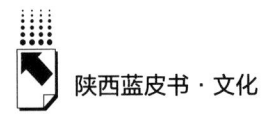

的档案馆、纪念馆联合,一方面可以将延安大学作为红色基地,其他高校的学生前来学习、交流,另一方面延安大学可以把自己的经验推广出去,形成品牌效应,带动陕西高校效仿和学习,按照关中、陕南、陕北三个地区的大学生进行划分、整合,统一部署,还要与教育部门协同合作,在不同时间段内组织学生进行参观、学习,回到延安历史现场感受红色氛围,聆听红色故事,接受红色教育。

区域报告篇
Regional Reports

B.16 宝鸡市非物质文化遗产保护传承研究报告

王永莉*

摘　要： 宝鸡市的非物质文化遗产保护传承已取得一定成效，但是依然存在诸如非遗项目后继无人、从业者日益减少、资金不足、经济效益差等相关问题，在市场经济和多元文化的冲击下，不少非遗项目已处在濒危境地，建议政府相关部门做好顶层设计，增加经济投入，加强宣传力度，将非遗保护与文创结合，推动非遗保护与文化、旅游相融合，成为宝鸡市非遗保护传承的必由之路。

关键词： 非物质文化遗产　保护传承　宝鸡市

---

* 王永莉，历史学博士，陕西省社会科学院文学艺术研究所副研究员，主要研究方向为历史人文地理与地域文化。

宝鸡地跨秦岭南北两麓，自然环境优美，动、植物资源丰富多样，东接西安，南通汉中、陇南，西邻天水，北靠平凉，区位优势明显，历史文化底蕴深厚。作为陕西省第二大城市与关天经济区副中心城市，既是周、秦文明的发祥地，也是隋唐佛教文化中心和道教文化圣地，又是中国民族工业发展重镇和红色文化圣地，拥有8000年文明史与2770多年建城史，历史文化悠久，文物资源丰富，自然风光秀丽，非物质文化遗产数量丰富。

一 宝鸡非物质文化遗产的地理分布

截至2018年10月，宝鸡市共公布六批非物质文化遗产保护名录124项，主要分布在市属三区九县及相关单位：其中陈仓区16项，千阳县7项，陇县15项，凤翔县21项，凤县5项，岐山县17项，眉县12项，扶风县9项，麟游县5项，渭滨区4项，太白县5项，金台区6项，太白酒厂1项，西凤酒厂1项。其中入选国家级非物质文化遗产保护名录5项，入选省级非物质文化遗产保护名录22项。

第一批37项，包括民间美术类8项，分别是：西秦刺绣、陈仓社火脸谱绘制技艺、千阳刺绣、精怪剪纸、陇州社火疙瘩脸谱绘制技艺、凤翔刺绣、凤翔木版年画、凤翔泥塑，分布在宝鸡市、陈仓区、千阳县、陇县、凤翔县等地区。民间文学类1项，即吹箫引凤传说，分布在陈仓区。民间音乐类3项，分别是：姜马察回音乐、西山酒歌和凤县民歌，分布在陈仓区和凤县。民间舞蹈类5项，分别是：西山刁鼓、千阳八打棍、岐山转鼓、威风战鼓和高跷赶犟驴，分布在陈仓区、千阳县、岐山县和眉县。戏剧类3项，分别是：西山对对戏、灯盏头碗碗腔皮影戏和扶风碗碗腔皮影戏，分布在陈仓区、千阳县和扶风县。曲艺类5项，分别是：西府道情、西府曲子、凤翔曲子、下河寨道情和王勇曲子，分布在宝鸡市、眉县、凤翔县和扶风县。传统手工技艺类8项，分别是：太白酒酿造技艺、陈仓银器制作技艺、凤翔草编技艺、岐山臊子面制作技艺、岐山空心挂面制作技艺、鹿羔馍制作技艺、血条面和中华老字号西凤酒酿制技艺，分布在太白酒厂、陈仓区、凤翔县、岐山县、扶风县、麟游县和西凤酒厂。民俗类4项，分别是：宝鸡民间社火、炎帝陵祭典、陇州社火和李家沟社火，分布在宝鸡市、渭滨区、陇县和太白县。

第二批28项，包括民间文学及语言类1项，即炎帝的传说，分布在渭滨区。民间音乐类1项，即陇州小调，分布在陇县。传统戏剧类1项，即眉户，分布在眉县。曲艺类1项，即岐山曲子，分布在岐山县。民间美术类6项，分别是：金台罗氏彩绘彩塑、金台马氏瓷刻、凤翔剪纸、岐山剪纸、绿蓝草古建彩绘、太白面花，分布在金台区、凤翔县、岐山县、扶风县、太白县。传统手工技艺类13项，分别是：凤翔麦秆画技艺、凤翔罩金漆器工艺、凤翔陶罐制作技艺、凤翔刘氏皮影制作技艺、凤翔豆花泡馍制作技艺、古太酒酿制技艺、岐山青铜器复仿制技艺、岐山擀面皮制作技艺、岐山油炸面花制作技艺、岐山农家醋制作技艺、岐山锅盔制作技艺、岐山皮影制作技艺和岐山柳编技艺，分布在凤翔县、眉县、岐山县。民俗类5项，分别是：凤翔地台社火、灵山庙会、凤翔府城隍庙会、扶风三霄庙会和龙门洞庙会，分布在凤翔县、扶风县和陇县。

第三批13项，包括民间文学及语言类4项，分别是：张三丰传奇、党阁老传说、女登传说和钟吕坪传说，分布在金台区、凤翔县和眉县。民间美术类5项，分别是：陈仓民俗泥塑、陈仓剪纸、陇县染色剪纸、眉县剪纸和扶风剪纸，分布在陈仓区、陇县、眉县和扶风县。传统手工技艺3项，分别是：木旋玩具制作技艺、陇县花灯工艺和岐山油漆绘画工艺，分布在凤翔县、陇县和岐山县。民俗类1项，即麟游地台社火，分布在麟游县。

第四批19项，包括传统音乐类1项，即三丰派道教音乐，分布在金台区。传统舞蹈类1项，即唐家院舞狮，分布在眉县。传统戏剧类3项，即西秦腔、陈仓皮影戏和麟游木偶戏，分布在宝鸡市戏剧家协会、陈仓区和麟游县。传统体育、游艺与杂技类2项，即千阳丁方和凤翔红拳，分布在千阳县和凤翔县。民间美术类1项，即陇县皮影雕刻工艺，分布在陇县。民间手工技艺类7项，分别是陈仓油酥锅盔制作技艺、陈仓古式家具制作技艺、渭滨陶器制作技艺、凤翔腊驴肉制作技艺、岐山传统榨油技艺、陇县芦编技艺和扶风土法榨油技艺，分布在陈仓区、渭滨区、凤翔县、岐山县、陇县和扶风县。传统医药类2项，分别是朱氏正骨技艺和太白山七药文化，分布在陈仓区和眉县。民俗类2项，即周公祭典和古凤州消灾寺上九会，分布在岐山县和凤县。

第五批14项，包括民间文学类1项，即燕伋传说，分布在千阳县。民间音乐类2项，分别是陈仓有礼锣鼓和岐山民间唢呐，分布在陈仓区和岐山县。民间舞蹈类1项，即凤县筏子舞。民间手工技艺类5项，分别是：金台风筝制作技艺、陈仓皮影制作技艺、千阳柳编制作技艺、太白洋芋糍粑制作技艺、凤县腊肉制作技艺，分布在金台区、陈仓区、千阳县、太白县和凤县。传统医药类2项，即赵氏一笔消膏技艺和秦林膏制作技艺，分布在凤翔县和眉县。民俗类3项，即槐塬正月二十六古庙会、眉县武家堡芯子社火和虢镇四月八城隍庙会，分布在凤翔县、陈仓区和眉县。

第六批13项，包括民间文学类2项，即鸡峰山传说、诸葛亮与太白县地名传说，分布在渭滨区和太白县。传统手工技艺类9项，分别是：陇州社火头帽制作技艺、陇州马蹄酥制作技艺、陇州马家烧鸡制作技艺、凤翔砖雕技艺、岐山庵营古镇黄酒酿造技艺、眉县堆漆彩绘技艺、凤县观音粉制作技艺、麟游杏仁茶制作技艺、九成宫酒酿造技艺，分布在陇县、凤翔县、岐山县、眉县、凤县和麟游县。传统医药类1项，即烧伤疮疡疗法，分布在扶风县。民俗类1项，即青龙庙索姑庙会，分布在扶风县。

二 宝鸡市非物质文化遗产保护现状

宝鸡市文化和旅游局下设公共服务科，负责组织开展非物质文化遗产保护工作。近年来，为了加强非物质文化遗产的保护与传承，宝鸡市政府、文化和旅游局等相关单位从顶层设计、具体操作等环节入手，出台了一系列政府文件，如《宝鸡市文化和旅游工作指南》《宝鸡市非物质文化遗产保护工作联席会议制度》等，先后公布六批非物质文化遗产保护名录与五批非物质文化遗产传承人名录，在保护、传承非物质文化遗产方面取得了一定的成效，主要内容如下。

（一）在陕西省文化和旅游厅、陕西省非物质文化遗产保护中心等上级机关和部门的领导下，积极加强宝鸡市非物质文化遗产的展演与对外合作

2018年11月10~12日，由省文化厅主办，省非遗保护中心承办的"陕西传统手工技艺大展"在曲江国际会展中心展出。宝鸡市文化广电新闻出版局（现已改为宝鸡市文化和旅游局）组织9个项目参展，其中凤翔木版年画、凤翔泥塑、社火脸谱绘制技艺、西秦刺绣、凤翔罩金漆器工艺、凤翔草编技艺、陇州花灯制作技艺、金台马氏瓷刻、眉县剪纸等项目深受欢迎，凤翔木版年画、凤翔泥塑、社火脸谱技艺和传承人更是引来了众多目光和热捧。凤翔县作为非遗大县，大力推动文化旅游产业，在2019年的第十五届中国（深圳）国际文化产业博览交易会上，共推出16个文化旅游产业项目；其中凤翔县六营泥塑文化创意园项目（投资2.5亿元）、凤翔木版年画特色小镇建设项目（投资1.5亿元）、爱萍刺绣文化产业园招商项目（投资6000万元）、凤翔蕙兰布织染传承基地项目（投资1.36亿元）、中国六营泥塑国际度假区项目（投资5亿元）等均以非物质文化遗产为核心内容，成功签约项目3个，共引进资金11亿元。其中六营泥塑国际度假区项目引进资金5亿元，另外，凤翔县城关镇、新明文化传承有限公司与深圳市冰玉文化科技有限公司就凤翔民俗文化及民间工艺品经营达成战略合作协议。

（二）联合各文化公司、艺术研究院等相关单位，将非物质文化遗产项目保护与文创产品开发有机结合，加大研发力度，推进文创产品规模化设计、生产和销售

开发展现宝鸡名胜古迹的文物复制和仿制品、融入宝鸡地域文化内涵的工艺美术品以及彰显宝鸡非物质文化遗产特色的地域文创产品。非物质文化遗产作为宝鸡地域文化的典型代表，增进和挖掘文化内涵，打造可观、可听、可品、可感、可想的优质文化旅游体验产品。2018年，陕西省旅游商品在"中国特色旅游商品大赛"中获得8金13银11铜共32项奖项的优异

成绩，宝鸡市的太白酒、"西府有礼"梅兰竹菊香炉、西府有礼宝鸡文化元素围巾、关中孝子"社火脸谱月琴"、西府有礼纯钛制品套装、西府有礼香酥肉松等商品分获1金2银4铜7项大奖，获奖比例达到全省旅游商品的接近1/4。其中，太白酒、社火脸谱月琴、香酥肉松等商品均由宝鸡非物质文化遗产研发而来。凤翔县六营泥塑村80多户农户、300多名村民常年从事泥塑加工和生产包装，泥塑工艺品年产量超过100万件，安置劳动就业岗位300多个，也为宝鸡文创产品的开发提供了一定的灵感源泉。2018年8月，宝鸡青铜器博物馆文化产业部精心推出的"何尊——'我爱你中国'系列文化创意产品"，在"秦蜀之路·青铜文明特展"上热销。凤翔泥塑国家级代表性传承人胡新明与大唐文化产权交易中心、中国艺术研究院等加强合作，合力对凤翔泥塑的纹饰、色彩、造型、历史进行系统性挖掘，也为凤翔泥塑文创系列产品打开了新的销路与市场，其做法值得推广。2019年1月18日，宝鸡市举办"智耀宝鸡 文创木米"2019年宝鸡市文化产业高峰论坛暨文化产业项目集中签约活动，凤翔泥塑国家级代表性传承人胡新明与儿子胡锦伟以凤翔泥塑挂虎眼睛造型为原型制作而成的眼罩、手机保护壳、抱枕、纸杯、笔记本、围巾、文创碗碟餐具等，精细雅致，赢得了许多参会者的追捧。

（三）建立非物质文化遗产传习所，大力培养非物质文化遗产传承人

在群众艺术馆、文化馆、各中小学校园等单位的协助下，积极推动非物质文化遗产进校园活动，邀请各非物质文化遗产传承人走进教室，通过讲述非物质文化遗产的故事，近距离演示，让非物质文化遗产深入人心。笔者在宝鸡市凤翔县六营村实地考察中发现，六营村设有凤翔泥塑、皮影、木版年画等多个非物质文化遗产传承所，为前来旅游的游客们展示凤翔泥塑、皮影、木版年画的制作工艺，传播地域文化，有效地提升了非物质文化遗产的影响力和知名度。

（四）大力开展非物质文化遗产宣传与营销活动

围绕西府民俗文化，支持宝鸡社火、西秦刺绣、马勺脸谱、木版年画、岐山臊子面等非遗项目开发，加快西府老街二期、陈仓老街、茵香水镇、六营民俗村、七星小镇、三国水城、雍州古镇、关中天下等民俗示范点建设，打造民俗文化旅游新亮点。目前，宝鸡市创造性地将非物质文化遗产的传承、保护与民俗旅游融为一体，大力推动美阳小镇、固关古街、凤翔酒街、依云小镇、茵香水镇、臊子面产业园等民俗示范点建设，将西府老街、大秦北市、关中天下、周家大院、北郭民俗村、范家营村等打造成宝鸡民俗文化旅游的新亮点，西府老街、关中天下等景区内常态化实景串演西府非物质文化遗产曲艺节目、民俗文化活动、西府婚庆嫁娶、西府民间工艺、传统手工作坊技艺等，与游客零距离互动，灵活展示西府民俗文化。目前，宝鸡地区的西府社火、木版年画、凤翔泥塑与西凤酒酿制技术等，已列入国家级非物质文化遗产保护名录，宝鸡市借助凤翔等县入选"中国民间文化艺术之乡"的东风，大力推广木版年画，筹建木版年画特色小镇。目前凤翔县六营村建成的泥塑民俗村，以凤翔泥塑、木版年画、皮影等为宣传核心，吸引了周边各地游客，凤翔非物质文化遗产传习所也在六营村安家落户，全国各地的订单也越来越多。2019年春节期间，北郭民俗村推出了岐山"十大名吃""八大名菜""千年民俗十碗饭""周公礼宴"等特色菜品，各地游客在品尝各种"舌尖上的美食"的同时，充分领略了西岐民间美食深厚的文化底蕴和独特魅力。河家道美食一条街，举办臊子面、臊子肉制作工艺展示、民间手工艺品展销、岐山民间剪纸、刺绣表演、体验农家生活等活动。春节期间，民俗村共接待游客24.32万人次，同比增长32.4%，实现旅游综合收入1.78亿元，同比增长34.3%。

三 宝鸡市非物质文化遗产保护传承的困境

表面上看，宝鸡市非物质文化遗产的保护传承颇有特色，但事实上，随着经济全球化和社会现代化步伐的不断加快,宝鸡市非物质文化遗产保护传承也面临很多问题与困境,形势严峻,令人担忧。

首先,适合我国保护工作实际的整体性、有效性的工作机制尚未建立,文化遗产的管理工作相对滞后。各级政府虽然在文化和旅游部、省文旅厅的指导下,大力开展非遗保护相关工作,但具体实践过程中依然存在很多问题:相关地方法律法规的颁布与实施进程不能满足非物质文化遗产保护的紧迫性;地方政府对非物质文化遗产的保护、传承认识不足;管理资金、人员配置不足;相关部门保护意识淡薄,重申报开发、轻保护管理的现象相当普遍,非物质文化遗产本真性的保护面临挑战;基层文化工作者缺乏对非遗保护的正确认识与端正态度;个别区县存在过度开发非物质文化遗产的现象,等等。

其次,非遗项目保护种类、名录严重不均衡,影响力较大、知名度较高的非遗项目如凤翔木版年画、凤翔泥塑、社火脸谱制作技艺等级别高、投入大、重视程度高,保护、传承状况相对较好,其余大部分非遗项目影响力小、知名度不高,"养在深闺人未识",几乎无人问津、无人知晓、很少受到重视,保护传承现状不尽如人意。

再次,随着经济全球化、文化多元化的加快,很多植根于农耕传统的非遗项目赖以存在的社会基础丧失,许多依靠口传心授方式传承的非遗项目逐渐消失,许多传统技艺濒临消亡,不少非遗项目老一辈传承人年事渐高甚至去世,因经济效益差而无人愿意学习,传承人出现青黄不接状态,难以为继。

最后,不少非物质文化遗产项目分布在乡、镇、行政村中,受制于交通闭塞、经济落后、人员文化素质参差不齐等因素,非物质文化遗产项目的保护、传承力度严重受限,非遗技艺、产品生产规模小,销路缺乏保障,极大地影响了人们的从业积极性。

笔者以宝鸡市入选国家级、省级的非物质文化遗产项目为例,逐一分析其存在的问题与困境,内容见表1。

表1　宝鸡市入选国家级、省级非物质文化遗产项目存在的问题与困境

序号	非遗名录	存在问题与困境
1	西秦刺绣	①现代生活方式和审美情趣变化,民间刺绣布艺的适用范围大大缩小 ②艺人青黄不接,刺绣工艺技术后继无人,濒临失传 ③经济效益低,严重冲击影响刺绣布艺作品质量与产品数量品种
2	凤翔木版年画	①受现代印刷术和市场经济大潮冲击,制作成本高,市场竞争力弱 ②"文革"期间,大量木版年画的古版、古画遭焚毁 ③市场萎缩,从业人员锐减,大多数传承人相继去世
3	凤翔泥塑	①个别艺人家庭困难,无力从事,人亡艺绝 ②销售市场萎缩,不少艺人放弃手艺从事他工作 ③普通艺人产品积压,从艺信心大减
4	吹箫引凤传说	①艺人去世或年事已高,无传承人继承 ②相关的古迹、壁画和文字资料损毁失传
5	姜马察回音乐	①演出耗资较大,乐器须由乐手自己解决,资金不足 ②器乐曲目多凭艺人记忆演奏,因艺人老龄化现象严重,逐渐失传,专业人才稀缺
6	西山酒歌	①酒歌属群众性的自娱自乐文艺形式,采取口授心记的形式流传,曲目失传过多;传唱范围逐渐缩小 ②后继乏人。由于受到现代先进文化娱乐形式的冲击,传唱人越来越少,加上酒歌词曲随意性大,传唱形式多,难以统一;唱腔灵活多变,整理记录难度大
7	凤县民歌	①老一辈艺人年事已高或离世,年轻艺人对传统民歌演唱与传承民族文化认识不足,且经济效益差导致艺人生存艰难,无人愿学,濒临灭绝 ②人们文化生活和审美情趣发生变化,对民歌的欣赏日益减少
8	西山刁鼓	①受现代文化传媒冲击,生存环境不容乐观,资金、人才、道具均比较匮乏 ②老一辈艺人年事已高,复杂动作无法表演,仅依靠口授、身教传艺,因经济效益差,年轻人不愿意学艺
9	千阳八打棍	①老一辈传人年事渐高或离世,年轻传人基本功不扎实,部分中青年人缺乏认识和热情,有些套路已经失传,观赏性有所下降 ②资金严重不足,道具缺乏,排练演出具破旧,濒临断代
10	岐山转鼓	①转鼓艺人年龄普遍老化,青黄不接,后继乏人,转鼓艺术面临失传 ②商业运作、市场意识渗入,有关人员商业性的编导创新,古朴、淳厚的原生态鼓乐、鼓谱、艺术手法及传统韵味被改变、弱化,甚至丧失

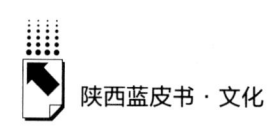

续表

序号	非遗名录	存在问题与困境
11	威风战鼓	①受现代娱乐方式的冲击、经济利益驱动,发展空间受到压缩,年轻一代纷纷外出打工,战鼓技艺濒临灭绝、消失 ②目前,传统文化受到严重冲击,后继乏人,资金困难,设施简陋,整顿、搜集、传承迫在眉睫
12	高跷赶犟驴	①现代文化传媒方式的冲击与人们的精神生活需求变化,观众日益减少 ②经济利益驱动,年轻一代外出打工,后继无人,且人才和经费严重匮乏,濒危状况严重
13	灯盏头碗碗腔皮影戏	①老一辈艺人年事已高甚至相继离世,师承弟子演技不精,现存艺人年龄均在60岁以上,总人数不足10人 ②大多数戏班改唱秦腔皮影,灯碗腔明显变味
14	扶风碗碗腔皮影戏	①受秦腔剧团、唢呐班等文艺团体的冲击,皮影戏市场份额小 ②老艺人年事渐高或身体不佳,无法参加演出,从艺人数锐减。因经济效益差,无人愿学 ③年轻艺人技艺水平不佳,艺术质量下降
15	西府道情	①受市场经济和现代传媒的冲击,因剧种古老,地域特色厚重,空间区域推广和发展受到极大限制 ②仅靠现有的年逾古稀的老艺人苦苦支撑,随时面临失传和灭绝的风险
16	西府曲子	①演出市场萎缩,赖以生存的市场被地方秦腔戏剧演出、皮影戏、秦腔清唱晚会等艺术形式替代占领;演出活动排练机会少,曲子艺术水平总体下降,人员老化,缺乏骨干队伍 ②传承乏人。现存艺人年事渐高或离世,年轻艺人尚未成为骨干力量 ③老一辈艺人文化层次低下,依靠口传心授方式传承,导致曲目、曲词大量散失,西府曲子艺术逐渐失传中断
17	太白酒酿造技艺	①白酒酿造业属重体力、经验型生产,机械化程度较低,高技能技术工人匮乏 ②实践经验的积累需要漫长的过程,制约了后备人才的培养 ③传统工艺面临严重冲击,严重影响产品销售,市场竞争力差
18	陈仓银器制作技艺	①银器制作技艺濒临失传,难度最高的"点蓝""上翠"技术、银器錾花技术仅剩两名传承人
19	凤翔草编技艺	①现代生活方式的冲击下,草编产品销路不畅,价格低廉,致使从业人数锐减 ②凤翔草编赖以生存的原材料麦秆、马莲减少,长颈节的高秆小麦已经绝迹,无法编织传统作品

续表

序号	非遗名录	存在问题与困境
20	岐山臊子面制作技艺	①岐山臊子面所蕴含的"崇德、贵老、敬长、慈幼"等传统美德受现代低俗礼仪观的影响,"回汤"相嫌,已不再有传统美德和风味 ②现代调味品和新式烹调手段的不断渗入,传统制作工艺中特色环节被简化或被代替,原汁原味传统制作工艺及消费习俗面临失传的窘境,传统工艺后继无人
21	岐山空心挂面制作技艺	①操作技术难度较大,劳动强度高,且生产效率低,经济效益差,导致年轻人不愿学,后继乏人 ②对季节和温度的要求很高,难以形成机器化生产,缺少较大规模的作坊 ③经济利益驱动下,大量机械化面条加工以次充好,使手工空心挂面传统工艺难以为继,面临危机
22	鹿羔馍制作技艺	①传承范围小,从业人员少,年轻人不愿学习 ②个别从业人员改用现代加工工艺或偷工减料,致使鹿羔馍失去原味
23	民间社火	①大量脸谱图式散落民间,不易收集和整理 ②老一辈艺人年事渐高或相继离世,致使某些师传绝技难以传承和延续,后继乏人。濒危状况明显 ③文化部门投入不足,经费奇缺,人员紧张
24	炎帝陵祭典	①祭祀景观、仪器或毁或残,文化设施不全,宣传姜炎文化的展览馆和碑廊亟待修建 ②民祭活动仅以老年人为主,年轻人很少,炎帝祭祀已处在濒危边缘
25	陇州社火	①社火为群众表演形式,表演人数众多,耗财耗力严重,导致表演种类与艺人减少。资金不足,社火会服饰、道具陈旧不堪,影响民间社火艺术的表演 ②社火艺人流失减少,传承人年老身弱,后继无人,面临艺术失传和绝种,绝技难以传承 ③歌词曲调失传,社火艺术档案残缺、断档,难以抢救恢复
26	炎帝的传说	①作为口口相传的口头文学形式,主要在民间传播,缺乏资金发掘整理,容易失传 ②相关遗迹、遗址亟待发掘保护
27	陇州小调	①在市场经济和现代传媒冲击下,曲种古老,地域特色浓厚,空间区域推广和发展严重受限 ②口传心授的错讹给整理带来了诸多困难,随时面临失传和灭绝的风险 ③受各种流行歌曲影响,年轻人不喜欢古老的曲调,导致后继乏人

续表

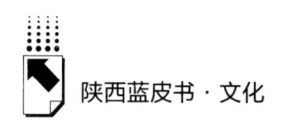

序号	非遗名录	存在问题与困境
28	眉户	传统曲子和剧目均为口传心授,因老艺人相继离世和经济条件等制约,传承艰难,濒临失传
29	凤翔罩金漆器工艺	①受现代生活方式的冲击,从业人数锐减 ②罩金漆器工艺品销路不畅,价格偏低,只有个别人从事,濒临灭绝,亟待抢救保护

从表1可见,宝鸡市省级以上非物质文化遗产项目面临的问题与困境主要包括:传承人后继乏人、从业人员减少、市场萎缩或丧失、市场竞争力差、经济效益差、原材料不足等。非物质文化遗产传承人与从业人员都是非物质文化遗产保护、传承过程中的核心要素,目前,宝鸡市多数非物质文化遗产项目都面临老一辈传承人年事渐高或者相继离世而年轻一代从业人员尚未完全掌握核心技艺的危局,导致大量非物质文化遗产项目后继乏人,这是当前非遗保护传承中不可逾越的鸿沟。随着不断受到市场经济和多元文化的冲击,许多非物质文化遗产赖以生存的社会基础和群众基础逐渐丧失,非物质文化遗产的保护、传承存在的必要性随之丧失。不少非物质文化遗产项目生产成本高昂,人手有限,生产效率低下,加上现代化大工业商品的冲击,许多非遗传承人与从业者的生活难以为继,为了谋生不得不放弃非遗生产。还有一些非遗项目必须依赖独特的原材料才能维持生产,如凤翔草编技艺必须使用的麦秆因小麦品种改良而缺乏,凤翔泥塑所必需的土壤也越来越少,这些都对非物质文化遗产的保护、传承构成了致命的威胁。

四 宝鸡市非物质文化遗产保护的对策与建议

(一)政府加大对非遗项目的保护、传承力度,针对市、县(区)非遗项目设立对口的非遗项目传习所和非物质文化遗产项目保护中心

非遗项目传习所主要负责非物质文化遗产的保护、传承与演示工作,同

时设立各级非物质文化遗产项目保护中心，主要负责组织非物质文化遗产的宣传、学习与外部联系工作。同时将各级非遗项目传习所与非物质文化遗产项目保护中心纳入国家基层行政机关或事业单位编制，提供、扩大必要的资金投入，一方面鼓励非遗保护工作人员深入乡镇，将非物质文化遗产保护传承落到实处，另一方面，建立非遗保护专项资金，用于扶持非物质文化遗产传承人及相关人员的保护、传承与创新工作，可适当采用物质、精神奖励等方式。

（二）将非物质文化遗产纳入文创产品创意设计，打造地域特色鲜明的旅游产品

建议政府加大投入，一方面引导非物质文化遗产传承人坚守、传承、保护传统技艺，另一方面为非物质文化遗产与文创产品创意设计提供技术指导、政策鼓励、人员投入等，在保存传统文化精髓的基础上，运用优秀流行元素进行二次包装和传播，使传统文化流动起来，既有生命力又有竞争力。千阳县每年都会争取项目资金，对全县刺绣合作社进行扶持，并为他们提供免费的工作场所。同时，为了鼓励艺人，县上还会对他们进行奖励。在政府的大力支持下，如今千阳刺绣产品有100多个品种，每年产值达5000万元。以民间手工艺品资源与非遗项目相对富集的村镇为主体，加强创意和技术支持，培育集创意研发、生产销售、文化体验于一体的传统民间工艺品集散区，重点扶持发展潜力大、市场前景好、体现宝鸡特色的工艺美术企业。兴建工艺美术品一条街、非遗项目展示一条街和展销陈列厅，建立健全艺术品、非遗文创产品营销网络体系，让宝鸡文创产业和非遗保护事业迎来大发展。

（三）加强非物质文化遗产项目的宣传力度

通过非遗进社区、非遗进校园、非遗进景区等活动，组织非遗展演、非遗大赛等，让更多人了解非遗，爱上非遗，从而激发人们保护非遗、传承非遗的热情。2019年"文化和自然遗产日"，宝鸡市及其下属区县纷纷开展非

遗保护传承宣传、展示相关活动49项次，通过宣传、展示、体验、座谈等方式，让唢呐、木偶戏、剪纸、彩塑、彩绘、木版年画、马勺脸谱等非物质文化遗产走进社区、校园、景区，极大地扩大了非物质文化遗产的影响力与知名度。

（四）充分利用炎帝陵、炎帝祠所在地和周、秦文化的重要发源地等独特地域文化资源，探索"非遗保护+祭祖""非遗保护+寻根"模式，打造独特的"非遗保护+祭祖"经典旅游路线

炎帝的传说与炎帝祭典分别入选陕西、宝鸡市非物质文化遗产保护名录，每年的清明节、农历七月初七，都有大量海内外炎黄子孙来此祭祀先祖，追忆先祖功德。宝鸡市可借鉴陕西黄陵公祭黄帝、甘肃天水公祭伏羲的先进经验，将炎帝祭祀、炎帝的传说等非遗项目发展成当地的文化旅游特色品牌，同时出台相关优惠政策，吸引更多的游客体验"祭祀寻根"文化，欣赏当地美景，拉动旅游经济发展。

B.17
延安市文旅融合发展研究报告[*]

毋 燕[**]

摘　要： 2019年是延安市文旅融合发展元年。延安市独有的红色文化、民俗文化、黄河文化和生态文化"四位一体"的龙骨擎起了延安文旅融合的脊梁，"加速度"地迎来了"开门红"。在建设生态文明的当下，文旅融合的发展，既是脱贫之路，也是兴旅之路。鉴于延安市各地区文旅工作的开展情况各有差异，本报告将对延安市所辖的13个区县的文旅融合发展概况进行梳理，以展现延安文旅工作的经验，从而进一步推进延安文旅融合的深入发展，引领陕北文化旅游的产业升级。也在更广泛的层面上，为陕西省的文旅融合发展提供思路和启发，共同推进陕西省文旅融合在更深的层次上结出累累硕果，并带动城市转型，走向致富脱贫的新道路。

关键词： 延安　红色文化　文旅融合

一　延安市文化旅游业发展概览

革命圣地，魅力延安。

---

[*] 本文系陕西省社会科学院重大课题"陕西深化文旅融合，壮大旅游产业研究"（立项号：19SXZD06）的研究成果之一。

[**] 毋燕，陕西省社会科学院文学艺术研究所助理研究员，研究方向为文艺批评、文化研究。

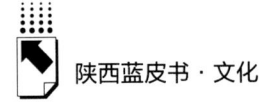

延安历史悠久，文物古迹荟萃，黄土风情丰富多彩，全市以"文化旅游带动"战略实施和全域旅游示范市创建为统领，着力推出民俗旅游、红色旅游、黄河旅游以及生态旅游。

发展打造特色鲜明的旅游文化。陕北民歌、信天游地域风情浓郁；安塞腰鼓，粗犷雄浑，驰名中外。农民画、延安剪纸等民间工艺，独放异彩，被誉为"民间艺术之乡"。

红色旅游持续升温。2020年1月7日，延安革命纪念地景区被文化和旅游部认定为国家5A级景区，该景区是陕西第1个以红色文化为代表的5A级景区，意义重大，填补了陕西作为红色文化大省在红色5A级景区方面的空白。安塞、洛川被分别确定为全国、全省人居环境整治示范县。黄陵荣登"2019中国最美县域榜单"。宝塔区二道街成为网红打卡地，荣获"最美中国旅游城市"称号。

形成具有标志性的区域农产品。延川的红枣，延长、宜川的花椒，安塞、宝塔的苹果，吴起的香瓜，黄龙的板栗、核桃等美誉在外。

依托丰富的自然资源、历史文化，延安文旅事业如火如荼。2019年，延安市累计接待游客7308.26万人次（同比增长15.2%），旅游综合收入达495亿元（同比增长20.6%）。[1] 2020年继续三产优化升级，预计社会消费品零售总额增长8%，第三产业增加值增长6.5%。[2] 延安也享誉中外，被中央电视台评为"年度魅力文旅扶贫城市"，被国际旅游联合会评为"最美中国旅游城市"，《延安保育院》荣获"年度魅力旅游演艺"等多项荣誉，乾坤湾景区荣获"年度魅力文化景区"。文旅产业已然成为延安经济增长的新动能、新引擎，带动着延安城市的发展与转型。

---

[1] 王爱荣：《文旅融合"加速度"激流勇进谋新篇——延安市文旅局2019年工作回眸》，延安市人民政府网，2020年1月21日，http://www.yanan.gov.cn/xwzx/bmdtt/wlj/407356.htm。
[2] 薛占海：《延安市2020年政府工作报告》，延安市人民政府网，2020年5月14日，http://www.yanan.gov.cn/gk/zfgzbg/zfgzbg/419423.htm。

二 延安各区县的文旅融合落实特色

以文促旅，以旅彰文。延安市各区县在文旅融合发展的新征程上开拓创新，不断进取，积极完善各项文化旅游设施体系，开展丰富多彩的群众文化生活，大力推出文化旅游精品，加大非遗传承力度，各项文化扶贫工作也在有条不紊地进行中。

（一）宝塔区

宝塔区，素有"秦地要区""塞上咽喉"之称。赫然在列于国务院首批公布的24个历史文化名城，有宝塔山唐代宝塔和宋代石刻、清凉山万佛寺石窟等400余处的古遗迹。地理区位上的优势，吸引了中国老一辈无产阶级在这里战斗生活了十多个年头，有闻名于外的杨家岭、枣园、凤凰山、王家坪等十大革命旧址以及180多处纪念景地，铸就了这里成为全国爱国主义、革命传统、延安精神的三大教育基地。深受群众喜爱的陕北大秧歌，以及久负盛名的信天游、剪纸等民间艺术，形成了独具特色的黄土风情文化。

2019年，宝塔区推进"大平台引领、大项目支撑、园区化承载、集群化发展"的模式，聚力园区景区街区建设，全年接待游客、旅游综合收入分别增长19%和20%。[①] 2020年第三产业增加值预期目标增长6%以上。

做强园区，孵化经济新的增长点。宝塔综合产业园区围绕"六板块三集群"发展，加快青化砭能源化工和物流园区基础设施、颐生田园生态水镇等项目建设，推进延长石油精细化工、豫商智能机器人组装研发、蟠龙煤台、天然气调峰站等项目落地开工；导入商业综合体、酒店群、航空食品加工等业态，促进人流、物流、信息流、资金流等经济要素聚集，服务宝塔"三个经济"发展。实施蟠龙煤炭铁路专用线、枣花流域万亩苹果园等106

[①] 苏峰：《宝塔区2020年政府工作报告》，延安市宝塔区人民政府网，2020年6月15日，http://www.baotaqu.gov.cn/info/2151/73605.htm。

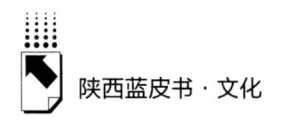

个区级重点项目，其中枣园红色物流园区、南泥湾华润希望小镇等23个项目列入市级重点项目盘子。

做美景区，深入挖掘区内文旅资源。坚持"大宝塔、全域游"构思，加大"大枣园"景区开发力度，推进毛堡则、石村、李家湾、火家塌等传统村落保护性开发和侯家沟、冯庄共青小镇、甘谷驿古驿站等景区项目建设以及金延安"宋城""延安老街"等项目。打造"甘红""冯庄果蔬""延安洋槐蜜"等一批特色农业地理标志产品。

做精街区，形成外宣主阵地。以"红色筑梦·创业延安"品牌影响为目的，建立健全北航·贝塔双创街区企业和项目评估机制，促进楠林城市广场、"延园里"等商业街区建设，启动以信用街区、数字街区、基金街区、创意街区等为代表的示范街区建设。举办了首届延安夜间经济月·夜市文化节、首届延安电竞大赛以及首届城市微更新设计邀请赛、首届冰雪嘉年华旅游节等系列节会赛事活动。二道街夜市成为网红打卡地。

（二）安塞区

安塞历来为兵家必争之地。境内堡寨众多，关隘四设，较有名的有王窑秦直道、方家河仰韶文化遗址、云品寺北魏石窟、龙安古城、芦子关、高桥寨等。新近发现的丹霞地貌大峡谷位于安塞区砖窑湾镇范台村一带的黄土沟壑中，由于洪水多年冲刷而逐渐显现。由于山地资源广，日照时间长，昼夜温差大，显示出得天独厚的农业优势。王家湾羊肉被誉为"肉品中的人参"，安塞小米美誉在外。腰鼓、剪纸、民歌、绘画、曲艺"五张名片"资源优势凸显，安塞区包括非遗传承人在内的各类民间艺人约有3.4万人。

文化旅游活力增强。2019年全年接待游客323.1万人次，实现旅游综合收入15.98亿元，分别增长35.3%和38.7%。2020年预期全年接待游客350万人次以上，旅游综合收入突破20亿元。[1]

---

[1] 曹振宇：《安塞区2020年政府工作报告》，延安市安塞区人民政府网，2020年6月24日，http://www.ansai.gov.cn/zdzl/2020lh/96772.htm。

多措并举优化环境。全面深化"放管服"改革，减税降费1.6亿元，新签约招商引资项目28个，引进利用外资170万美元，营商环境考核稳居全市第一方阵。

铺设文旅新通道。加快延塞快速干道、城区过境线建设，浩吉铁路建成通车。

引领经济园区发展。工业园区新投产项目4个，园区实现产值36亿元、增长23%，获批为全市（县、区）第一个省级高新技术产业开发区。

加大环境管理力度。创新建立"5+2"网格化管理模式和"三长合一"工作机制，117个村全部达到干净整洁村标准，建成美丽宜居示范村6个，荣获2019年度全省人居环境整治示范区。

重视旅游示范村的搭建。冯家营村成功创建3A级景区，西营村被评为省级乡村旅游示范村，安塞区被文化和旅游部授予"中国民间文化艺术之乡"。

依托文化活动。2019年全国青少年体育冬夏令营、陕西青少年排球锦标赛等活动成功举办。

（三）延长县

因延水由县境通过长流入黄河，改名延长县，沿用至今。

延长县革命历史源远流长，延长毛泽东旧居、革命烈士陵园、东征会议旧址、马头关河防保卫战遗址都留下了可歌可泣的革命故事。中国陆上第一口油井、马头关风景独特。

秉持"特色文化资源—文化包装挖掘—提升三产发展水平"的发展思路，完善景区产业设置，推进文旅融合新活力。2020年继续发展休闲农庄、特色民宿、自驾露营、农耕体验等沿黄乡村旅游，预期旅游综合收入4.8亿元。

建设有机农特产品生产链。形成"农特产品—有机农特产品—精深加工农特产品"思路链，打造有机农特产品基地县，实现农业总产值20.9亿元。

突出文化历史发展。以红色教育、沿黄风情和石油工业遗产为主，毛主

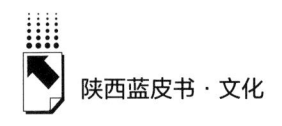

席旧居完成灾后修复,"321"石油文化基地、沿黄公路尚罗和老石观景台建成开放,七里村道教石窟、民俗博物馆主体建成,石阁山景区道路拓宽、供水管网、美化绿化等基础工程加快建设。罗子山、雷赤沿黄特色小镇开工建设,投资2000万元,建成投用罗子山镇便民服务中心。

以文促旅,壮大实体。举办文化旅游美食节等系列文化惠民活动,培育规上文化企业2家,文化产业营收2000万元,增长69%。签订招商引资合同项目14个,省际到位资金20.5亿元。[1] 延长二轮县志修编取得阶段性成果,通过省级终审进入出版发行环节。

改善生态,优化文旅环境。改造12座加油站双层罐和三次油气回收装置,淘汰老旧机动车61辆,城区13条沟道实现雨污分流,11处乡镇污水处理站全部投运。

(四)延川县

延川文化底蕴深厚,被誉为"全国现代民间艺术之乡"。

以路遥为代表的延川作家群在中国文坛有着独特的地位。剪纸、大秧歌、说书、布堆画、道情等民间艺术独放异彩,涌现了民间艺术大师高凤莲、冯山云等文艺人才。黄河流经延川县形成了"黄河蛇曲国家地质公园"。在这块神奇的土地上,先民们也留下了许多叹为观止的人文奇观,有东晋大夏王赫连勃勃疑冢、千年古窑、会峰奇寨、清水关古渡、闯王台等。2019年接待游客675.79万人次,增长46%;旅游综合收入28.02亿元,增长13%。在旅游业的带动下,服务业增加值增长5.8%。[2]

推进园区建设。建成并投运文安驿文化产业园区二期项目。乾坤湾景区创5A通过省级评审并上报文化和旅游部。

推进全民兴旅。成功举办了乾坤湾第二届山地自行车邀请赛、江阴千人

---

[1] 曹林虎:《延长县2020年政府工作报告》,延安市延长县人民政府网,2020年5月25日,http://www.yanchangxian.gov.cn/info/1598/42076.htm。

[2] 宋满红:《延川县2020年政府工作报告》,延安市延川县人民政府网,2020年5月21日,http://www.yanchuan.gov.cn/thread-15325-117.html。

游延川等活动。积极推进文化旅游融合发展，成立了山花演艺（集团）公司。

推崇本土文化。着力建设红色全域影视基地，在县内已摄制13部影视剧。梁家河村被授予"陕西省历史文化名村"称号。段家圪塔、吕家河等20个村落入选第三批陕西省传统村落名录，其中马家湾、甄家湾等8个村落入选第五批中国传统村落名录。被列入陕西省旅游示范县，启动了国家全域旅游示范县创建工作。

（五）子长市

在全国100个红色旅游经典景区中，子长在列。2019年，入境游客83.3万人次，旅游综合收入3.5亿元。①

子长烈士纪念馆是全国烈士重点建筑物保护单位。毛泽东旧居、瓦窑堡会议旧址，是中国历史的记忆。龙虎山景区和子长革命烈士纪念馆创建为国家AAA级景区。钟山石窟又名万佛岩、石宫寺，2014年创建为国家AAA级景区，被史学家称为"敦煌第二"。子长民俗丰富，刺绣、唢呐、煎饼、凉粉和瓦窑堡的传说列入省级非物质文化遗产保护名录，被文化部授予"中国民间文化艺术之乡"。子长唢呐先后两次远赴英国和俄罗斯参加国际军乐节演出，2013年子长唢呐走进国家大剧院，受到国内外高度赞誉。

制度先行树保障。《子长市全域旅游发展规划》通过评审。城市总体规划和"城市双修"规划编制工作全面启动，编制完成了城市重点片区详规、控规和旅游景区、文物保护区等专项规划。

推进城乡一体化文旅格局。撤县设市目标成功实现，开启城市发展新纪元。秀延河北岸文化长廊工程顺利贯通，建成顺骋佳苑、子玉花园、锦华园等一批商住小区。新建公交港湾23处，增加停车场6处。杨家园则、涧峪

---

① 刘凯：《子长市2020年政府工作报告》，子长市人民政府网，2020年5月21日，http://www.zichang.gov.cn/html/zwgk/zfbg/202005/19297.html。

岔重点镇配套设施基本完成，重点镇集聚、辐射、带动作用进一步显现。着力推进清洁乡村和生态乡村建设发展，新建农村户厕5185座，建成"美丽宜居示范村"20个，其中马家砭镇赵家崖堤村被定为省级"美丽宜居示范村"、安定镇廖公桥村被定为全国乡村治理示范村。

打造文旅品牌。安定省级文化旅游名镇加快推进，实施了西门改造、旧县衙改造、古院落修复等项目19个，安定镇被确定为首批省级历史文化名镇。

园区建设夯根基。安定古城、文昌山、高柏山生态文化园加快建设。

积极发展"文化旅游+"新业态。成功举办第四届高柏山山丹丹文化艺术节、全民健身大赛等活动。

（六）志丹县

志丹县，史称保安县，1936年6月为纪念"群众领袖、民族英雄"刘志丹将军而更名。红色革命文化、黄土风情文化、民族民俗文化、边塞区域文化交相辉映，红色遗址达30多处，另有龙咀山城址、战国秦长城、秦直道等历史遗迹760余处。永宁山、三台山、金鼎山耸立云端、惊奇险峻，九吾山道教泥人真身羽化像无疑是"陕西无双、全国罕见"，洛河峡谷更是"天然丹霞地质奇观、三十公里观景画廊"。被誉为陕北三宝"荞麦、羊肉、地椒"的盛产地。志丹剪纸、志丹刺绣、洛河战鼓、羊皮扇鼓、陕北说书等陕北民间艺术使志丹成为文化浓郁的灵秀土地。2019年接待游客85万人次，实现旅游综合收入4.16亿元，增长26%。①

服务业转型不断向好。与延安文旅投公司签订了洛河峡谷旅游综合开发协议。

重视城市公共基础建设。国道341县城过境路隧道开工3座，路基工程挖方3.5公里；靖志路孙岔至杏河段二级路与吊坪至吴堡段三级路建成通

---

① 张星：《志丹县2020年政府工作报告》，延安市志丹县人民政府网，2020年1月20日，http://www.zhidan.gov.cn/info/10735/85057.htm。

车,且八吊坪和永宁柳沟两座路改桥梁完工,全县道路交通条件持续改善。足球小镇地下管廊开工建设,水务大厦和星级酒店建设用地已腾空。山水林田湖周河流域生态保护修复项目完成总工程量的60%。

积极打造乡村旅游示范基地。永宁镇崾子川村被评为全省乡村旅游示范村,走出了志丹实施乡村振兴战略的新路径。

加强文化遗产保护工作。旦八城台石窟被列为第八批全国重点文物保护单位。

文化带动旅游发展。承办了"中朝"少年足球友谊赛、第五届陕甘宁革命老区青少年足球联赛等多场大型赛事,被评为全国校园足球优秀试点县。

(七) 吴起县

吴起县古时曾是边陲要地,为少数民族角逐之战场,境内现存有记载的古城17座。红色文化氤氲,有毛泽东旧居、革命烈士纪念牌等,都是进行革命传统教育的基地。吴起铁鞭舞独放异彩,是"延安十三个民间大艺术"之一。

文化旅游业向全域化、融合化突破,打造红色旅游圈和区域旅游经济带。2019年接待游客96万人次,实现综合收入8.1亿元。[①]

推进旅游景点的开发工作。全面开放吴起历史博物馆和将军主题公园,南沟生态度假村和中央红军长征胜利纪念园等国家AAA级景区落成,建成并开放榆树沟农业文化体验园、周湾边塞蓝湖景区和袁沟生态度假村,张湾子革命旧址和纪念园、南沟3A级旅游景区实力"圈粉"。吴仓堡小城镇建设一期工程全面开工。

重视文旅产业发展智慧引领。30余人组成的"走进大美吴起旅游"采风踩线团助力宣发,以"风雨边城·胜利吴起"为代表的文化旅游发展研

---

① 李炜:《吴起县2020年政府工作报告》,延安市吴起县人民政府网,2020年5月27日, http://www.wqx.gov.cn/zd/2020lhzd/qwfb/31868.htm。

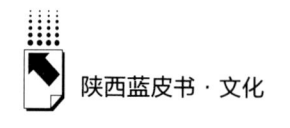

讨会，为探寻文旅融合发展提供思路和借鉴。

促进招商引资，推进文化创造性转化。第四届丝博会上，吴起县特色小镇、中央红军长征胜利纪念园、旅游文创、民间工艺衍生品及吴起县影视基地全域旅游等4个文旅项目成功签约，投资额达37.62亿元。在延安文化传承博览会签约仪式上，铁边城镇文化旅游名镇、中央红军长征胜利纪念园和边塞蓝湖旅游度假区3个重点文旅招商项目顺利签约，总投资21.76亿元。同时赴西安、北京、深圳、上海等地，积极与陕旅集团、白鹿仓旅游公司等机构协商洽谈。

依托文明城市创新。迎宾大道仿古街再现秦汉风韵，将军主题公园成为"新地标"，翡翠公馆、燕舞昱园扮靓燕山台，绿化美化亮点频现，"智慧城市"指挥中心成为城市管理、社会综治、便民服务的"最强大脑"。城乡路网工程加速推进，陈子沟至宗湾子二级公路和卧狼沟、三道川中桥建成通车，吴华高速、吴定高速北连接线进展顺利，改造提升乡村道路83条1002.8公里。新造林8.3万亩，补植补造19.8万亩，森林抚育21.5万亩，南沟、齐桥、王湾、铁边城村被认定为"国家森林乡村"。建成美丽宜居示范村20个，二道坝、韩台村入选"全国千村万寨展新颜"榜单，周湾村被评为"全国乡村治理示范村""全省美丽宜居示范村"。

形成"旅游+"的发展态势。首届边塞蓝湖龙舟大赛顺利举办。

打造特色小吃。如荞面香醋、洋芋粉条、荞面饸饹、黄米馍馍、羊杂碎、油馍馍等。

发展智慧旅游，加强外宣工作。参与《中国推介》、"壮丽七十年·圣地展新颜"等外宣活动，对外知名度、影响力不断扩大。2019年8月7日，召开主题"风雨边城、胜利吴起"研讨会，省内外文旅业内代表齐聚一堂，共同探寻吴起的文旅发展大业。

（八）甘泉县

甘泉因城西南5公里处神林山麓有泉水而得名，素称"美水之乡"。深厚的文化积淀形成以"陕北张俊功说书""甘泉莲花灯""甘泉书画"等为代表的传统民间文化，以"美水泉遗址公园""秦直道甘泉段""白鹿寺千年银杏树"等为代表的历史遗产文化，以"中央红军与陕北红军会师地（雪地讲话）""下寺湾毛泽东旧址""陕甘边苏维埃政府旧址"等为代表的红色革命文化，以"甘泉大峡谷""延安劳山国家森林公园"等为代表的自然生态文化，以"石门豆腐小镇"等为代表的古村落民居和民俗饮食文化。2019年旅游业拉动服务业快速增长，全年接待游客突破百万人次，实现旅游综合收入6.05亿元，增长34%。[①]

加大资金投入。争取总投资9.34亿元的第二批国债项目资本金1亿元。

优化景区环境。甘泉大峡谷建成旅游扶贫道路37公里，栽植行道树及道路两侧绿化20公里，完成重点区域绿化226亩，建成停车场3个、旅游厕所3座、导引标识6处，成功创建为国家3A级景区。豆腐小镇完成院落、围墙及道路维修改造，建成古法豆腐坊1处、特色民宿2处，成为来甘游客的重要承接地。劳山国家森林公园提标改造进展顺利。陕甘边苏维埃政府旧址、史家湾毛泽东旧居等修复保护工程竣工。

增加文化基地。"路遥在甘泉"纪念馆对外开放，人生广场、美水泉涌广场落成投入使用。

重视理论引导。积极承办第四届红层与丹霞地貌国际研讨会。完成《甘泉县志》《北农大在甘泉》编纂工作。

文化旅游创意产品不断推出。荣获首届中国（延安）文化传承博览会"最佳文旅融合奖""旅游商品纪念品优秀奖"等多项殊荣。

扩大外宣力度。"爱甘泉"App上线推广，通过新中国成立暨人民政协成立70周年、路遥诞辰70周年、退耕还林20周年、甘泉县首届春晚等系列庆祝纪念活动"走出去"。甘泉大峡谷成功入选国家地理杂志，《甘泉秘境》在央视科教频道"地理中国"栏目热播。甘泉书法王锋个展在延安文化艺术中心成功举办。

---

① 左新文：《甘泉县2020年政府工作报告》，延安市甘泉县人民政府网，2020年5月22日，http：//www.ganquanxian.gov.cn/zwgk/zfgzbg/19117.htm。

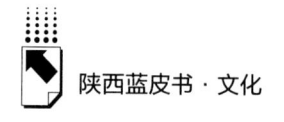

（九）富县

富县，素有"塞上小江南"和"陕北小关中"之美称。县内有各种文物景点200余处（个），著名的有秦直道遗址、杜甫故居羌村遗址、宝室寺铜钟、石泓寺石窟、柏山寺塔、开元寺塔、八卦寺塔群等，"直罗战役"发生地，县境内的东村会议旧址，直罗、茶坊烈士陵园、榆林桥战役旧址等已成为延安"红色革命旅游环线"的重要组成部分。安子头高跷、屯么震鼓、鄜州霸王鞭、交道飞锣等具有地方特色的非物质文化遗产意义深远。

2019年实现旅游综合收入3.4亿元，增长22.6%。[①]

政策先行。《富县全域旅游发展总体规划》编制完成。

城市建设辐射带动。城区主要景观节点正式点亮，沿洛河环线健身步道全线贯通。

乡村建设促推进程。建成乡村振兴示范村12个，美丽宜居示范村13个、生态乡村19个，直罗镇被评为"第一批省级历史文化名镇"。

加大项目推进工作力度。胡家坡田园综合体、羌村休闲观光园等农旅项目建设推进顺利。

发展"旅游+"产业。成功举办了第五届秦直道山地自行车联赛暨民俗嘉年华、第三届中国创投精英走进秦直道旅游挑战赛等活动。

推出本土品牌。推广富县"延安苹果""直罗贡米""鄜州蜂蜜"等农产品公用品牌。

积极对外宣传。以"传承经典文化，打造诗词鄜州"系列活动，营造浓厚的诗词文化氛围。人文纪录片《堑山堙谷秦直道》在央视十套播出。

（十）洛川县

洛川县素有"陕北仓"和"苹果之乡"的誉称。烤烟、簸箕、苹果为

[①] 李彦侠：《富县2020年政府工作报告》，延安市富县人民政府网，2020年5月27日，http://fuxian.gov.cn/info/egovinfo/1001/xxgk_content/01607957-7-/2020-0527001.htm。

其特产。洛川会议旧址、万凤塔、洛川黄土国家地质公园颇为有名。洛川民俗博物馆是陕西省第一座民俗馆。2019年实现旅游收入4.9亿元，同比增长27.7%。[①]

通过招商引资重点推出本土品牌。组团参加丝博会、农高会、陕粤港澳、苏陕合作、中国国际农产品交易会等节会展会，精心举办第十二届中国·陕西（洛川）国际苹果博览会，全年签订苹果销售订单23万吨。

重视城市文化建设。中心街南拓打通了县城"十里长街"，丰园路补齐了县城"四纵四横"骨架，文化东路畅通了路网"微循环"，民俗博览园实现开园亮相。围绕让城市"亮起来"，对迎宾大道、县城支干道、背街小巷损坏路灯及时维修；围绕让夜晚"美起来"，对行政中心、润源酒店等节点建筑物适度勾勒亮化。

重视文物保护工作。王世泰故居被列为省级文物保护单位，永乡、旧县镇被授予首批"省级历史文化名镇"，县文化馆被确定为"省非遗扶贫示范单位"。李新安纪念馆建成开放。

通过新媒体促进影响。拍摄《洛川等你来》MV，点击量超过3000万次。

逐步开拓"旅游+"产业。美丽乡村游、田园风光游、学生研学游、果园采摘观光游悄然升温。

通过乡村振兴建设打造景区样板。永乡阿寺村把一个村浓缩成一部苹果产业发展史；土基黄连河村让"绿水青山变成金山银山"；凤栖芦白村凸显了"阡陌纵横、鸡犬相闻"的塬上风景；交口河京兆村初现了"果园变公园"的希望田野；塬畔村展现了"绿树村边合、银杏铺满地"的美丽景象。在第二届"中国农民丰收节"上，阿寺村成功入选全国70个分会场之一；黄连河村入选央视"我的美丽乡村"首档栏目。各乡镇涌现出如槐柏武石、杨侯、黄章洛安府、旧县王家村等美丽乡村的典型，洛川因此被确定为全国人居环境整治示范县。

[①] 张继东：《洛川县2020年政府工作报告》，延安市洛川县人民政府网，2020年8月24日，http://www.lcx.gov.cn/zwgk/fdzdgknr/zfwj/zfwj/1327123691993042945.html。

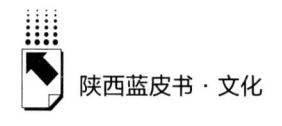

（十一）宜川县

宜川县，主导产业以果业、旅游、能源开发为主，苹果、花椒、壶口梨、核桃、柿子声名远扬。拥有黄河壶口瀑布、蟒头山国家森林公园等知名景点，是延安市A级景区最多的县域之一。宜川蒲剧、宜川胸鼓等民间艺术独具风格，陕北文化史上自古就有"文出两川"之说，其中之一就指宜川。文旅产业实现快速发展，2019年全年接待游客1000万人次，其中检票游客215万人次，门票收入1.24亿元，旅游综合收入27亿元，分别增长12.2%、7.4%、8.8%和10.8%。在强力推进文旅融合升级中，2020年预期全年发展目标为接待游客1100万人次以上，其中检票游客230万人次，门票收入1.32亿元，旅游综合收入30亿元以上。[1]

重点品牌打造。推进国家全域旅游示范县和壶口瀑布5A级景区创建。

景点建设步伐加快。大力实施核心景区质量提升工程，壶口景区4D影院、直升机"空中游壶口"项目投入运营，"黄河大合唱"实景演出深受游客青睐，沿黄公路绿化全面完成，旅游公厕、停车场等基础设施不断完善，服务功能显著提升，国家全域旅游示范县和壶口瀑布5A级景区创建取得阶段性成效。

宣传营销多点开花。庆祝中华人民共和国成立70周年歌咏比赛等系列活动成功举办，亚洲文化旅游展等展会宣传效应不断放大，宜川旅游知名度持续提升，壶口景区荣获陕西省优秀旅游景区称号，壶口镇被评为陕西省旅游特色名镇，荣获中国建设美丽乡村典范县、美丽中国最佳文化（人文）休闲旅游名县、美丽中国最佳绿色生态旅游名县、陕西省文明旅游县区等称号。

持续改善旅游环境。大力实施国土绿化工程，完成造林绿化9.25万亩、公路种花600公里，被评为全国绿化模范县。涉旅行业监管全面加强，星级

---

[1] 任建新：《宜川县2020年政府工作报告》，延安市宜川县人民政府网，2020年5月25日，http://www.ycx.gov.cn/yczwgk/zfgzbg/35233.htm。

旅游接待单位评选、从业人员培训扎实开展。

"旅游+"模式全面推广。产业链条逐步完善,观光采摘、民俗体验、文化展演等成为消费新热点。

(十二)黄龙县

黄龙,素有陕西的"一叶肺"和"天然氧吧"的美称。

黄龙山国家4A级景区、瀑水源省级旅游度假区获批。树顶漫步、锦绣黄龙、全民冰雪运动乐园等景区,印象圪崂、梦中梁家河等旅游乡村,以及龙城新天地、白马滩漂流等景点成为生态旅游的好去处,逐步构建了以康养度假为主线,科普研学、休闲体育、绿色培训为支撑的全域旅游发展格局。

加快旅游景区建设。省级旅游示范县授牌,锦绣黄龙、全民冰雪运动乐园、科技馆对外开放,喷泉观景平台、瓦子街战役纪念馆改造、智慧旅游二期投用,无量山游客服务中心、博物馆装修完成,无量山景区提升改造、生态酒店等项目加快推进。

开拓丰富多样的"旅游+"活动。首届美食技能大赛、青少年越野滑雪公开赛、弹弓文化节、"全景黄龙"摄影大奖赛成功举办,全国越野滑雪U18系列赛、全省第四届山地自行车越野赛、第二届65公里越野跑、滑轮公开赛掀起赛事旅游新热潮。

研发旅游产品。推出"黄龙有好礼"系列旅游商品和洗护养生类便携旅游产品。

精心发展本土特色产业。下大力气发展蜂蜜、核桃、中药材、苹果产业。"故宫·黄龙坊贡蜜"商标申报成功,建成蜂蜜直采基地5个,荣获全国优秀蜂业之乡、全国养蜂精准扶贫示范县称号。多文化机构形态带动宣传。16个村级标准化文化服务中心建成,电影《野人》杀青、歌曲《多彩黄龙》发布,"黄龙猎鼓"广泛传承。

城市建设做保障。国家电子商务进农村综合示范县、瓦子街镇省级休闲农业特色产业小镇获批,荣获省级农产品质量安全县称号。白马滩镇省级旅游特色名镇和神玉村省级乡村旅游示范村、美丽宜居示范村获批。

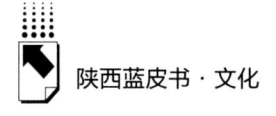

（十三）黄陵县

黄陵是中华民族圣地。有着"天下第一陵"美誉的黄帝陵是中华文明的精神标识。县内著有秦直道、子午岭、万安禅院以及紫峨寺等自然文化景点。生态环境优良，森林覆盖率达75%以上，是"中国深呼吸小城100佳"之一。2019年全县接待游客974万人次、旅游综合收入34.8亿元，分别增长19.8%、20.8%。政府工作报告提出，在2020年大力发展全域旅游，目标是全年游客接待量、旅游综合收入分别增长6.2%、9.6%。[①]

政策做保障。出台促进文化旅游产业发展21条政策措施。

重点推进黄帝陵的本土文化打造。黄帝陵被确认为中国华侨国际文化交流基地，中华始祖堂落成开放，完成黄帝陵文化园区区域环境整治和绿化工程。完成黄陵国家森林公园年度续建、刘含初故居整修等项目。

打造特色名镇。国家全域旅游示范区通过省级初验，双龙镇被评为省级旅游特色名镇。

借助乡村建设。创建美丽宜居示范村11个、生态乡村30个，田庄镇安沟村被评为省级美丽宜居示范村。以"一乡一业、一村一品"为理念，建成1个专业镇、19个专业村和3个市级现代农业示范园，并培育出10家市级农民专业示范社。

开展"旅游+"活动。成功举办中华大祭祖、大圆梦、大感恩、大祈福、大赐福等品牌活动。国家1号步道、全民健身中心建设项目顺利启动，十四运山地自行车赛道建设有序推进。举办"轩辕杯"全市门球健身大会、刘家川过大年、秧歌汇演、乡村厨艺大比赛等活动。

三 延安市文旅融合的发展经验

2019年是延安文旅融合发展元年，激流勇进，用延安独有的红色文化、

[①] 高勇：《黄陵县2020年政府工作报告》，延安市黄陵县人民政府网，2020年6月1日，http://www.huangling.gov.cn/gk/flxx/gzbg/17307.htm。

民俗文化、黄河文化和生态文化四位一体的龙骨擎起了延安文旅融合的脊梁,"加速度"地迎来了"开门红"。

(一)注重顶层设计,加强专业队伍建设

组建文化队伍,形成合力。以"宜融则融、能融尽融"的改革思路,快速理顺延安市文化旅游局的部门职能,推促形成文化、旅游、广电的合力。

抓早动快,制度保障。形成并通过了各县区的《全域旅游发展规划》,做到规划先行。

精心部署,开通红色航线。遵循"赣州·遵义·延安三市合作框架协议"精神,签署三市的文化旅游合作框架协议,推出五条"长征之旅"旅游线路,促进"临空经济"发展。

完善机构设置。组成延安市旅游商品协会推促文旅发展,设立延安市旅游商品孵化基地激活潜能。

重视外宣人才培养。10名红色A级景区讲解员获得文化和旅游部授予的"五好讲解员"光荣称号。

(二)注重特色景区定位,形成文化集群

以红色旅游和生态旅游为特色,积极打造典范景区。南泥湾、甘泉大峡谷、安塞区冯家营千人腰鼓文化村三大景区被评为国家3A级景区;延川县、黄龙县两县被命名为陕西省第三批旅游示范县;黄龙县白马滩镇等4镇被命名为省级旅游特色名镇;安塞区西营村等3村被命名为省级旅游示范村。[1]

(三)推进城市建设,助力文旅融合

多方联动,重视基层文化的打造。全年完成619个综合文化服务中心建

---

[1] 王爱荣:《文旅融合"加速度"激流勇进谋新篇——延安市文旅局2019年工作回眸》,延安市人民政府网,2020年1月21日,http://www.yanan.gov.cn/xwzx/bmdtt/wlj/407356.htm。

设；全市图书馆、文化馆免费开放全普及，上座等级率居全省第一方阵；加快推进市文化艺术中心基础设施维修改造和数字化建设项目、宝塔山广播电视信号发射技术区搬迁工程、延安广播转播台迁建项目主体工程，完成市文化艺术中心民俗展厅、非遗综合馆建设项目，开工建设延安市新闻传媒中心。完成政府购买服务演出1274场；全面提升了城区十大主题文化广场建设，助力"夜经济"发展。①

（四）"文化+旅游+融合"并举，提升品牌影响力

以节会活动为窗口提升城市影响力。精心策划2019"延安红色旅游季""延安金秋旅游节""70年70城·环中国自驾游"以及"延安精神之旅·十城十校"走进广东、海南等系列宣传推广活动；策划设计"辉煌七十年·世界看延安"和"我和我的祖国"以及"我要去延安"等媒体推宣活动。成功举办第十一届中国艺术节和首届延安文化传承博览会等文化活动，推出"文化和自然遗产日"活动。首届延安电竞大赛、延安夜间经济月等颇受关注，"第二届旅游商品大赛"顺利进行。其中，以"走遍中国·回望延安"为主题的首届"延安文化传承博览会"，吸引了全国25个城市、216家企业参展，共举办各类活动20余场次，签约项目44个，金额达218.32亿元。②

丰富形式，迈开步伐走出去。重视外宣，采取灵活多样的方式输出地域文化，在跨界中融合，在传承中创新。以非遗进校园、进社区形式普及推广风情文化，组织陕北说书、陕北民歌等非遗项目参加乌兹别克斯坦首届国际民间口头说唱艺术节和"十城十校"宣传推介活动，带领文旅从业部门和机构参加国内外各类文化旅游宣传推介活动30余场次。

---

① 王爱荣：《文旅融合"加速度"激流勇进谋新篇——延安市文旅局2019年工作回眸》，延安市人民政府网，2020年1月21日，http://www.yanan.gov.cn/xwzx/bmdtt/wlj/407356.htm.
② 王爱荣：《文旅融合"加速度"激流勇进谋新篇——延安市文旅局2019年工作回眸》，延安市人民政府网，2020年1月21日，http://www.yanan.gov.cn/xwzx/bmdtt/wlj/407356.htm.

（五）致力多业态发展，丰富产品供给多元化

打造文化经典产品补给营养。实施"135"艺术创作工程，累计创作大戏8部、小戏（小品）34部、歌曲42首、舞蹈和曲艺节目80多个，推出《人生》《红黄蓝》《张思德》《永远的长征》《延安保育院》等优秀作品，其中话剧《人生》全国巡演，赢得广泛赞誉。红色主题秀《延安延安》等剧目常态化演出，座无虚席。[1]

重视非物质文化遗产。落实延安非遗数据库建设项目，子长的唢呐作为非遗参加国家项目评选。

加大乡村旅游产品开发。2019年，洛川苹果品牌价值达到了687.27亿元，居全国农产品第二名、水果类第一名。[2] 2019年苹果产值约140亿元，较2014年92.9亿元增长51%。[3] 目前整个延安林果面积已达676万亩，产量349.8万吨，年产值创历史新高，达120亿元。形成88条智能化选果线、120万吨冷气库，后整理装备水平在全国领先发展。[4]

（六）发展现代科技，优化文旅环境

打造智慧旅游平台。建成并开放宝塔山、黄陵、宜川、黄龙、延川县级游客服务中心。"厕所革命"工程已见成效，80座旅游厕所任务完成，同时开工建设市级旅游厕所20座，百度地图App中旅游厕所标注率可达90%，新改建旅游厕所85座，新建第三卫生间12座。[5] 新开业酒店20家，新增房间2100间、床位3600张，[6] 在景区停车场条件方面加快推进，全市的A级

---

[1] 王爱荣：《文旅融合"加速度" 激流勇进谋新篇——延安市文旅局2019年工作回眸》，延安市人民政府网，2020年1月21日，http://www.yanan.gov.cn/xwzx/bmdtt/wlj/407356.htm。

[2] 刘印：《延安苹果"后整理"，整出了什么？》《陕西日报》2020年11月8日。

[3] 《延安答卷——写在习近平总书记回延安视察五周年之际》，《延安日报》2020年2月17日。

[4] 薛占海：《延安市2020年政府工作报告》，延安市人民政府网，2020年5月14日，http://www.yanan.gov.cn/gk/zfgzbg/zfgzbg/419423.htm。

[5] 王爱荣：《文旅融合"加速度" 激流勇进谋新篇——延安市文旅局2019年工作回眸》，延安市人民政府网，2020年1月21日，http://www.yanan.gov.cn/xwzx/bmdtt/wlj/407356.htm。

[6] 叶四青：《我市八条措施促进文旅融合高质量发展》，《延安日报》2019年4月15日。

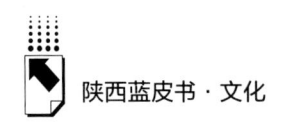

景区地面硬化，高级景区生态化。加大沿黄旅游公路、旅游景区和南泥湾景区的标识牌设计和建设工作。

严厉打击违法现象，治理导游垄断讲解市场乱象，整顿旅游市场，规范运营秩序，开展无假日巡查执法模式，采用"体检式"暗访文旅市场，提升文旅市场的服务质量。

重视现代网络媒介，让文化深植人心。广电网络的现代媒介覆盖到全市各行政村，2019年被省广播电视局评为全省广播电视安全播出先进集体。

四 延安文旅融合凸显的问题

延安在推进文旅融合的过程中，还存在一些不统一、不协调的问题，致使尚未形成大品牌效应。这主要体现在以下几方面。

一是体制还有待完全理顺。文广、旅游、文物三家的规划衔接没有对接起来，出现了相互牵制甚至相互竞争的现象，文旅产业合力不够。

二是城市规划统筹力度不够。一方面有文化品味的地标性城市建设不多，另一方面城市规划缺少前瞻性，区域设计不合理，旅游线路上的文化看点缺失，文旅融合的环境不佳。

三是品牌化多样化进程缓慢。红色文化的挖掘与黄河文化、黄帝文化、黄土文化的开发尚未形成一盘棋，尚未转化为真正的资源优势和招商引资的品牌优势。

四是本土文化企业发展空间有限，表现为本土文化企业自信不足，文投公司占据市场。

五是文旅高层次复合人才缺失。表现在文旅产品的开发上，文旅产品流于表面的就景说景，富有文化内涵的解说不多，不少文旅产品包装简单，缺乏新意。

六是节会活动影响力效果不理想。尽管举办了各项的文化节会活动，也起到了一定的宣传和推介作用，但囿于节会长期规划不足，后续跟进乏力，往往容易落入"一办就结"的短期境地，失去了后期本该有的品牌叠加效应。

七是文化产业没有形成系统规划。产业发展理念不明晰，没有形成系列文化产业集群，以致不能把延安文化做成精品文化。

五 文旅融合未来可期方向

2015年2月13日，习近平总书记在陕甘宁革命老区脱贫致富座谈会上指出，陕甘宁革命老区的优势在于特色资源优势，其中主要是特色农产品、文化旅游资源和能源优势，以及革命老区的城市发展空间优势，但生态环境整体脆弱成为明显的制约因素。应当说，这是延安文旅产业当前乃至今后几年都需要下大力气继续努力的发展方向。

应加大政策倾斜力度。首先，制定引客入延激励政策。制定旅行社专项激励资金管理办法，调动旅行社组织引客入延积极性。鼓励景区、旅行社、酒店等上下游企业实施产品打包、价格打捆等联动销售模式。其次，加大对中小文旅企业的支持。鼓励金融机构增加对中小文旅企业信用贷款和中长期贷款额度。再次，加大旅游市场营销奖励力度。修订《延安市文化旅游宣传营销奖励办法》，从旅游专列、旅游包机、红色旅游团队、年度地接、营销推广、媒体宣传、节会、赛事活动、创新创作、突出贡献等方面对市场主体进行奖励。最后，出台景区综合优惠政策。

除此之外，坚持精准发力的思路不动摇，在实施文化、生态旅游蓄力的行动中，还需要做好以下工作。

第一，衔接好城市建设与旅游文化发展规划，做好特色龙头文化带动。在景点的策划上，坚持保护与开发利用并重，真正落实特色产业发展，杜绝一窝蜂式的发展模式，利用本土文化优势，打造文旅龙头产业。实施景区提质升级工程。巩固黄帝陵、延安革命纪念地5A级旅游景区创建成果，提升景区基础设施和服务管理水平；加快推进乾坤湾、壶口瀑布5A级旅游景区创建和南泥湾、甘泉大峡谷、吴起长征胜利纪念园、秋林二战区长官司令部旧址、路遥故居4A级旅游景区创建，推进文安驿古镇、子长安定古镇、洛川阿寺村等20个旅游景区的3A级创建工作，全面提升旅游资源开发利用

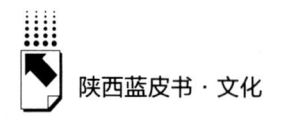

和综合服务水平，提升景区景点承载力。

第二，实现城市与资本的直接面对面，加快推进文旅项目建设。大力实施"文旅兴业"战略，健全文化旅游产业体系，推动文旅集成发展，吸纳带动更多群众吃"文化饭"、兴"文化业"，真正实现文化富民、文化养民。深入挖掘旅游文化内涵，提升旅游全过程的文化品位。牢固树立全县一盘棋的大局意识，依托优质的生态资源，深挖历史人文、乡风民俗等传统文化精华，丰富文旅融合实践载体，不断推动以康养度假为主线，体育赛事、科普研学、绿色培训为支撑的全域旅游发展格局，为实现黄龙经济社会高质量发展打下坚实基础。不断挖掘黄土风情文化资源，实现文化和旅游融合的全面发展。这种新颖做法，一方面能够使传统文化得到进一步的发扬和传承，另一方面，也可能会给当地百姓找到一条长期稳定的经济增收致富路，让更多的人民群众从文化传承中持续受益从而更好地实现文化产业脱贫的最终目的。

第三，多业态发展，促进文旅产业融合发展，提升全域综合服务力。抢抓国家长征、长城文化公园，黄河文化保护传承，黄帝陵文化园区建设等重大政策机遇，积极争取国家和省级项目资金支持。深度开发研学旅游、乡村旅游、民俗旅游、旅游演艺、休闲度假、康养等文化旅游产品，形成以红色文化旅游为主体、多业态融合发展的文化旅游新模式，增强延安旅游的体验性和参与性，增强延安旅游的吸引力和竞争力。扶持引导在旅游景区周边、文化旅游名镇、特色乡村旅游点发展符合规划的陕北民俗家庭旅馆、短租公寓、民宿酒店和乡村客栈，将旅游辐射半径扩展到县（市、区），延长游客停留时间。发展乡村民宿经济，要坚持规划先行，谋定而后动，综合考虑人文、交通等多方面因素；要与绿水青山相匹配，与乡村文化相结合，突出地方特色、找准发展定位，进一步完善项目及配套设施规划布局，让游客愿意来、玩得好、留得住。持续推行以苹果为主的特色农业产业，重视小米、红枣等具有文化地域特色的农产品包装推出。

第四，继续优化旅游服务品质，构建以科普研学、休闲体育、绿色培训为支撑的全域旅游发展新格局。大力建设配套旅游设施，努力提高旅游服务标准等举措，要加快旅游标识系统、交通接待体系等基础设施及服务设施建设，沿线区域要互通有无，相辅相成，让现有资源发挥出"1+1>2"的效果。下大功夫教育宣传，以优良的文旅工作者素质打造城市形象，重点推出各个旅游单位创优争先比赛，提高"窗口"行业的服务质量和文明水准，加强对旅游的管理，不要让个别行为影响延安的整体形象。提高全民文化素养和城市文化品位。

第五，扩大文化旅游消费内需。策划开发不同年龄阶段人群的文旅产品，以踏青、纳凉、采摘、滑冰为主题，打造乡村旅游精品线路，品尝"舌尖上的陕北美味"、线上线下购买县（市、区）特色商品，推出乡村旅游优惠政策，丰富夜间文化旅游产品内容，拉长夜间消费产业链。鼓励市民采取自助游、自驾游、家庭游、微团游等方式健康安全出游。鼓励全市广大干部职工带头旅游消费，吸引省内外游客来延消费。

第六，整合演艺团体和文化载体，探索央视+省宣的合作模式，提升精准营销推介力。注重多维宣传，强化文化旅游宣传引导。在"我是延安"App、学习强国以及腾讯、新浪、今日头条、抖音、快手等网络平台，大力宣传各县（市、区）乡村旅游产品和优惠政策，引导广大市民走出家门游乡村。在百度、搜狗等搜索引擎，微信、微博、快手、抖音等社交软件，去哪儿、途牛等旅游平台进行即时推送、嵌入推广，县域住餐门店、车站景点全覆盖投放，短信推送植入延安旅游二维码，实现旅游信息即扫即知。开展"党员领导干部带头游乡村"和"县（市、区）领导干部线上推介"活动，让县（市、区）领导成为抖音、快手等线上平台中乡村旅游、特色产品、民俗美食的宣传员，全面提升延安知名度，激发旅游市场活力。

六　结语

器大者声必闳，志高者意必远。延安得天独厚的红色文化、历史文化和自然地理优势必然成为延安文旅融合深度发展的资源库。事实上，目前许多

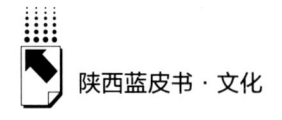

城市纷纷深挖城市文旅优势及特色文化，从而推促城市特色深入传播，在提升文旅产业的发展中，不断加快城市转型，走向了致富脱贫的新道路。

从已有的文旅融合经验来看，全力推进全域旅游示范市创建，需要扎实推进"政府支持、企业联手、媒体跟进、游客参与"的"组合拳"。落实《陕西省全域旅游示范省创建工作五年行动计划》，制定《延安全域旅游示范市创建工作三年行动计划（2020~2022年）》《延安市加快创建全域旅游示范市做强做优做大文化旅游产业综合性支持办法》《延安全域旅游示范市创建工作考核办法》，通过政策引导和环境优化，大力支持业态培育、企业奖补、文创商品开发、品牌建设、景区创建、宣传推广、人才培养等文化旅游产业的长足发展，将延安宝塔山、乾坤湾景区、黄河壶口瀑布等大陕北优质文化旅游资源整合，打造黄河旅游带和红色旅游系列文化旅游精品线路，打响陕北旅游大品牌，从而吸引更多的旅游采购商加入大陕北文化旅游市场，引领陕北文化旅游产业不断转型升级。

B.18
宝鸡市优秀传统文化传承发展研究报告*

张寅潇**

摘　要： 作为周秦文明的发祥地，宝鸡市拥有丰富的历史文化资源，近些年来，宝鸡市在传承发展优秀传统文化方面做了很多工作，取得了显著成效。一方面努力挖掘民间文化，保护文化遗产；另一方面，创新公共文化服务，不断提升服务效能。同时，加强文物保护利用，做强周秦文化品牌。但也存在传统文化资源缺乏有效整合、文化创意不足、内涵挖掘不够等问题。综合调查研究，建议加强对优秀传统文化的理论研究，深挖传统文化的精神内涵和时代价值，进一步推动优秀传统文化创造性转化和创新性发展。

关键词： 宝鸡　传统文化　传承发展

宝鸡古称陈仓，因古陈仓山（今鸡峰山）得名，唐肃宗至德二年（公元757年），因"石鸡啼鸣"之祥瑞改称宝鸡，沿用至今。宝鸡是关中—天水经济区副中心城市、陕西省第二大城市，我国西部工业重镇、高端装备制造业基地、新材料研发生产基地。宝鸡拥有8000年文明及2770余年建城史，被誉为"炎帝故里""青铜器之乡""佛骨圣地""社火之乡"。

---

* 本文是陕西省社会科学院2020年度重点课题"关中文化创造性转化、创新性发展研究"的阶段性成果。
** 张寅潇，陕西省社会科学院文化与历史研究所助理研究员，博士，研究方向为陕西历史文化。

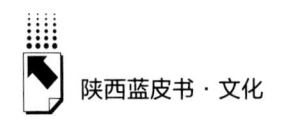

宝鸡历史悠久，文化积淀深厚，拥有丰富的历史文化资源。早在新石器时代，宝鸡就是先民们活动生息的地区之一。宝鸡共发现新石器文化遗址数百处，其中最著名的北首岭遗址为公元前5150～前5020年的母系氏族公社时期，距今约7150年。

宝鸡是中国历史上周秦王朝的发祥地。公元前11世纪，古公亶父率族人迁徙到岐山下的周原（今宝鸡市岐山县），建立了周王朝早期的国家组织。之后的季历和文王时期，国势发展很快，为武王伐纣灭商，建立西周王朝奠定了基础。周平王元年（前770年），秦襄公护送平王东迁有功，被封为诸侯，赐之岐以西之地，建立秦国。宝鸡是秦前期政治、军事和经济活动的中心地区，为以后东向攻灭六国，奠定了雄厚的基础。

宝鸡是享誉世界的青铜器之乡，出土了晚清四大国宝及石鼓、何尊等珍贵文物，"中国"之名最早见于宝鸡。宝鸡也是民间工艺美术之乡，西府社火脸谱、凤翔泥塑、木版年画、剪纸、草编等展示着独特的中国民间工艺艺术。

一 宝鸡优秀传统文化传承发展现状

近些年来，宝鸡市认真贯彻落实习近平总书记来陕考察重要讲话精神和中省关于实施中华优秀传统文化传承发展工程的相关文件精神，把弘扬和传播优秀传统文化作为加快构建现代公共文化服务体系、建设彰显华夏文明的历史文化名城和区域性中心城市的重要抓手，大力挖掘文化资源，持续打造特色文化品牌，积极开展文化传承活动，不断提升城市文化内涵，着力推动优秀传统文化传承发展。

（一）挖掘民间文化，保护文化遗产

宝鸡历史悠久，文化深厚，拥有非常丰富的非物质文化遗产资源。近些年来，宝鸡市加大对民俗文化的挖掘整理，通过非遗普查、项目申报等多种方式，对一些濒临消亡的非物质文化遗产进行了抢救性保护，许多非遗资料、实物得到有效的整理和保存。宝鸡市政府先后公布了六批市级非物质文化遗产名录124项,其中,宝鸡民间社火、凤翔泥塑、凤翔木板年画、西秦刺绣、炎帝祭典等5个项目被列入国家级非物质文化遗产名录,陈仓社火脸谱绘制技艺、西山酒歌、高跷赶犟驴等57个项目被列入陕西省非物质文化遗产名录。刺绣布艺枕头猪、泥塑马、泥塑羊、凤翔木板年画荣登国家邮票,宝鸡社火应邀赴法国、德国、泰国、澳大利亚、英国等多个国家展演,还曾受邀参加北京2008年奥运会开幕式演出,深受国内外观众的喜爱和欢迎。2003年宝鸡被陕西省命名为"陕西省民间社火艺术之乡",2009年,被文化部命名为"中国民间社火艺术之乡"。

从2006年第一个全国"文化遗产日"(2017年改为"文化和自然遗产日")起,宝鸡市结合每年的宣传主题,先后开展了非遗广场宣传、全市非遗保护成果展、非遗项目展演、剪纸艺术展、非遗进校园、非遗进社区、庆祝《非物质文化遗产法》颁布实施摄影展、非遗传承人培训班等多种多样的各式活动,有力地推动了民间文化的传承和普及,使更多的人了解和接触到非物质文化遗产。宝鸡市相继编辑出版了《宝鸡市第一批非遗项目及传承人图典》和《宝鸡市第二、三批非遗项目及传承人图典》等图书。截至2020年6月,宝鸡市已先后建成开放了9个非遗陈列馆,命名了21个非遗项目传习所、5个陕西省中小学优秀传统文化教育示范基地。2017年,市文旅局(原市文广新局)和电视台联合拍摄了48集非物质文化遗产专题片《记忆与传承》,定期在宝鸡市电视台、宝鸡市手机台滚动播出,宣传优秀文化,助力非遗传承。

2019年11月,宝鸡在市文化艺术中心新建了宝鸡市非物质文化遗产陈列馆,展陈面积1500平方米,展示国家、省、市级非遗项目70多个,受到市民的广泛欢迎和喜爱,成为弘扬优秀传统文化、普及非遗知识的重要平台。同时,宝鸡市还不断加强古籍整理,历经八年时间,整理了市县图书馆、博物馆、档案馆等八家单位馆藏古籍图书4万余册,编辑出版《陕西古籍总目·宝鸡分册》,其中不乏珍本善本,不少甚至入选国家珍贵古籍名录。

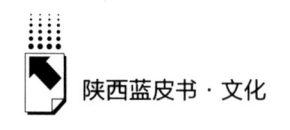

（二）创新公共文化服务，不断提升服务效能

在公共文化服务方面，宝鸡市不断加大投入，加快推进基层综合性文化服务中心建设，充分发挥基层文化阵地在推动优秀传统文化传承发展中的作用。2019年底，基本实现了镇、村（社区）综合性文化服务中心建设全覆盖。岐山县在建设乡村文化广场中，将周礼文化与社会主义核心价值观相融合，用通俗易懂的方式，让村民在广场休闲健身的同时，了解和学习传统文化以及核心价值观。凤翔县积极推进村史馆和村史文化广场建设，展示村历史沿革、文化传承、村落文化、乡贤名人、民俗风情和特色成就。同时，市、县文化单位深入镇、村开展文化调研，指导开发利用民间文化资源，为乡镇、村（社区）申报历史文化名镇名村提供支持，助力镇村特色文化建设。如凤翔县六营泥塑村、千阳县南寨刺绣村、岐山县北郭民俗村、陈仓区翟家坡社火村、眉县老荔文化大院等，已成为传承优秀传统文化的特色村。

依托丰富的历史文化资源，宝鸡市紧抓关中城市群建设、"一带一路"发展和新时代西部大开发新格局机遇，努力打造历史文化特色园区，提升城市文化品位。全国文化先进县陇县以秦汉文化为主题，打造集休闲旅游、文化娱乐、艺术展示于一体的"秦源文化产业园"。中国刺绣之乡千阳县以国家级非遗项目西秦刺绣为依托，建设千阳望鲁台——刺绣文化产业园区，将传统民间文化与现代艺术形式有机结合，彰显地域文化魅力。中国民间工艺美术之乡凤翔县大力发展泥塑、木板年画、剪纸等民间艺术，全面整合民俗文化资源，建设中国泥塑文化园。全国文明县城凤县挖掘古羌文化，将羌文化与当地民间艺术、文化遗存紧密融合，编制羌族特色文化史诗剧《凤飞羌舞》，打造凤县古羌文化示范园。这些历史文化特色园区的建成，进一步提升了宝鸡民俗文化品牌的影响力和吸引力。

秦腔是中华民族传统戏曲艺术，深受群众喜爱。近年来，宝鸡市建立"群众看戏、政府买单"的公共文化服务模式，市财政持续加大戏曲类文化惠民演出资金扶持力度。2017年市、县两级完成惠民演出1368场次，2018

年完成惠民演出 1870 场次，2019 年完成惠民演出 1500 场次，覆盖全市镇、街道、村、社区。据不完全统计，每年市县戏曲类演出活动占到公益演出总场次的 70% 以上。传统经典剧目《三娘教子》《三滴血》《拾玉镯》《金麒麟》《窦娥冤》等经久不衰，常年活跃在全市镇、村舞台，在繁荣传统文化艺术、弘扬中华民族优秀品德方面发挥了积极的作用。

同时，宝鸡市挖掘提炼、精心打磨，编排创作了一批彰显宝鸡历史文化的精品剧目，先后推出了秦腔历史剧《班超》《苏若兰》《天地粮仓》《望鲁台》《甘棠清风》、秦腔现代剧《清水湾湾》《喜铃》、民俗舞剧《周原女人》、民族情景音画剧《凤飞羌舞·古羌新韵》、话剧《追赶太阳的人》等一大批在省内外产生较大影响的舞台艺术作品。这些剧目根植于宝鸡深厚的历史文化土壤，取材于宝鸡历史人物和事件，不仅展现了宝鸡的历史风貌和民俗风情，也提升了宝鸡的文化影响力，受到观众的一致好评。

（三）讲好宝鸡故事，传播宝鸡声音

为了更好地传播和普及优秀传统文化，宝鸡市持续开展宝图讲坛、石鼓讲堂、公民道德大讲堂、凤鸣大讲堂等活动，定期邀请文化名人、专家学者、文化工作者开设讲座，使优秀历史文化、民俗文化走入民间。持续推进优秀传统文化进校园活动，向中小学普及优秀传统文化知识。2017~2019 年组织市戏曲剧院开展戏曲进校园活动 150 场次。坚持利用传统节日，开展"我们的节日"主题宣传活动，举办猜灯谜、灯展、端午诗会、非遗展演、传统技艺大赛等民俗体验活动，让群众充分感受民俗文化的魅力。

充分利用电视、广播以及网络新媒体宣传弘扬宝鸡优秀传统文化。宝鸡电视台以"传承民族文化、守望精神家园"为理念，制播了《文化正能量》《西府大讲堂》《千古陈仓》等节目；宝鸡广播电台发挥平台优势，邀请文化名人走进直播间讲述宝鸡历史典故。此外，宝鸡电视台开通宝鸡手机台，宝鸡广播电台开通"广播宝鸡"微信平台，推送"宝鸡之宝"栏目，讲述宝鸡历史、民俗文化，实现了传统媒介与新媒体融合发展，扩大了宝鸡历史文化宣传的受众面和覆盖面。

同时，借助国家、省重大外事活动和宝鸡文化旅游推介活动等平台，宝鸡市组织民间艺术、舞台演出、文化展览等形式多样的对外交流活动，推动宝鸡优秀传统文化"走出去"。2017~2019年，先后赴云南西双版纳、内蒙古霍林郭勒、甘肃嘉峪关实施"春雨工程"——文化志愿者边疆行活动。2017年7月，赴哈萨克斯坦参加了阿斯塔纳世博会中国馆"陕西周"文艺展演。2018年4月，参与承办了庆祝巴基斯坦中国文化中心成立三周年"盛世大唐 相约千年"文艺演出。2018年5月，组织开展"一带一路"中德青少年文化交流活动。2019年8月，宝鸡社火作为参演节目参加了北京世园会"陕西活动日"文艺巡演。

（四）加强文物保护利用，做强周秦文化品牌

宝鸡历史悠久，文化灿烂，具有丰厚的文化积淀和文物蕴藏。截至2020年6月，全市共有不可移动文物点3449处。其中，国家重点文物保护单位27处，省级文物保护单位103处，等级以上珍贵文物10719件（组），各类文博单位33个。文化遗存具有总量大、类型丰富、分布范围广等特点，其中周秦文化资源占比达到1/3。宝鸡的周文化遗址主要分布在扶风、祁山、眉县和市区，有周原遗址、岐山凤凰山遗址、刘家塬遗址、赵家台遗址等。秦文化遗址主要分布在凤翔、陇县、陈仓等县区，有边家庄遗址、太公庙秦公墓、秦雍城遗址、血池遗址等。

近些年来，宝鸡市加大对周秦文化的保护利用，取得了显著的成效。《周原遗址保护总体规划》《雍城遗址保护总体规划》已得到国家文物局批准，周原国家考古遗址公园获得国家文物局立项。编制完成了《凤凰山遗址总体规划》《石鼓山遗址公园规划》，出台了《周原遗址保护管理办法》，完成了岐山三王庙、周公庙古建筑维护和环境治理、石鼓山出土青铜器保护修复等文物保护抢救工作。先后开展了陇县边家庄考古发掘、凤翔雍城遗址调查与发掘、陈仓太公庙秦公陵园调查、血池遗址调查与发掘、雍城遗址豆腐村建筑遗址考古发掘等，基本摸清了宝鸡秦文化的遗存，特别是雍城遗址的面貌和构成。建成开放周原国际考古研究基地、西周文化景区、先秦陵园

博物馆等,与中华石鼓园(宝鸡青铜器博物院)、凤翔博物馆等共同成为展示周秦文化的重要平台。

宝鸡青铜器博物院相继举办《青铜铸文明》《赫赫宗周:万邦之方——周原考古成果展》等陈列展览,并于2020年7~9月尝试夜间定时开放,不断满足市民、游客夜间文化需求,取得良好效果。8月14日至10月13日,"宅兹中国——宝鸡出土青铜器与金文精华"展览在中国国家博物馆持续引发观展热潮,线上线下观展观众突破40万人次,创下国博同类展览新高,大大提升了宝鸡"青铜器之乡"城市品牌的知名度和美誉度。

除了加大对周秦文化遗址的发掘整理、举办特色展览外,宝鸡市还利用地理区位上的优势,先后举办了"代家湾、石鼓山与安阳出土青铜器及陶范学术研讨会"、周原考古国际学术研讨会、全国周文化暨周公思想文化研讨会、纪念张载诞辰1000周年学术研讨会等多项国内外学术会议。与央视等媒体合作拍摄了《何尊》《汉字春秋》《青铜王朝》等专题片,广泛宣传周秦文化。下一步,将继续做好周秦文化顶层设计规划编制,塑造周秦文化标识符号,打造周秦文化示范园区,做大做强周秦文化品牌。

二 宝鸡优秀传统文化传承发展存在的问题

宝鸡市近些年来虽然在传承发展优秀传统文化方面做了许多工作,也取得了不错的成效,但仍存在一些问题和不足。

(一)传统文化资源缺乏有效整合,整体机制不健全

作为有着8000多年文明史的历史古城,宝鸡市拥有丰厚的传统文化资源,周秦遗韵、横渠关学、非遗技艺等多种文化相互交织,形成了多元文化并存的文化格局,但从宝鸡市传统文化的整体发展情况来看,传统文化资源尚缺乏有效整合,存在各地做各地文化的现象,整体机制不健全,这显然不利于传统文化的整体发展和传统文化传承体系的构建。我们在调研时当地有

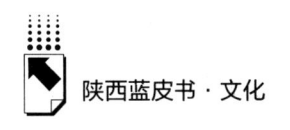

关同志感慨道：宝鸡的文化实在太多，不知从何抓起。这反映出两个问题：一方面宝鸡历史悠久、文化积淀深厚，另一方面宝鸡市在传统文化资源的整合方面还缺乏必要的统筹和安排。

（二）文化创意不足，深层次内涵挖掘不够

宝鸡市各地虽然对传统优秀文化进行了一定程度的挖掘，但仍存在提升的潜力。凤翔县拥有凤翔泥塑、木板年画等多项国家级非物质文化遗产，我们在调研六营村时发现这些非遗传承人所做的泥塑惟妙惟肖、栩栩如生，作品主题多以老虎、马、羊、猪等动物为主，笔者认为，如果使用周公、司马迁、兵马俑、张载等其他传统人物形象或者历史故事做主题，或许能够更为有效地对传统文化进行传播和继承。当然，这对传承人的技艺也是不小的挑战，但如果真的可以做出一些优秀的精品，传播到省外或者国外，必将大大提升宝鸡文化、陕西文化在国内外的品牌知名度和影响力。

（三）受制于自身特性和社会变迁，一些非物质文化遗产项目难于传承

近些年来，宝鸡市不断加大对文化遗产的保护，取得了显著成效，不少濒临失传的非遗项目被保存下来，但随着时代的变迁，人们的生活方式也在发生着翻天覆地的变化，一些非物质文化遗产陷入了难于传承的境地。与凤翔泥塑的广受欢迎相比，同为国家级非物质文化遗产项目的凤翔木版年画却因为时代的变迁变得越来越难以为继，之前农村过年家家都贴年画、贴门神，但随着城镇化进程的不断加快，城市里的人们不再热衷于这种传统的春节习俗，年画的销量明显受到影响。还有一些非遗项目所必需的原材料也在不断减少，这些都给非遗项目的传承带来了严重的困难。

三 宝鸡优秀传统文化传承发展的对策建议

优秀传统文化的传承是一个长期的过程，它不是一蹴而就的，需要人们

在不断的摸索和实践中,发现问题,解决问题。针对宝鸡优秀传统文化传承发展存在的问题,笔者提出以下几点建议,以供参考。

(一)加强顶层设计,建立健全传统文化资源整合机制

针对宝鸡市存在的优秀文化资源有效整合不足的问题,建议市政府进一步加强顶层设计,对市县各地文化进行全面系统的梳理整合,建立健全传统文化资源整合机制,逐渐搭建起以周秦文化为中心、各地特色文化为辅翼的多元文化格局。2020年7月,中共宝鸡市委、宝鸡市人民政府发布了《中共宝鸡市委宝鸡市人民政府关于建设区域文化中心城市的意见》(简称《意见》),《意见》提出:"充分发挥宝鸡'文明源头、周风秦韵、张载关学、农耕文化、工业文明'的文化特色和优势,搭建文化平台、做强文化企业、培育文化品牌,推动文化事业全面繁荣、文化产业高质量发展,到2025年基本建成'一个中心、四个基地、三个示范区。'"[①]《意见》的出台对宝鸡市传统优秀文化的发展无疑是有推动作用的,期望宝鸡市在"十四五"期间能够更好地传承和发展优秀传统文化。

(二)大力培养文化管理和创意人才,深度挖掘文化内涵

人才资源是第一资源,精彩的创意都是由具备专业技能的优秀人才开发和设计出来的,针对文化创意不足、深层次内涵挖掘不够的问题,建议加大财政支持力度,举办相应的文化管理和文化产业培训班,大力培养和造就文化管理与创意人才。创新是传统文化传承的根本路径,一定要加大对创意、设计人才的培养和发掘。同时,还要做好优秀文化管理和传承人才的激励工作,通过制定合理的政策和激励的制度,引导专家学者和传承人等优秀人才自觉承担起传承发展传统优秀文化的重任,促使他们对传统优秀文化进行深度的研究阐释和挖掘利用。

---

① 《中共宝鸡市委宝鸡市人民政府关于建设区域文化中心城市的意见(摘登)》,《宝鸡日报》2020年7月25日。

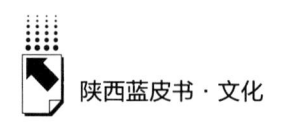

（三）加强传统文化理论研究，重点打造周秦文化品牌

宝鸡历史悠久，文化积淀深厚，拥有极为丰富的历史文化资源，应当集中宝鸡市文物局、宝鸡文理学院等政府、科研机构的专家学者对宝鸡市的优秀传统文化进行全面的梳理与总结，编撰出版相应的传统文化系列丛书，深挖文化内涵和时代价值，着力打造周秦文化品牌。建议在宝鸡市社会科学院或宝鸡文理学院设置周秦文化研究中心，引进一批高层次文化人才对周秦文化进行深度研究与挖掘，进一步推动优秀传统文化创造性转化和创新性发展。

大 事 记
Chronicle Events

B.19
2020年陕西文化发展大事记*

1月

1月23日 陕西省文化和旅游厅成立由厅主要领导任组长的新型冠状病毒感染肺炎疫情防控工作领导小组，制定《陕西省文化和旅游厅疾病防控工作应急预案》，安排部署全省文化和旅游行业应对疫情的各项工作，督促各市文化和旅游部门积极开展疫情防控工作，坚决防范疫情扩散蔓延。并按照文化和旅游部相关部署，暂停开放省图书馆、省美术博物馆、省文化馆等文化场馆，取消春节期间的所有演出，叫停辖区内所有文化旅游活动，暂停运营旅游景区、KTV、网吧等文化旅游经营类场所。

1月27日 陕西省文化和旅游厅积极落实《文化和旅游部科技教育司关于暂停社会艺术水平考级活动的通知》，暂停辖区内的社会艺术水平考

---

* 陕西省社会科学院文化与历史研究所实习生樊玥整理。

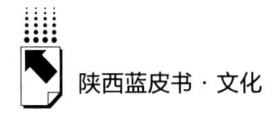

级，指导考级机构向考生家长做好解释工作，并妥善处理好退费等合理诉求。

2月

2月5日 为积极配合陕西疫情防控工作，满足人民群众精神文化需求，从2月4日起，7部曾获得全国最高艺术奖项的舞台艺术作品视频在"学习强国"陕西平台等平台集中播放。这7部作品分别为：秦腔《迟开的玫瑰》《大树西迁》《西京故事》《柳河湾的新娘》，歌剧《大汉苏武》《张骞》，话剧《麻醉师》。

2月16日 为认真贯彻落实《陕西省人民政府关于坚决打赢疫情防控阻击战促进经济平稳健康发展的意见》（陕政发〔2020〕3号），中共陕西省委宣传部就支持文化企业打赢疫情防控阻击战，实现平稳健康发展，推出19条硬措施。

2月21~28日 按照文化和旅游部、陕西省委省政府的部署安排，陕西省文化旅游系统坚持分区分级和防疫为主的总体要求，推动陕西旅游景区有序恢复开放。

2月26日 陕西省文化和旅游厅印发《陕西省室外开放式A级旅游景区有序恢复开放工作指南》，指导全省稳妥推进室外开放式A级旅游景区疫情防控和有序恢复开放。

3月

3月3日 陕西省文化和旅游厅印发《陕西省旅游业恢复发展预案》，统筹推进全省旅游业疫情防控和恢复发展。

3月12日 陕西省西安市阎良区武屯街道老寨村等300个村子获评"国家森林乡村"。

3月21日 随着疫情防控形势逐渐向好，陕西加强文化和旅游市场执法检查力度，确保市场经营秩序有序恢复，为全省文化和旅游行业复工复产保驾护航。自新冠肺炎疫情发生以来，截至3月18日，全省文化市场综合执法机构共出动执法检查人员89322人次，暂停营业7133家经营单位，检查经营单位88945家次。

3月31日 陕西省文化和旅游厅印发《陕西省公共图书馆、美术馆、文化馆（站）有序恢复开放与服务工作指南》，科学指导全省公共图书馆、美术馆、文化馆（站）有序逐步恢复开放与服务。

4月

4月4日 庚子（2020）年清明视频公祭轩辕黄帝典礼举行，公祭典礼采用"视频祭祖"的方式，突出"抗击疫情福佑中华"等主题，在西安、台湾分别设立了清明公祭轩辕黄帝典礼视频连线点。

4月20~27日 为迎接第20个"4·26"世界知识产权日，认真贯彻落实中央关于强化知识产权保护的决策部署以及中宣部2020年宣传思想工作要点，不断加强版权宣传普及，由陕西省委宣传部、省版权局，各市委宣传部、各市版权局，杨凌示范区、西咸新区党工委宣传部等联合举办的2020年陕西省知识产权宣传周版权宣传系列活动在全省开展。

4月23日 由陕西省文化和旅游厅主办，陕西省图书馆承办，全省各级各类公共图书馆、省内各高校图书馆协办的"4·23世界读书日暨全民阅读月系列活动"在线上全面开启。

4月28日 陕西省文物局委托陕西省文物保护研究院组织开展的首次秦岭文化遗产资源调查取得阶段性成果。初步调查发现秦岭区域内文化遗产1.5万余处，其中世界文化遗产2处、全国重点文物保护单位53处、省级文物保护单位293处、市县级文物保护单位1456处。

4月28日 陕西省政府公布第二批省级历史文化街区名单。

4月29日 陕西省中医药管理局印发《2020年陕西省中医药文化建设

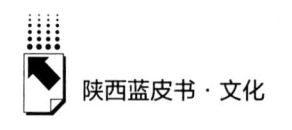

实施方案》，方案提出了中医药文化场所建设、中医药文化活动开展、中医药文化产品创造、中医药文化品牌打造四项重点工作。

5月

5月5日 陕西南郑疥疙洞旧石器时代洞穴遗址、陕西神木石峁遗址皇城台入选2019年度全国十大考古新发现。

5月7日 为深入贯彻落实《新时代爱国主义教育实施纲要》，省委宣传部命名旬邑起义纪念馆等17处基地为陕西省爱国主义教育基地。

5月8日 陕西省财政统筹整合资金1.5亿元，帮助市县加快补齐公共文化服务建设短板，推进基本公共文化服务标准化均等化。

5月13日 为充分发挥科普场馆、科普教育基地在公民科学素质建设中的重要作用，推进陕西省科普公共服务均等化，实现科普发展成果全民共享，省科协组织实施陕西省科普场馆、科普教育基地开放共享项目。该项目通过申报、推荐、专家评审三个环节，在全省范围内遴选、资助了西安交大西迁博物馆等18个科普场馆、省级科普教育基地实施开放共享工作，周期一年。

5月18日 "5·18国际博物馆日"陕西主会场活动在铜川博物馆举办。这是铜川博物馆作为陕西省重点文化建设工程，经过近4年建设后首次对外开放。铜川博物馆位于铜川新区长青南路与朝阳路交会处，占地总面积6万平方米，建筑面积3.1万平方米，填补了铜川市没有大型现代化综合博物馆的空缺。

6月

6月9日 陕西省丝绸之路考古中心揭牌仪式在西北大学举行。揭牌仪式上，陕西省文物局和西北大学签订了合作协议。赵荣、王建新分别受聘为陕西省丝绸之路考古中心主任和首席科学家。

6月13日 2020年陕西省"文化和自然遗产日"暨"非遗购物节"主会场活动在安康龙舟文化园启幕。由省文化和旅游厅、安康市政府主办，安康市文化和旅游广电局承办，以"非遗传承、健康生活"为主题，以传统体育、传统医药、餐饮等非遗项目为重点开展宣传展示活动，倡导社会公众树立健康生活理念，同时聚力脱贫攻坚这一主题，积极组织"非遗购物节"活动，拓宽非遗产品销售渠道，推动复工复产。

6月15日 陕西省公安厅、省文物局召开视频会议，推动落实省政府《关于进一步加强全省田野文物保护工作的实施意见》，对进一步做好田野文物保护工作进行安排部署。

7月

7月19日 陕西省文化和旅游厅与山西省文化和旅游厅在山西省临汾市签署战略合作协议，共结"秦晋之好"。此次签署的战略合作协议涉及健全文化旅游合作机制、加快推动文化产业发展、推进旅游产业优质发展、提升文化旅游品牌形象、深化文化旅游人才交流五方面内容。

7月31日 "陕西省黄河流域生态保护和高质量发展暨院士论坛——保护传承弘扬黄河文化分论坛"在西安召开，来自陕西省发展和改革委员会、陕西省文化和旅游厅、陕西省文物局等有关部门及黄河流域相关市县的领导、企事业单位负责人、学界同仁等近百人参加了论坛。

8月

8月5日 以传媒力量推动文化和旅游高质量发展，"复苏·引领·聚能2019中国文化和旅游总评榜颁奖典礼"在浙江西塘举行，陕西五家文旅企业（个人）荣获奖项。

8月7日 陕西省网络作家协会成立大会在西安举行。大会审议通过《陕西省网络作家协会章程》，选举产生陕西省网络作家协会第一届主席团、

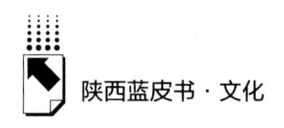

理事团与监事团成员。申大鹏（笔名风圣大鹏）为首任协会主席。

8月18日 为有效整合陕西省公共文化资源的共建共享，大力推进全省公共文化志愿服务，陕西省公共服务文化志愿者联盟在汉中成立。

8月21日 陕西省黄河文化遗产研究中心在陕西文物科技大厦正式揭牌，并召开首次黄河文化遗产保护研讨会。

8月29日 由文化和旅游厅主办的2020陕西省群众文化节正式启动。本届群众文化节以"群星绽放'陕'耀云端"为主题，以线上形式为主，结合线下展演活动进行，举办群众文艺作品征集、优秀群众文艺作品线上展播及课程讲座、"大河颂"——2020陕西新民歌展演等系列活动。

9月

9月1~15日 陕西省委宣传部、陕西省电影局组织开展纪念中国人民抗日战争暨世界反法西斯战争胜利75周年优秀电影展映活动。西影集团举办"铭记历史致敬英雄——纪念中国人民抗日战争胜利暨世界反法西斯战争胜利75周年电影海报展"，供市民和游客免费参观、共享经典。

9月14日 陕西省认定西安交通大学等19个基地为全省普通高校中华优秀传统文化传承基地。传承基地的项目包括秦腔、中国传统壁画艺术、陕西皮影、陕北民歌、汉调二黄等。各传承基地将通过课程建设、社团建设、工作坊建设、科学研究、辐射带动、展示交流六个环节来实现特色发展和育人导向，面向全校学生开设以传承项目为内容的选修课程。

9月15日 2020线上中国国际智能产业博览会在重庆开幕。本届智博会除线上开幕式和主峰会外，同步举办线上展览、线上赛事、线上论坛等活动，打造线上智博会全新平台。陕西省在线上"区域合作展区"设置了"丝路起点智慧陕西"展厅，集中展示陕西数字经济发展新成就。

9月16日 陕西省重点文艺创作推进会召开。会议深入学习习近平总书记关于文艺工作的重要论述，全面落实中宣部重点文艺创作推进会精神，组织全省文艺战线聚焦全面建成小康社会和庆祝中国共产党成立100周年的重要时间节点,全力推进重点文艺精品创作生产。

9月23日 由陕西新华出版传媒集团、陕西省图书馆学会联合主办,为期3天的第十届陕西(西部)丝路图书交易博览会在西安开幕。本次博览会线上线下融合,以"不负韶华,书香同行"为主题,西安主会场展览面积达8000平方米,展示全国300多家出版社近年来出版的4万余种图书,各级新华书店还在当地设立分会场,实现了全省联动。

9月24日 由陕西省文化和旅游厅主办的"文化陕西"旅游推介会在山城重庆举办。本次推介会通过文艺演出、现场推介和播放宣传片以及非遗文化现场展示等形式为与会观众推介展示陕西丰富多彩的旅游资源和产品。

9月25日 陕西省文物局与四川省文物局、重庆市文物局签署"加强文物保护利用"战略合作协议,明确三省市加强文物工作业务沟通,强化文物保护利用合作,探索文物保护利用改革新路径,推进三省市文物事业协同发展。

9月25日 由中国文联、中国曲协每两年举办一次的国家级曲艺最高奖,第十一届中国曲艺牡丹奖评奖结果揭晓,陕西省青年演员卢鑫斩获新人奖,陕北说书艺人熊竹英斩获表演奖,为陕西省摘得两朵"牡丹"。

9月28日 由省文化和旅游厅主办,省图书馆,省文化馆,各设区市、韩城市文化和旅游局,西咸新区文化广电新闻出版局,杨凌示范区文化和旅游体育局,陕西画报社共同承办的"全民悦读最美三秦"第八届陕西省阅读文化节正式启动。

9月28日 2020世界文化旅游大会在西安开幕。

9月29日 第30届上海白玉兰戏剧表演艺术奖在上海东方艺术中心揭晓,陕西省4人获奖。据不完全统计,白玉兰戏剧奖诞生30年来,陕西省有20余位演员(集体)斩获20余项奖项。

10月

10月13日 省文化和旅游厅与省扶贫办联合下发《关于支持设立省级

非遗扶贫就业工坊的通知》，并公布了首批52家省级非遗扶贫就业工坊。

10月15日 第九届陕西省艺术节在宝鸡大剧院举行开幕式，艺术家代表、参与抗疫医护人员代表等社会各界900多人参加开幕式，宝鸡市艺术剧院为观众呈现了精彩的舞剧《青铜》。

10月15日 由省委宣传部、省文旅厅、省商务厅和延安市共同主办的第二届延安文化传承博览会暨中央音乐学院·延安"10·15"艺术节开幕。文传会以"弘扬延安精神，坚定文化自信"为主题，以红色文化、长征精神、延安精神为主线，运用5G、大数据、3D/VR虚拟现实等新技术手段，搭建了集全时段在线展览展示、招商推介、商贸洽谈、营销互动、全景体验于一体的展览平台。

10月15～21日 以"丝路连接世界电影和合文明"为主题的第七届丝绸之路国际电影节在陕西西安举办，共吸引来自116个国家和地区的3596部作品报名参加，其中17部"特别推荐影片"脱颖而出，展映500余部优秀影片，奉献了一场群众参与度高、专业性强、艺术性高的电影盛宴。"电影市场"等推广活动成果丰硕，共促成36个项目达成合作意向，为打造国际电影交易市场、助力文旅产业发展做出了重要贡献。

10月15日至11月15日 陕西省第九届艺术节在宝鸡举办。"九艺节"于10月15日开幕，历时1个月。经评议，省戏曲研究院秦腔《关西夫子》等10部剧目获"文华优秀剧目奖"，《延安红》《梦回大唐》等20件群众文艺作品获"群星奖"，党小黄、杨君等17位文艺工作者获"文华优秀单项奖"，宝鸡市文化和旅游局获"优秀组织奖"。

10月25日 庚子年重阳恭祭轩辕黄帝典礼在黄帝陵举行。此次活动以"弘扬抗疫精神、凝聚民族力量"为主题，突出民祭特点。来自社会各界的中华儿女齐聚桥山，共同祭拜中华民族的人文初祖轩辕黄帝。

10月28日 由原陕西广播电视台和陕西广播电视集团合并组建的陕西广电融媒体集团（陕西广播电视台）正式揭牌。

10月28日 由文化和旅游部非物质文化遗产司、国务院扶贫办开发指导司指导的"非遗扶贫品牌行动和优秀带头人"名单发布。省文化和旅游厅申报、千阳县文化和旅游局实施的西秦刺绣助力精准脱贫行动项目入选。

11月

11月2日 在文化和旅游部召开的全国艺术创作工作会议上，公布了"庆祝中国共产党成立100周年舞台艺术精品创作工程"重点扶持作品名单，陕西省8部作品入选。

11月8日 由文化和旅游部、中国国际贸易促进委员会、浙江省政府共同主办的第15届中国义乌文化和旅游产品交易博览会在义乌市开幕。博览会期间，中国旅游协会举办了2020中国旅游商品大赛，陕西省选送的23件（套）参赛商品获2金3银3铜，金奖数位列全国第一。

11月10日 中央文明办官网发布《中央文明办公布第六届全国文明城市入选城市名单和复查确认保留荣誉称号的前五届全国文明城市名单》。陕西省延安市、铜川市、彬州市、吴起县入选第六届全国文明城市。此外，在复查确认保留荣誉称号的前五届全国文明城市名单中，咸阳市、志丹县、凤县上榜。

11月13日 陕西省考古研究院发布西咸新区唐代贵族家族墓考古发掘成果，其中一座夫妻合葬墓中出土的由唐代书法家颜真卿书丹的墓志，是目前国内唯一经由科学考古发掘出土的颜真卿早年书法真迹。

11月13日 陕西省文化和旅游厅"2020陕西文化旅游新媒体整合传播"启动仪式在西安举行，该项目将通过新媒体宣传，构建有陕西特色的"新地标、新场景、新形象、新IP"文旅品牌，全面展示陕西文化旅游新形象。"2020陕西文化旅游短视频大赛"同步启动。

11月17日 陕西省6所高校被确定为国家知识产权试点示范高校，其中西安交通大学被认定为国家知识产权示范高校，西安电子科技大学、西北工业大学、陕西科技大学、西安建筑科技大学和西安理工大学被确定为国家知识产权试点高校。

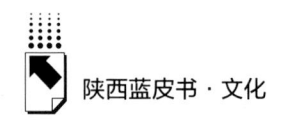

12月

12月12~13日 由陕西省人民政府、文化和旅游部、国际儒学联合会、中国社会科学院、光明日报社主办的"民胞物与 和合天下"纪念张载诞辰1000周年学术研讨会在西安和眉县举行,200余名专家学者齐聚一堂,共享张载关学思想文化盛宴。

12月14日 由陕西省委宣传部、陕西省文学艺术界联合会共同主办的2020年度陕西文艺大奖颁奖典礼在陕歌大剧院隆重举行。

12月17日 由陕西省委宣传部、省委网信办、省文旅厅等单位主办的2020陕西文化产业高质量发展合作峰会在西安举办。会议由一个主会场、五个分会场及文化和科技深度融合成果体验展组成。来自省内外的专家学者、企业负责人、相关协会和相关部门负责人等参加了峰会。

权威报告·一手数据·特色资源

皮书数据库
ANNUAL REPORT(YEARBOOK) DATABASE

分析解读当下中国发展变迁的高端智库平台

所获荣誉
- 2019年，入围国家新闻出版署数字出版精品遴选推荐计划项目
- 2016年，入选"'十三五'国家重点电子出版物出版规划骨干工程"
- 2015年，荣获"搜索中国正能量 点赞2015""创新中国科技创新奖"
- 2013年，荣获"中国出版政府奖·网络出版物奖"提名奖
- 连续多年荣获中国数字出版博览会"数字出版·优秀品牌"奖

成为会员
通过网址www.pishu.com.cn访问皮书数据库网站或下载皮书数据库APP，进行手机号码验证或邮箱验证即可成为皮书数据库会员。

会员福利
- 已注册用户购书后可免费获赠100元皮书数据库充值卡。刮开充值卡涂层获取充值密码，登录并进入"会员中心"—"在线充值"—"充值卡充值"，充值成功即可购买和查看数据库内容。
- 会员福利最终解释权归社会科学文献出版社所有。

数据库服务热线：400-008-6695
数据库服务QQ：2475522410
数据库服务邮箱：database@ssap.cn
图书销售热线：010-59367070/7028
图书服务QQ：1265056568
图书服务邮箱：duzhe@ssap.cn

社会科学文献出版社 皮书系列
卡号：562672377485
密码：

S 基本子库
SUB DATABASE

中国社会发展数据库（下设 12 个子库）

整合国内外中国社会发展研究成果，汇聚独家统计数据、深度分析报告，涉及社会、人口、政治、教育、法律等 12 个领域，为了解中国社会发展动态、跟踪社会核心热点、分析社会发展趋势提供一站式资源搜索和数据服务。

中国经济发展数据库（下设 12 个子库）

围绕国内外中国经济发展主题研究报告、学术资讯、基础数据等资料构建，内容涵盖宏观经济、农业经济、工业经济、产业经济等 12 个重点经济领域，为实时掌控经济运行态势、把握经济发展规律、洞察经济形势、进行经济决策提供参考和依据。

中国行业发展数据库（下设 17 个子库）

以中国国民经济行业分类为依据，覆盖金融业、旅游、医疗卫生、交通运输、能源矿产等 100 多个行业，跟踪分析国民经济相关行业市场运行状况和政策导向，汇集行业发展前沿资讯，为投资、从业及各种经济决策提供理论基础和实践指导。

中国区域发展数据库（下设 6 个子库）

对中国特定区域内的经济、社会、文化等领域现状与发展情况进行深度分析和预测，研究层级至县及县以下行政区，涉及地区、区域经济体、城市、农村等不同维度，为地方经济社会宏观态势研究、发展经验研究、案例分析提供数据服务。

中国文化传媒数据库（下设 18 个子库）

汇聚文化传媒领域专家观点、热点资讯，梳理国内外中国文化发展相关学术研究成果、一手统计数据，涵盖文化产业、新闻传播、电影娱乐、文学艺术、群众文化等 18 个重点研究领域。为文化传媒研究提供相关数据、研究报告和综合分析服务。

世界经济与国际关系数据库（下设 6 个子库）

立足"皮书系列"世界经济、国际关系相关学术资源，整合世界经济、国际政治、世界文化与科技、全球性问题、国际组织与国际法、区域研究 6 大领域研究成果，为世界经济与国际关系研究提供全方位数据分析，为决策和形势研判提供参考。

法律声明

"皮书系列"(含蓝皮书、绿皮书、黄皮书)之品牌由社会科学文献出版社最早使用并持续至今,现已被中国图书市场所熟知。"皮书系列"的相关商标已在中华人民共和国国家工商行政管理总局商标局注册,如LOGO( )、皮书、Pishu、经济蓝皮书、社会蓝皮书等。"皮书系列"图书的注册商标专用权及封面设计、版式设计的著作权均为社会科学文献出版社所有。未经社会科学文献出版社书面授权许可,任何使用与"皮书系列"图书注册商标、封面设计、版式设计相同或者近似的文字、图形或其组合的行为均系侵权行为。

经作者授权,本书的专有出版权及信息网络传播权等为社会科学文献出版社享有。未经社会科学文献出版社书面授权许可,任何就本书内容的复制、发行或以数字形式进行网络传播的行为均系侵权行为。

社会科学文献出版社将通过法律途径追究上述侵权行为的法律责任,维护自身合法权益。

欢迎社会各界人士对侵犯社会科学文献出版社上述权利的侵权行为进行举报。电话:010-59367121,电子邮箱:fawubu@ssap.cn。

社会科学文献出版社